Über den Verlag:

Wirtschaftsbücher im Physica-Verlag – wie paßt das zusammen? Im Zuge einer langjährigen Entwicklung hat sich der Physica-Verlag von einem „naturwissenschaftlichen" über einen „mathematisch-statistischen" zum „wirtschaftswissenschaftlichen" Verlag gewandelt. Heute bestimmen Veröffentlichungen zu Wirtschaftsthemen weitgehend das Verlagsprogramm. Ein Lehrbuchprogramm für das Studium der Wirtschafts- und Sozialwissenschaften von bedeutender didaktischer Qualität, wissenschaftliche Zeitschriften von hohem Niveau und wissenschaftliche Einzelveröffentlichungen haben dem Verlag bei Fachleuten hohes Ansehen gebracht.
Mit der Herausgabe der Reihe „hintergründe" kommt der Verlag dem großen Bedürfnis nach sachlichen Informationen über Wirtschaftsfragen entgegen und wendet sich damit erstmals an ein breiteres Publikum.

hintergründe
4

Über das Buch:

Die Sicherung der Altersversorgung ist ein Problem, das – früher oder später – letztlich jeden betrifft. Seit Mitte der 70er Jahre befindet sich die gesetzliche Rentenversicherung in einer Art Dauerkrise, die auch zu einer Verunsicherung der Versicherten und der Rentner beiträgt. Welches sind nun die Ursachen, wie wird die weitere Entwicklung aussehen? Werden auch die anderen Zweige der Altersversorgung – Beamtenversorgung, betriebliche Altersversorgung und die privaten Lebensversicherungen – mit ähnlichen Schwierigkeiten zu kämpfen haben? Sind wir eigentlich in der Lage, die Zukunftsprobleme zu lösen?
Diese Fragen werden diskutiert. Dabei ist es nicht möglich, die Alterssicherung isoliert zu betrachten. Unser Alterssicherungssystem hat erhebliche Auswirkungen auf die Lage der öffentlichen Haushalte, die Einkommensverteilung, auf die Beschäftigung, Leistungsanreize und – nicht zuletzt – auf die Bevölkerungsentwicklung. Diese „gesamtwirtschaftlichen" Größen wirken wieder auf das Alterssicherungssystem zurück. Man kann auch nicht das System der Alterssicherung vom übrigen System der sozialen Sicherheit und vom Steuersystem getrennt betrachten, will man nicht das Risiko von Fehlbeurteilungen eingehen. Daher müssen auch die – zugegeben nicht ganz einfachen – gesamtwirtschaftlichen Zusammenhänge sowie das Zusammenspiel von Steuer- und Sozialleistungssystem in die Analyse einbezogen werden. Diese integrierte Betrachtungsweise führt zu grundsätzlichen Erkenntnissen und läßt uns die Möglichkeiten zur Lösung der Zukunftsprobleme mit mehr Optimismus betrachten.

Über den Autor:

Hans-Georg Petersen, Dipl.-Volksw., Dr. sc. pol., ist zur Zeit Stipendiat der Deutschen Forschungsgemeinschaft und Lehrbeauftragter an der Universität Kiel. Vorher war er als wissenschaftlicher Mitarbeiter am Institut für Weltwirtschaft, Kiel und davor als wissenschaftlicher Assistent am Institut für Finanzwissenschaft der Universität Kiel tätig. Er hat zahlreiche wissenschaftliche Arbeiten zur Finanzpolitik und zur Sozialpolitik in führenden internationalen Fachzeitschriften und Sammelbänden veröffentlicht und ist an mehreren internationalen Forschungsprojekten über die Auswirkungen der Steuer- und Sozialpolitik beteiligt.

H.-G. Petersen

Sicherheit der Renten?

– Die Zukunft der Altersversorgung –

Springer-Verlag Berlin Heidelberg GmbH
ISBN 978-3-7908-0507-9

CIP-Kurztitelaufnahme der Deutschen Bibliothek

Petersen, Hans-Georg:
Sicherheit der Renten? : Die Zukunft d. Altersversorgung / H.-G. Petersen. – Würzburg ; Wien
Physica-Verlag, 1981.
(Hintergründe; 4)
ISBN 978-3-7908-0507-9

NE: GT

ISBN 978-3-7908-0507-9 ISBN 978-3-662-41515-3 (eBook)
DOI 10.1007/978-3-662-41515-3

Planung: Arnulf Liebing
Lektorat: Olaf Kleinelanghorst
Redaktion: Haldis Liebing-Dobrosch
Umschlagentwurf: Physica-Verlag
Umschlagfoto: Krystian Kolbe
Satz und Druck: reprodruck „Journalfranz“ Arnulf Liebing GmbH + Co., Würzburg

Inhaltsverzeichnis

I. Einleitung

Seit der Wirtschaftskrise von 1974/75, die erstmals in der Geschichte der Bundesrepublik Deutschland die gesetzliche Rentenversicherung in erhebliche finanzielle Schwierigkeiten brachte, ist die Lage der Rentenversicherung sowie ihre zukünftige Entwicklung Gegenstand der aktuellen politischen Diskussion und parteipolitischen Auseinandersetzungen. In den beiden letzten Bundestagswahlkämpfen von 1976 und 1980 barg die Auseinandersetzung darüber erheblichen Zündstoff in sich. Hier sei nur erinnert an Heiner Geißlers Rede, in der er Helmut Schmidt einen „Rentenbetrüger" nannte. Wie sind derartig emotional überladene Reaktionen zu erklären?

Auf die gesetzliche Rentenversicherung kommen eine Vielzahl von Problemen zu, die weniger das System insgesamt, aber zumindest wesentliche Grundpfeiler erschüttern, die bisher als unverzichtbare soziale Errungenschaft galten. Aufgrund drohender Defizite wurde erstmals seit der Rentenrefom 1957 die bruttolohnbezogene Rentenanpassung ausgesetzt. Zwar soll 1982 zu diesem Anpassungsverfahren zurückgekehrt werden, ob diese Rückkehr allerdings von Dauer sein kann, ist politisch heftig umstritten. Auf jeden Fall ist bereits für 1983 die Einführung eines individuellen Beitrags der Rentner zur gesetzlichen Krankenversicherung vorgesehen, der jedenfalls auf längere Sicht die Rentner zusätzlich belasten wird. Für 1984 steht eine Reform an, die aufgrund eines Urteils des Bundesverfassungsgerichts eine Gleichbehandlung von Männern und Frauen in der Hinterbliebenenversorgung herstellen soll. Nach dem Willen der Bundesregierung wird gleichzeitig auch geplant, die soziale Sicherung der Frau in der gesetzlichen Rentenversicherung zu verbessern.

Neben diesen mehr oder weniger kurzfristigen Problemen, die die derzeitige öffentliche Diskussion weitgehend beherrschen und von uns daher auch ausführlich diskutiert werden, gibt es noch ein besonders gravierendes, langfristiges Problem: die zukünftige Bevölkerungsentwicklung. Bei schrumpfender Bevölkerung aufgrund rückläufiger Geburtenzahlen steigt die Zahl der Rentner an, während die der Beitragszahler sinkt. Seit Mitte der 60er Jahre haben wir in der Bundesrepublik Deutschland eine stark schrumpfende Bevölkerung, die in der Öffentlichkeit zum Teil mit Besorgnis zur Kenntnis genommen wird („Sterben die Deutschen aus?"), aber deren Rückwirkungen auf unser System der gesetzlichen Rentenversicherung noch weit weniger bekannt sind. Gerade unter Berücksichtigung dieses Aspekts werden wir zu diskutieren haben, ob die Aufrechterhaltung der bruttolohnbezogenen Rentenanpassung in ihrer gegenwärtigen Form möglich ist, ohne daß damit der jeweils erwerbstätigen Generation unerträgliche Belastungen auferlegt werden.

Die Renten aus der gesetzlichen Rentenversicherung sind nicht die einzige Art der Alterseinkommen, die von der zukünftigen Entwicklung betroffen sein werden. Eng verbunden mit den Sozialrenten ist die Beamtenversorgung, der im übrigen in der historischen Entwicklung so etwas wie eine Vorreiterfunktion zukam. Zu berücksichtigen sind auch die Zusatzrenten der Arbeiter und Angestellten des öffentlichen Dienstes, will man gerade die sich aus der Bevölkerungsentwicklung ergebenden Zukunftslasten auf alle Bevölkerungsschichten halbwegs gleichmäßig verteilen. Und zum gesamten Komplex der Altersversorgung, dem der vorliegende Band gewidmet ist, gehören auch die betriebliche Altersversorgung, die in der Zukunft wachsende Bedeutung erlangen wird, sowie die privaten Lebensversicherungen. Für die Beurteilung der Gesamtversorgung der nicht mehr erwerbstätigen Generation ist eine solche integrierte Betrachtung unerläßlich.

Aber es gibt noch einen weiteren Grund dafür, daß heute in der Sozialpolitik häufig ein rauhes Klima herrscht und in Diskussionen oft der Rahmen des allgemein Erlaubten überschritten wird: Die Interessenvertreter haben erfolgreich gearbeitet, die Diskussion in den Massenmedien weitgehend bestimmt und damit auch die öffentliche Meinung stark geprägt. Immer dann, wenn man meint, Mißstände ausfindig gemacht zu haben, rührt eine Beseitigung solcher Mißstände an den Besitzstand bestimmter sozialer Gruppen. Mit dem Ziel der Besitzstandswahrung stellen die Interessenvertreter häufig Bezüge zum Grundgesetz her, so daß die jeweilig gefährdet erscheinende Regelung nach Möglichkeit zu einem „Grundrecht" hochstilisiert wird. Man hofft so, die Reformer – die als „blutige" Theoretiker hingestellt werden – zu entmutigen. Leider scheinen sich insbesondere Wirtschaftswissenschaftler durch diese „Strategie" abschrecken zu lassen, vielleicht weil sie befürchten, sonst der „sozialen Demontage" verdächtigt zu werden. So ist das ökonomische Gedankengut im Bereich der Sozialpolitik noch arg unterentwickelt – vielleicht auch ein Grund der derzeitigen Misere.

Der vorliegende Band will für den Bereich der Altersversorgung mithelfen, diese Lücke auszufüllen. Selbstverständlich sind gerade in diesem Bereich rein ökonomische Erwägungen und Lösungen allein nicht befriedigend. Geschichtliche Entwicklungen, Veränderungen in der Weltanschauung, politische, soziologische und auch psychologische Faktoren spielen hier eine bedeutsame Rolle. Als Wirtschaftswissenschaftler sollte und kann man nicht an diesen Aspekten vorbeisehen; ansonsten droht die Ökonomie technokratisch und inhaltsleer zu werden, und die Ökonomen würden Opfer einer fortschreitenden „Arbeitsteilung“ im Wissenschaftsbetrieb.

Das Prinzip der gesetzlichen Rentenversicherung ist im allgemeinen anerkannt, auch wenn es heute noch einige extreme Stimmen gibt, die an ihrer Stelle jedenfalls zum Teil lieber private Spender sehen würden. Einer derartigen „Lions-Club-Mentalität“, die an sich durchaus ehrenswert ist, kommt nur theoretische Bedeutung zu. Auf der anderen Seite sind aber auch Stimmen zu finden, die noch einen ganz erheblichen Ausbau der Alterssicherung fordern, obwohl wir allmählich die Grenzen der Finanzierbarkeit – insbesondere der Belastbarkeit der jeweils erwerbstätigen Generation – erreichen. Hier soll unter anderem der historische Überblick über die Entwicklung unseres Alterssicherungssystems dem Leser notwendige Informationen liefern.

Erhebliche Meinungsunterschiede sind hinsichtlich der Detailausgestaltung der gesetzlichen Rentenversicherung vorhanden. Wir werden uns daher in einigen mehr theoretisch orientierten Abschnitten den Fragen widmen müssen, ob es eine Einheitsversicherung oder etwa ein mehrgliedriges System sein soll, dessen Finanzierung durch allgemeine Haushaltsmittel (also durch Steuern) oder durch Beiträge erfolgen soll, ob die Rentenzahlung nach versicherungsmathematischen Kriterien aus den Beitragszahlungen allein berechnet werden soll (Äquivalenzprinzip), oder ob bei der Berechnung der Rente auch andere, soziale Faktoren eine Rolle spielen sollen, wie zum Beispiel das Erreichen einer gewissen Mindestrente. Muß die Kinderzahl im sozialen Rentenversicherungsrecht berücksichtigt werden? Darf die Rente überhaupt besteuert werden?

Absicht des Verfassers ist es, dem Leser Informationen zu liefern, die zum Teil die historische Entwicklung betreffen, zum Teil den theoretischen Hintergrund für die aktuelle Rentendiskussion liefern, und die zum Teil – soweit es sich um die Zukunft handelt – auch spekulativer Natur sind. Mit Hilfe dieser Informationen soll der Leser in die Lage versetzt werden, sich ein eigenes fundiertes, nicht von Emotionen bestimmtes Urteil zu bilden. Natürlich ist dem Verfasser bewußt, daß er durch Auswahl und Darstellung dieser Informationen einen gewissen Einfluß auf die Meinungsbildung ausüben kann, aber er wird – soweit es überhaupt möglich ist – darum bemüht sein, seine persönlichen Bewertungen und seine persönliche Meinung deutlich von den Informationen zu trennen.

Es soll an dieser Stelle auch gleich gesagt werden, was dieses Buch nicht kann und auch nicht leisten will: Es ist unmöglich aufgrund der Vielzahl der mit dem Thema zusammenhängenden Problemkreisen, allen Teilaspekten gleichermaßen gerecht zu werden. Historiker und Theoretiker werden hier sicherlich einiges vermissen. Und der Praktiker, der Rentenfachmann, wird vielleicht mit Erstaunen die beschränkte Darstellung der einschlägigen Gesetze und Kommentare zur Kenntnis nehmen. Dies alles wird bewußt in Kauf genommen, um die Allgemeinverständlichkeit zu fördern, zumal der alten Devise eines erfahrenen Repititors der Nationalökonomie gefolgt werden soll, daß sich auch das komplizierteste ökonomische Gesetz ganz leicht auf Plattdeutsch ausdrücken läßt. Wer aber meint, Informationen über seine individuell zu erwartende Rentenhöhe oder über die Möglichkeiten der Aufstockung seiner Rente durch freiwillige Beiträge usw. zu erhalten, sei gleich vor der weiteren Lektüre gewarnt: Der Rentenberater, in jeder Gemeinde ansässig und bald wichtiger als der Steuerberater, kann hier bessere Auskünfte liefern; ihm will dieses Buch keine Konkurrenz machen, obwohl dieser Berufsstand – wenn sich die Vorstellungen des Verfassers eines Tages verwirklichen würden – in ferner Zukunft arbeitslos werden könnte.

Am Beginn eines jeden Kapitels wird ein kurzer Überblick über den Inhalt gegeben, so daß an dieser Stelle darauf verzichtet werden soll. Auch in den notwendigen theoretischen Abschnitten wird immer wieder beispielhaft auf die historischen Erfahrungen zurückgegriffen, um diese Ausführungen deutlicher zu machen und die Entwicklungslinien innerhalb unseres komplexen Alterssicherungssystems besser herauszuarbeiten.

Ich möchte nicht versäumen, an erster Stelle meinem Kollegen Karl Heinz Jüttemeier zu danken. Von ihm habe ich – nicht zuletzt aufgrund unseres gemeinsamen Beitrags für ein internationales Gemeinschaftsprojekt über die soziale Sicherheit in acht Industrieländern – viele Anregungen erhalten und manche Kritik entgegengenommen. Mein Dank gilt auch Herbert Weise, der zahlreiche Verbesserungsvorschläge machte, und meinem Freunde Ulrich Brandt für die kritische Durchsicht des Manuskripts. Da ich nicht allen Anregungen folgen konnte, gehen die „Verfehlungen“

allein zu meinen Lasten. Danken möchte ich auch meiner Frau, die – da fachfremd – als „Versuchsperson" meine Manuskripte gelesen hat und mich häufig auf mein „Fachchinesisch" hinwies. Ihr möchte ich schließlich auch dieses Buch widmen.

II. Entwicklung des Alterssicherungssystems

In diesem Kapitel soll die historische Entwicklung von den Vorläufern der Alterssicherung im 19. Jahrhundert bis hin zu unserem heutigen Alterssicherungssystem in groben Linien verfolgt werden. Auch in sehr frühen geschichtlichen Zeiten existierten Einrichtungen zur Sicherung der alten und kranken Menschen, bei den Germanen beispielsweise wurde dieses Problem innerhalb der Sippenverbände geregelt. Andererseits gab es auch in einigen nordamerikanischen Indianerstämmen die Gewohnheit, zum Sterben Alte und Kranke auf Baumwipfeln auszusetzen, ein Brauchtum also, auf das ausgeprägte Zyniker auch im Zusammenhang mit unseren zukünftigen Problemen bei der Altersversorgung hinweisen. Im frühen 19. Jahrhundert führte die Bevölkerungsentwicklung im Zusammenhang mit dem aufkommenden Kapitalismus zur Entstehung eines Proletariats und der damit verbunden „sozialen Frage", auf die spät, aber immerhin noch rechtzeitig in Deutschland eine solidarische Antwort gefunden wurde – nämlich mit der Sozialgesetzgebung insbesondere während der 80er Jahre des vorigen Jahrhunderts.

1. Die Entstehung der sozialen Frage

Zu Beginn des 19. Jahrhunderts waren noch wesentliche Teile des mittelalterlichen gesellschaftlichen und ökonomischen Systems erhalten. Der überwiegende Teil der deutschen Bevölkerung lebte auf dem Lande und war hier in der landwirtschaftlichen Produktion tätig, entweder als freier Bauer auf eigenem Grund und Boden, oder aber – zum Beispiel in der ostdeutschen Gutswirtschaft – als Tagelöhner oder sogar Leibeigener. Die Existenz der Landbevölkerung wurde noch in bedeutendem Umfang durch **Eigenproduktion** gesichert, das heißt durch die Herstellung solcher Güter, die in derselben Wirtschaftseinheit (zum Beispiel im privaten Haushalt), in der sie erzeugt worden sind, auch verbraucht werden. In den Städten lebten etwa ein Viertel der deutschen Bevölkerung. Das noch vorherrschende Handwerk war in den

Zünften organisiert, die strenge Regelungen hinsichtlich der Zahl und der Niederlassung von Handwerksbetrieben aufgestellt hatten. Auch in den Städten spielte die Eigenproduktion noch eine sehr bedeutende Rolle: Zeitgenössische Autoren beschreiben sehr plastisch, daß in den Haushalten neben den Produkten aus den üblichen Hausgärten (Gemüse, Obst, zum Teil Tierhaltung) auch Kleidung und Schuhe, Wolle, Stoffe, Polsterwaren und Betten entstanden.

Das damalige Gesellschafts- und Wirtschaftssystem war nun alles andere als frei, jedenfalls nach heutigem Verständnis. Außer der Leibeigenschaft gab es noch andere, erhebliche Beschränkungen der persönlichen Freiheit: Heiratsbeschränkungen (auf dem Lande zum Beispiel für Kinder, die nicht den Hof erbten, in den Städten zum Beispiel für Handwerksgesellen), Beschränkungen der Berufswahl und der Berufsausübung, Umzugs- und Zuzugsbeschränkungen usw. Für eine romantisch-verklärte Betrachtung dieser Epoche besteht also kein rechter Anlaß. Andererseits trug dieses Gesellschaftssystem zu einer gewissen Sicherheit der Einkommen der Menschen bei, insbesondere über die Verbindung zur landwirtschaftlichen Eigenproduktion war die Existenz – jedenfalls was die Versorgung mit Grundnahrungsmitteln betraf – gesichert.

Die handwerkliche Produktion war im wesentlichen Auftragsfertigung, das heißt der Handwerker wurde erst tätig nach der Auftragserteilung, der vorher eine verbindliche Preisabsprache vorausging. Da die Zahl der Handwerksmeister durch die Zünfte beschränkt war, hatte hier jeder sein Auskommen. Die Produktion war noch wenig differenziert, so daß das herzustellende Produkt innerhalb einer Werkstatt alle verschiedenen Produktionsstufen durchlief; die Bearbeitung lag meist in der Hand nur einer Person. Eine Zergliederung der Herstellungsprozesse (in der Fachsprache auch als **„arbeitsteiliger Produktionsprozeß“** bezeichnet) – wie zum Beispiel in extremer Form am modernern Fließband – gab es noch nicht. Die relative Sicherheit der Existenz in dieser Epoche wurde allerdings durch Katastrophen, Kriege, Epidemien usw. häufig erheblich beeinträchtigt. Die Grenzen des mittelalterlichen Gesellschaftssystems zeigten sich, als aufgrund steigender Geburtenzahlen, aber mehr noch aufgrund einer Verminderung der Kindersterblichkeit sowie steigenden Durchschnittsalters infolge des medizinischen Fortschritts, die Bevölkerung stärker zu wachsen begann. Der aufkommende **Liberalismus** trug die Tendenz zur Bildung eines freiheitlichen Rechtsstaats in sich, die ihren deutlichen Ausdruck in der Bauernbefreiung und der

Einführung der Gewerbefreiheit fand. Beide Maßnahmen gingen einher mit einer Aufhebung von Ehehindernissen, die die oben erwähnten höheren Geburtenzahlen mit verursacht haben dürfte. Dem starken Bevölkerungswachstum waren die überkommenen Produktionsweisen nicht gewachsen. Für eine gewisse Zeit bildete die Auswanderung insbesondere nach Übersee ein Ventil, das im wesentlichen 1893 geschlossen wurde, als in Nordamerika die freie Landnahme aufhörte. Dann aber entstand großes Elend, zumal noch eine Binnenwanderung hinzukam, die in den 70er Jahren einsetzte und bis zum I. Weltkrieg andauerte (insbesondere von Ostdeutschland nach Berlin und Brandenburg sowie nach Westdeutschland), denn die landwirtschaftliche Produktion bot für Landarbeiter keine ausreichende Existenzgrundlage mehr.

Die Bevölkerungsexplosion hatte noch in der vorindustriellen Entwicklungsphase eingesetzt. Als dann durch die Überschwemmung der deutschen Märkte mit billigen englischen Industrieprodukten (insbesondere Textilien und Eisenwaren) die Entwicklung der jungen, noch kapitalschwachen deutschen Industrie ins Stocken geriet, drohte eine Katastrophe. Arbeitskräfte waren überreichlich vorhanden, währen die Arbeitsnachfrage sogar noch sank, so daß Arbeitslosigkeit und ein Rückgang der Reallöhne (das heißt sinkende Kaufkraft) zu einer Massenverarmung in Stadt und Land führten.

Es spricht also einiges dafür, daß das Bevölkerungswachstum in Deutschland eine Industrialisierungswelle mit ausgelöst hat, die nach 1850 einsetzte und dann später insbesondere durch die Zolltarifreform von 1878/79 beschleunigt wurde. Mit dieser Reform führte man Schutzzölle ein, welche die inländischen Produzenten gegenüber der ausländischen Konkurrenz schützen oder überhaupt erst lebensfähig machen sollten. Die sich nun entwickelnde Industrie und der rasante **technische Fortschritt** führten nicht zu einer nachhaltigen Besserung der Lage der Arbeiterklasse.

Die liberalen Vorstellungen hatten in den Anschauungen über die Zusammenhänge zwischen Staat und Wirtschaft einen vollständigen Wandel herbeigeführt. Adam Smith hatte die Lehre verbreitet, daß das wirtschaftliche Handeln des Menschen vorwiegend von seinem Egoismus geleitet werde. Diese Triebfeder sei stark genug, jedem zu zeigen, was seinem persönlichen Wohlergehen am meisten nutzen würde. Dieser Egoismus liege dem Tauschverkehr (also dem Austausch von Gütern gegen Güter oder in modernen Geldwirtschaften von Gütern gegen Geld) zugrunde und rufe so die Arbeitsteilung hervor, die noch durch den technischen Fortschritt gefördert würde. Der Egoismus veranlasse auch den Kapitalbesitzer, seine Mittel in solche Unternehmen zu lenken, die ihm den größten Gewinn versprächen. Gleichzeitig würde damit auch der Wohlstand aller gefördert.

Die Forderungen nach vollkommener Freiheit im Wirtschaftsleben wurden in Deutschland weitgehend erfüllt, wie die Aufhebung der nahezu alles regelnden staatlichen Gesetze und Verordnungen zeigt. Zwischen Unternehmern und Arbeitern entstand – durch den Wegfall der Reste der Zunftordnung – ein vollkommen freies Vertragsverhältnis, an dem der im Zusammenhang mit dem technischen Fortschritt aufkommende Großbetrieb sehr interessiert war. Diese Vertragsfreiheit brachte aber für die Arbeiterklasse nicht die erwartete Wohlstandsvermehrung, sondern vielmehr die oben erwähnte Massenverelendung. Die Ursachen hierfür liegen insbesondere darin begründet, daß in der Industrialisierungsphase das Kapital relativ knapp, Arbeitskraft aber reichlich vorhanden war, so daß sich der insgesamt aufgrund des technischen Fortschritts real wachsende Wohlstand nicht gleichmäßig auf die Gesamtbevölkerung verteilte: Gewinner waren die Kapitaleigentümer, Verlierer waren die Arbeiter. Natürlich wurden somit die Investitionsmöglichkeiten für die Unternehmer noch verbessert, wodurch der Industrialisierungsprozeß weiter beschleunigt wurde.

In der vorkapitalistischen Zeit sah das Verhältnis von Arbeit und Kapital wie folgt aus: War der arbeitende Mensch Eigentümer von Produktionsmitteln (Boden und/oder Kapital), dann war er frei, war er nicht Eigentümer von Produktionsmitteln und produzierte für Fremde, dann war er unfrei. Erst im Kapitalismus wurde die Freiheit der Person nicht mehr mit dem Eigentum an Produktionsmitteln verknüpft. Erstmals genoß also eine besitzlose Schicht, die allmählich zur Mehrheit der Bevölkerung anwuchs, persönliche Freiheitsrechte im weiten Umfange. Der Genuß war allerdings erheblich getrübt durch die wirtschaftliche Abhängigkeit vom kapitalistischen Arbeitgeber, der auf optimale Ausnutzung seines knappen Kapitals bedacht war. Das Ergebnis waren lange wöchentliche Arbeitszeiten (um 1850 über 80 Stunden), Löhne, die an der Grenze des physischen Existenzminimums lagen, Kinderarbeit, fristlose Kündigungen usw. Das führte schließlich zu einer erheblichen Verschlechterung der Volksgesundheit, was selbst einige Konservative veranlaßte, soziale Reformen zu fordern, da sie unter anderem die Wehrfähigkeit des Volkes bedroht sahen.

Da die mittelalterliche Ordnung weitgehend beseitigt war, machte sich nun das Fehlen jeglicher Sicherungseinrichtungen im Falle vorübergehenden oder andauernden Arbeitseinkommensverlustes durch Arbeitslosigkeit (die insbesondere in den ausgeprägten Wirtschaftskrisen des 19. Jahrhunderts häufig ein ungeheures Ausmaß erreichte), aber auch durch Krankheit, Unfall, vorzeitige Erwerbsunfähigkeit, Alter oder Tod bemerkbar.

Wie hatte denn das soziale Sicherungssystem in der vorkapitalistischen Zeit funktioniert? Im städtischen Bereich regelte die Zunftordnung die Arbeitsverhältnisse und im ländlichen Bereich brachte die enge Verbindung zur landwirtschaftlichen Produktion über Jahrhunderte eine relativ große Existenzsicherheit mit sich. In beiden Bereichen war die **Großfamilie** zu finden, in der drei Generationen, Großeltern, Eltern und Kinder, oft auch vier Generationen zusammenlebten. In diesem Familienverband war es möglich, die Risiken von Arbeitslosigkeit, Krankheit, Erwerbsunfähigkeit und Alter gemeinsam zu tragen. Fiel eine Person der erwerbstätigen Generation aus, konnte besonders auf dem Land immer noch die alte Generation als Nothelfer einspringen. Darüber hinaus bildete auch die landwirtschaftliche und handwerkliche Eigenproduktion, die vorwiegend in den Händen der alten Generation lag, ein Element relativer Sicherheit. Die Solidargemeinschaft „Großfamilie“ bildete aber nicht nur eine wirtschaftliche Einheit zu Verringerung der wirtschaftlichen Risiken jedes einzelnen Familienmitglieds, sondern auch eine biologische Interessengemeinschaft: Die in die Großfamilie integrierte alte Generation machte der im fortpflanzungsfähigen Alter stehenden Generation deutlich, daß sie zur Sicherung ihres eigenen Lebensabends eine ausreichend große Nachkommenschaft zeugen und aufziehen mußte. Die Aufzucht von Kindern war also eine Maßnahme der Selbsterhaltung. Die Großfamilie bildete über Jahrhunderte ein soziales Sicherungssystem im Kleinen, das abhängig vom Wohlstand der einzelnen Familie mehr oder weniger gut funktionierte.

Der oben beschriebene Industrialisierungsprozeß brachte nicht zuletzt aufgrund des rasanten technischen Fortschritts einen Zwang zur stärkeren Arbeitsteilung, die sich nur sinnvoll in großen Produktionsstätten durchführen ließ. Diese siedelten sich in erster Linie in den Städten an, so daß von ihnen auch ein Anreiz zur Zuwanderung ausging. Die Wanderung von dem Land in die Stadt nahm ein ungeheures Ausmaß an: Während 1871 noch dreiviertel der deutschen Bevölkerung in Landgemeinden lebten und die städtische Bevölkerung nur ein Viertel ausmachte, lebten 1910 nur noch die Hälfte auf dem Lande, die andere Hälfte in der Stadt. In die Städte wanderten insbesondere die jüngeren Leute, also die erwerbsfähige Generation, während auf dem Lande oft die Alten und Arbeitsunfähigen zurückblieben. Aber die arbeitsteilige Produktionsweise und die sich verschärfenden Arbeitsbedingungen (insbesondere die oben erwähnten langen Arbeitszeiten) verringerten die Möglichkeiten zur städtischen Eigenproduktion, so daß langsam die wirtschaftliche Grundlage auch der städtischen Großfamilie zerstört und damit ihre Bedeutung als soziale Sicherungseinrichtung erheblich beeinträchtigt wurde. Insgesamt führte also die Einführung der kapitalistischen Produktionsweise zu einer Auflösung der Großfamilie.

Nun sollte man aber die frühere Großfamilie nicht romantisieren. Ob in ihr wirklich immer eine solche Solidarität herrschte, die Lobredner ihr gerne zuschreiben, sei dahingestellt. Immerhin war mit der Großfamilie ein Problem verbunden, das vielleicht schwerer wiegt als die Probleme, die die heutige Zwei-Generationen-Familie aufwirft: Zu jener Zeit konnte nur eine begrenzte Zahl von Familien gegründet werden, ein großer Teil der Bevölkerung war von der Familiengründung ausgeschlossen und darauf angewiesen, als Verwandter oder aber als familienfremdes „Gesinde" in der Großfamilie Unterkunft zu suchen. Erst die Kleinfamilie ermöglichte es allen, die es wollen, eine Familie zu gründen.

Der Preis, den die kapitalistische Produktionsweise und die in ihrer Folge entstehende Kleinfamilie forderten, war zunächst sehr hoch:

(1) Die Erwerbstätigen begaben sich in eine vertraglich nur unzureichend geregelte Abhängigkeit von den Arbeitgebern, die diese auch zu ihrem Vorteil – dem Eigennutzpostulat des Liberalismus folgend – ausnutzten. Die Lage der neu entstandenen Arbeiterklasse war katastrophal. Auf ihr Bedürfnis nach sozialer Sicherheit fand die neue Wirtschaftsordnung ohne die regelnde Hand des Staates keine Antwort.

(2) Durch die Auflösung der Großfamilie wurde das überkommene System der Alterssicherung zerstört, ohne daß zunächst ein neues geschaffen wurde. Die oft räumlich von den Alten getrennte erwerbstätige Generation war wirtschaftlich einfach nicht in der Lage (vielleicht manchmal auch nicht bereit), eine ausreichende Versorgung der Elterngeneration sicherzustellen. Daher lebten die meisten Alten und Erwerbsunfähigen in heute kaum vorstellbarem Elend. Diese beiden Tatbestände waren also für die Entstehung der sozialen Frage in der zweiten Hälfte des 19. Jahrhunderts ausschlaggebend.

Noch ein weiterer „psychologischer" Tatbestand, der für das Verhältnis der weiteren Ausführungen von Bedeutung ist, soll hier genannt werden: Die Auflösung der Großfamilie führte auch dazu, daß bei der erwerbstätigen Generation der Zusammenhang zwischen der Zeugung und Aufzucht der Kinder und der Sicherung ihres eigenen Lebensabends in Vergessenheit geriet. Es entstand bei den Erwerbstätigen allmählich die Meinung, für ihr Alter durch Sparen oder durch eine Lebensversicherung selbst sorgen zu können. Vielleicht hat auch dies dazu beigetragen, daß Ende des 19. Jahrhunderts die Geburtenzahlen schon einmal stark rückläufig waren.

2. Die Triebkräfte der sozialpolitischen Entwicklung

Die soziale Frage gewann insbesondere nach der sogenannten Gründerkrise, die dem deutsch-französischen Krieg von 1870/71 folgte, erheblich an Brisanz und fand zunehmende Beachtung in der Öffentlichkeit, bei Wissenschaft und Politik. Auch unter den sogenannten Kapitalisten gab es eine Reihe von Leuten, die sich für eine Besserung der sozialen Lage der Arbeiter einsetzten. Besonders aber traten Vertreter der Kirchen und christliche Sozialreformer hervor, denen eine Gruppe engagierter Hochschullehrer nicht nachstanden. Bis heute bekannt sind die Gründer des „Vereins für Socialpolitik" (1872) – unter anderen Lujo Brentano, Wilhelm Roscher, Gustav Schmoller und Adolph Wagner. Diese Gruppe grenzte sich besonders deutlich von der Gruppe der sogenannten Sozialrevolutionäre ab, von denen an erster Stelle Karl Marx und Friedrich Engels zu nennen sind. Diese reduzierten die soziale Frage auf den simplen Nenner, daß die gesamte Gesellschaft sich in zwei Klassen spalte, die Kapitalistenklasse (Bourgeoisie) und die Arbeiterklasse (Proletariat). Die Arbeiterklasse könne sich aus ihrer bedrückenden sozialen Lage nur befreien, wenn der ganze „Überbau" der Gesellschaft beseitigt wird. Im „Kommunistischen Manifest" (Paris 1848) kündigten Marx und Engels an, daß nicht nur die Abschaffung des bürgerlichen Eigentums erfolgen würde, sondern auch, daß Deutschland im Mittelpunkt der Revolution stehen werde.

Der militante Kommunismus hatte zur Folge, daß sich das bürgerliche Lager, Unternehmer, Beamte und Parlamentarier relativ eng zusammenschlossen, um gegen den drohenden Kommunismus Front zu machen. Sozialpolitische Ideen mochten sich deshalb bei ihnen kaum durchsetzen, vielmehr drangen sie auf ein Verbot der entstehenden sozialdemokratischen Partei, das dann auch im Sozialistengesetz (1878) durchgesetzt wurde. Zwischen diese beiden Lager gerieten die Sozialreformer; insbesondere die oben erwähnten Universitätslehrer vermochten zunächst weder bei der Beamtenschaft noch bei den Parlamentariern ausreichendes Verständnis für die Notwendigkeit von Sozialreformen zu erwecken. Von den Sozialrevolutionären wurden sie mit dem Schimpfwort „Kathedersozialisten" belegt. Aus heutiger Sicht aber haben sich gerade diese Kathedersozialisten mit ihren Vorstellungen doch weitgehend durchsetzen können. Sie akzeptierten – jedenfalls dem Grundsatz nach – das kapitalistische System, da ihnen in ihren Augen die liberale, marktwirtschaftliche Ordnung in Verbindung mit der Eigentumsordnung in besonderem Maße Anreize für Privatinitiativen zu bieten schien, die von risikobereiten Unternehmerpersönlichkeiten auch genutzt wurden und letztlich – trotz aller sozialen Probleme – die Entwicklung vorantrieben. Die überkommene Wirtschaftsordnung war nicht mehr fähig gewesen, die stark wachsende Bevölkerung ausreichend zu versorgen. So war es Absicht der Sozialreformer, die neue Wirtschaftsordnung im Prinzip beizubehalten, aber ihre Fehlentwicklungen, die sich vor allem in ihren ersten Entwicklungsphasen gezeigt hatten, zu beseitigen oder wenigstens zu verringern. Deshalb schlugen sie Korrekturen am kapitalistischen System vor, die der Staat durchsetzen sollte. Diese Korrekturen hatten den Zweck, die Sicherung der breiten Massen vor den Risiken von Arbeitslosigkeit, Krankheit, Erwerbsunfähigkeit und Alter jedenfalls insoweit zu gewährleisten, als mit Eintritt eines dieser Risiken nicht gleich die physische Existenz des einzelnen bzw. ganzer Familien gefährdet wurde. Die historische Entwicklung hat schließlich erwiesen, daß ein in dieser Weise „reparierter" Kapitalismus wesentlich erfolgreicher arbeiten kann, als der heute existierende „reale Sozialismus", der ja auch von den kommunistischen Endvorstellungen über die Gesellschaft noch weit entfernt ist.

Die Sozialreformer allein waren jedoch nicht in der Lage, die herrschenden Schichten von der Notwendigkeit einer aktiven Sozialpolitik zu überzeugen. Zu stark wirkten noch die Ideen des Liberalismus nach, mit denen ja gerade erst der Einfluß des Staates auf seine Bürger erheblich zurückgedrängt worden war; ein staatlicher Einfluß allerdings, dessen Richtung noch nicht nachhaltig von demokratischen Parlamenten bestimmt war, sondern überwiegend von der Willkür mehr oder weniger aufgeklärter Fürsten. Erst die sich allmählich durchsetzende Demokratisierung in der politischen Ordnung schuf auch einen erweiterten Spielraum für die sich entwickelnde theoretische Sozialpolitik, die vorher praktisch nicht existierte. Die Haltung des Liberalismus jeder Form von Sozialpolitik gegenüber war geprägt durch die Vorstellungen von David Ricardo und Robert Malthus, denen zufolge jegliche Sozialpolitik nur die Reichen arm, die Armen aber nicht reich machen würde.

Diese Aussage ist nun nicht etwa von besonderer Herzlosigkeit bestimmt, sondern folgt zwingend aus dem von Ferdinand Lassalle so bezeichneten „**ehernen Lohngesetz**". Ricardo unterscheidet in seiner Lohntheorie einen Marktpreis für die menschliche Arbeit, der tatsächlich gezahlt wird, und einen natürlichen Preis, um den der tatsächliche Preis immer schwankt. Der natürliche Preis der Arbeit wird bestimmt durch die Kosten, die aufgewendet werden müssen, um den Arbeitern ihren Lebensunterhalt und die Erziehung der Kinder zu ermöglichen. Steigt nun der Marktlohn, so nimmt die Zahl der Eheschließungen zu: Die Zahl der Kinder wächst. Gleichzeitig ist die Sterblichkeitsrate aufgrund der verbesserten Lebenshaltung rückläufig, so daß das Angebot von Arbeit steigt. Bei gleichbleibender Nachfrage nach Arbeit muß dann der Lohn sinken. Wenn der Lohn unter den natürlichen Lohn sinkt, werden Eheschließungen und Geburten ab-, die Sterblichkeitsrate aber zunehmen; dadurch entsteht ein rückläufiges Angebot von Arbeitskräften, so daß bei gleichbleibender Nachfrage der Marktlohn wieder steigt und sich dem natürlichen Lohn nähert.

Jegliche Sozialpolitik, die mit Transfers (also Übertragungen von Mitteln der Reichen auf die Armen) die Lage der Arbeiterklasse bessern wolle, würde gleichbedeutend sein mit einer Erhöhung der Löhne über den natürlichen Preis hinaus, und so lediglich den Prozeß der Bevölkerungsvermehrung in Gang setzen, der letztlich wieder zu einer Verschlechterung der Lage der Arbeiterklasse führen würde. Diesem Teufelskreis meinten viele nur durch Zerstörung des kapitalistischen Systems entkommen zu können. Ricardo dachte allerdings bei seinem natürlichen Preis der Arbeit nicht an das physiologische **Existenzminimum**, das gerade zum Überleben ausreichen würde. Er dachte vielmehr an ein soziales (sozial-kulturelles) Existenzminimum, zu dem auch die „gewohnheitsmäßigen Annehmlichkeiten" des Lebens zählten. Er war also durchaus der Meinung, daß man durch eine Erhöhung des allgemeinen Lebensstandards auch die Lage der Arbeiterklasse verbessern konnte.

Die politische Entwicklung ging allerdings über derart fragwürdige Theorien hinweg, die das Geburtenverhalten allein von materiellen Anreizen bestimmt sahen. Nach einigen Vorläufern entstand die sozialdemokratische Partei, die als „Arbeiterpartei" der sozialpolitischen Bewegung erst die notwendige Basis verschaffte, und mit der sich auch die Durchschlagskraft der sozialreformerischen, allerdings auch der sozialrevolutionären Ideen erhöhte. Hier ist insbesondere Ferdinand Lassalle zu nennen, der den existierenden liberalen Staat als „Nachtwächterstaat" brandmarkte, welcher nur die innere und äußere Sicherheit gewährleistete und nicht zum Wohlergehen seiner Bürger beitrage, sondern vielmehr die Ausbeutung breiter Bevölkerungsschichten duldete. Die 1875 gegründete „Sozialistische Arbeiterpartei Deutschlands" strebte in ihrem Gothaer Programm die Demokratisierung von Staat und Gesellschaft an. Dies sollte durch Aufklärungsarbeit und durch die Eroberung der parlamentarischen Mehrheit mit den Mitteln der bürgerlichen Demokratie erreicht werden. Sie war also nicht sozialrevolutionär im marx'schen Sinne. Bereits in der Reichstagswahl des Jahres 1877 gewann die Partei mit nahezu 500.000 Stimmen 12 Reichstagssitze. Dieser Erfolg veranlaßte Bismarck zu dem Versuch, die weitere Entwicklung der sozialdemokratischen Partei zu unterbinden. Das sollte mit dem erwähnten Sozialistengesetz, das ausführlich „Gesetz zur Abwehr der gemeingefährlichen Bestrebungen der Sozialdemokratie" hieß und 1878 vom Reichstag verabschiedet wurde, erreicht werden. Dieses bis 1890 verlängerte Gesetz führte zu erheblicher Erbitterung und letztlich auch zur Radikalisierung der Arbeiterschaft, ohne daß die weitere Entwicklung aufgehalten werden konnte; denn die Teilnahme der SPD an den Wahlen mit wachsenden Stimmengewinnen war nicht verboten, da nicht die Partei, sondern nur die „gemeingefährlichen Bestrebungen" (gemeint waren die Attentate auf Wilhelm I) verfolgt werden durften. Genauso wenig wie die Entstehung und Ausdehnung der SPD ließ sich die Entstehung und Ausbreitung der Gewerkschaften verhindern, die weitgehend identische Zielsetzungen verfolgten.

Schließlich wurde Arbeitnehmer-Schutzpolitik zur weiteren Sicherung der Existenz des politischen und gesellschaftlichen Systems unabdingbare Notwendigkeit. Zwar wurden die ersten Arbeiterschutzgesetzentwürfe von Bismarck noch schärfstens abgelehnt (er war der Ansicht, daß der Arbeiterschutz den Gewinn der Unternehmer zu sehr schmälere, ja die Produktion überhaupt in Frage stelle). Anfang der 80er Jahre jedoch trieb er selbst die Sozialgesetzgebung stark voran. Bismarck war damit nicht Sozialpolitiker aus freien Stücken, sondern folgte vielmehr den politischen Realitäten. Er ging wohl von der Erkenntnis aus, ein System könne aus wirtschaftlicher Sicht noch so effizient arbeiten, es werde doch auf die Dauer keinen Bestand haben, wenn es von der Masse seiner Bevölkerung, die zunehmend demokratische Rechte verlangte und auch erhielt, nicht akzeptiert wird.

Zur Erhaltung des markwirtschaftlichen Systems, das trotz aller Fehlentwicklungen die wirtschaftliche Entwicklung erheblich beschleunigt und für eine rasche Umsetzung des technischen Fortschritts gesorgt hatte, erwies sich eine Sozialgesetzgebung als unabdingbare Voraussetzung. Bismarck war der Überzeugung, daß es prinzipiell möglich sei, den politischen Repräsentanten bestimmter sozialer Gruppen und Interessen (also insbesondere den Sozialdemokraten und den Gewerkschaften) sozusagen von Staats wegen das Wasser abzugraben, sie mit dem Zangengriff direkter politischer Repression (Sozialistengesetze) und staatlicher Begünstigung ihrer Anhänger auszuschalten. Er nannte dabei „Entgegenkommen gegen die Wünsche der arbeitenden Klassen durch Gesetzgebung und Verwaltung" und „Hemmung der staatsgefährliche Agitation durch Verbots- und Strafgesetze" in einem Atemzug. Ein vom Staat getragenes und auf den Staat verweisendes Versicherungssystem sei geeignet, so hat er Mitte Dezember 1880 ohne Umschweife zu Papier gebracht, „in der großen Masse der Besitzlosen die konservative Gesinnung zu erzeugen, welche das Gefühl der Pensionsberechtigung mit sich bringt. Wer eine Pension hat für sein Alter, der ist viel zufriedener und viel leichter zu behandeln, als wer darauf keine Aussicht hat".

3. Das Invaliditäts- und Alterssicherungsgesetz von 1889

Ein erster Ansatz zur Lösung der drängenden sozialen Probleme ist in der „Kaiserlichen Botschaft" von Wilhelm I vom 17. November 1881 zu sehen, in der die Sozialversicherungsgesetzgebung angekündigt wurde. Mit dieser Botschaft sollte nicht zuletzt der sozialdemokratischen Bewegung die Anziehungskraft genommen werden. In den folgenden Jahren schuf man dann die drei Säulen der Sozialversicherung: (1) Durch das „Gesetz, betreffend die Krankenversicherung der Arbeiter" vom 15.3.1883, (2) durch das „Unfallversicherungsgesetz" vom 6.7.1884 und (3) durch das „Gesetz, betreffend die Invaliditäts- und Alterssicherung" vom 22.7.1889. Eine Arbeitslosenversicherung gehörte nicht zu dem Vorschlagskatalog. Nach einigen Vorläufern im Bereich der Erwerbslosenfürsorge wurde die Arbeitslosenversicherung, wie wir sie heute kennen, erst 1927 eingeführt. Im folgenden soll uns nur das Invaliditäts- und Alterssicherungsgesetz näher interessieren. Es ist immerhin erwähnenswert, daß mit diesen Gesetzgebungswerken Deutschland zum Vorreiter auf dem Gebiet der sozialen Sicherung wurde. Seinem Beispiel folgten im 19. Jahrhundert einige europäische Staaten, andere erst in den 30er Jahren des 20. Jahrunderts (darunter die USA).

Die Frage der Rentenversicherung wurde bereits in der „Kaiserlichen Botschaft“ direkt angesprochen: „Aber auch diejenigen, welche durch Alter oder Invalidität erwerbsunfähig werden, haben der Gesamtheit gegenüber einen begründeten Anspruch auf ein höheres Maß staatlicher Fürsorge, als ihnen bisher hat zu Teil werden können.” Alters- und Invaliditätssicherung sollten „kooperativen Genossenschaften unter staatlichem Schutz und staatlicher Führung“ übertragen werden. Damit wurden bereits drei organisatorische Züge deutlich, die bis heute für das deutsche soziale Alterssicherungssystem charakteristisch geblieben sind: (1) Das Versicherungsprinzip, demzufolge die Finanzierung nicht oder jedenfalls nicht ausschließlich aus allgemeinen Haushaltsmitteln (also im wesentlichen Steuern), sondern auch durch Beiträge erfolgt, (2) das Prinzip der „gegliederten“ Sozialversicherung in Kranken-, Unfall- und Rentenversicherung (im Gegensatz zur Einheitsversicherung) und (3) das Prinzip der **Selbstverwaltung**, demzufolge die Leitung der Sozialversicherung nicht unmittelbar dem Staat selbst unterliegt (zur näheren Erläuterung dieser Begriffe siehe unter III.).

Wenn auch Kranken- und Unfallversicherung von außergewöhnlich hoher Bedeutung für die Arbeiterschaft waren, so galt dies – wie auch unser geschichtlicher Abriß verdeutlichte – in noch weit höherem Maße für die Invaliditäts- und Alterssicherung. Zwar hatten die Arbeiter des Bergbaus und der Hüttenindustrie bei andauernder Erwerbsunfähigkeit wenigstens zum Teil eine Unterstützung aus den bereits früher gegründeten Knappschaftsvereinen zu erwarten, aber die Millionen Arbeiter der anderen Berufszweige konnten auf keinerlei Unterstützung rechnen. Mit dem Invaliditäts- und Alterssicherungsgesetz wurden alle Arbeiter vom 16. Lebensjahr an versicherungspflichtig. Die zur Finanzierung notwendigen Mittel wurden durch Beiträge, die zu gleichen Teilen von Arbeitnehmern und Arbeitgebern aufgebracht wurden, plus einem Reichszuschuß bereitgestellt. Zur Ermittlung der Beiträge bildete man zunächst vier Lohnklassen. Der **Arbeitgeberanteil** wurde deshalb eingeführt, weil dem Gesetzgeber die Löhne als so niedrig erschienen, daß eine weitere Belastung durch eine volle Beitragsleistung die wirtschaftliche Lage der Arbeitnehmer noch weiter verschlechtert hätte. Der damalige Arbeitgeberanteil kann daher auch als eine vom Staat verordnete Erhöhung der Bruttolöhne angesehen werden.

Das Gesetz sicherte allen Mitgliedern eine Invalidenrente zu, sofern die dauernde oder vorübergehende Erwerbsunfähigkeit länger als ein Jahr anhielt. Erwerbsunfähigkeit lag dann vor, wenn ein Arbeitnehmer nicht mehr als ein Sechstel dessen verdienen konnte, was ein vergleichbarer Arbeitnehmer verdiente. Bei der Invalidenrente betrug die Wartezeit fünf Jahre mit je 47 Beitragswochen. Bei der Altersrente betrug – abgesehen von Übergangsbestimmungen – die Wartezeit 30 Jahre, für die Beiträge entrichtet sein mußten; darüber hinaus erfolgt die Rentenzahlung erst mit Vollendung des 70. Lebensjahrs. An dieser Rente beteiligte sich das Reich mit einem festen Beitrag (zuerst 50 Mark jährlich), der aus allgemeinen Haushaltsmitteln finanziert wurde. Damit kamen etwa 12 Millionen Arbeiter mit einem Einkommen von unter 2.000 Mark jährlich in den Genuß einer gewissen Alterssicherung, die anfangs sicherlich noch nicht voll ausreichend war; das galt in besonderem Maße für die Hinterbliebenen, da eine Hinterbliebenenrente (Witwen- und Waisenrenten) zunächst nicht gezahlt wurde.

Als Verwaltungsgremien wurden die Landesversicherungsanstalten – unter Aufsicht des Reichsversicherungsamtes – gegründet. Diesen war ein Ausschuß beigeordnet, der sich aus je fünf Vertretern der Arbeitgeber und der Arbeitnehmer zusammensetzte. In diesen Ausschüssen, wie im übrigen auch in den Organisationen der örtlichen Krankenversicherungen, erhielt zum ersten Mal die sozialdemokratische Führungsschicht eine Betätigungsmöglichkeit für eine aktive Mitwirkung an öffentlichen Aufgaben. So wurde die Sozialgesetzgebung zu einem Mittel einer zumindest zunächst ungewollten Integration, die aber auf lange Sicht das sozialreformerische Element in der SPD gegenüber dem sozialrevolutionären Flügel erheblich gestärkt und somit letztlich der Erhaltung des demokratischen Systems jedenfalls in einem deutschen Teilstaat gedient hat. Mit dem Invaliditäts- und Alterssicherungsgesetz ging zugleich die Ära Bismarck zu Ende.

4. Die Fortentwicklung bis zum Ende des II. Weltkriegs

In den folgenden Jahren wurden die Gesetze unter Berücksichtigung der neuen Erfahrungen weiterentwickelt, insbesondere wurde der Kreis der Pflichtversicherten erweitert. Im Jahre 1908 waren mehr als 15 Millionen pflichtversichert. Das war rund ein Viertel der Gesamtbevölkerung. Wesentliche Erweiterungen und Leistungsverbesserungen wurden mit der Reichsversicherungsordnung (RVO) von 1911 vorgenommen. Mit ihr schuf man eine

Rentenversicherung der Angestellten, in der Angestellte mit einem Jahresgehalt zwischen 2.000 Mark und 5.000 Mark der Versicherungspflicht unterlagen. Neben einer Vereinheitlichung der Sozialgesetzgebung war die Einführung der **Hinterbliebenenversorgung** ein Markstein; außerdem wurde die Altersgrenze auf 65 Jahre herabgesetzt.

Die Angestelltenversicherung unterschied sich von der Invalidenversicherung (Arbeiterrentenversicherung) in einer Reihe von Punkten: Die Angestelltenversicherung kannte unter anderem keinen **Reichszuschuß**, Beiträge und demzufolge auch Renten waren höher, die Verwaltung wurde von der zentralen Reichsversicherungsanstalt für Angestellte durchgeführt. Mit der Versicherungspflicht für Angestellte wurde die staatliche, sozialpolitische Einflußnahme auch auf eher mittelständische Bevölkerungskreise ausgedehnt. Diese Maßnahmen sollten unter anderem auch die Ungleichbehandlung der Angestellten der privaten Wirtschaft (sogenannte Privatbeamte) und der staatlichen Beamten beseitigen.

Die staatlichen Beamten nahmen schon zu damaliger Zeit eine besondere Stellung ein, die mit ihrer speziellen Treuepflicht auch im außerdienstlichen Verhalten gegenüber ihrem Arbeitgeber begründet wurde, so daß auf der anderen Seite auch dem Staat als Arbeitgeber eine besondere Unterhaltspflicht („Alimentationspflicht") gegenüber seinen Beamten zukam. Diese Alimentationspflicht ging so weit, daß den im allgemeinen auf Lebenszeit ernannten Beamten auch nach ihrer aktiven Dienstzeit ein sogenanntes Ruhegehalt („Pension") zustand. Diese Gehaltsfortzahlung erfolgte ohne geldliche Gegenleistung seitens der Beamten; finanziert wurden die Pensionen wie die laufenden Gehälter aus allgemeinen Haushaltsmitteln. Nach § 34 des Reichsbeamtengesetzes (Fassung vom 18. Mai 1907) erhielt jeder Reichsbeamte, der nach einer Dienstzeit von wenigsten 10 Jahren infolge Nachlassens seiner körperlichen und geistigen Kräfte zur Erfüllung seiner Amtspflichten dauernd unfähig war, ein lebenslängliches Ruhegeld. Beamte, die nach Vollendung ihres 65. Lebensjahres aus dem Dienst schieden, hatten ebenfalls einen solchen Anspruch, der in Bruchteilen (v.H.-Sätzen) des Dienstgehaltes formuliert war, wobei deren Höhe mit der Dauer der Dienstjahre zunahm und bis zu 80 % (bei Mitgliedern des Reichsgerichts und emeritierten Professoren bis zu 100 %) des Endgehalts steigen konnte. Die Hinterbliebenen eines verstorbenen Beamten erhielten noch für ein Vierteljahr nach dem Tode das sogenannte Gnadengehalt und dann eine Hinterbliebenenversorgung: Die Witwe ein Witwengeld, das 60 % des Ruhegehalts betrug, die Kinder ein Waisengeld.

Dies verdeutlicht, daß schon damals der Staat sich die Versorgung seiner Beamten einiges kosten ließ, und daß diese Leistungen – verglichen mit der Arbeiterrentenversicherung – außerordentlich hoch waren. Dieser Leistungskatalog hat größtenteils auch heute noch Gültigkeit. Den Beamten wurde also lange schon das gewährt, was man anderen Bevölkerungsschichten noch auf lange Zeit verwehrte. Kein Wunder, daß der Beamtenstatus zum Traumziel vieler Berufsanfänger wurde und es bis heute blieb. Gleichzeitig dürfte auch deutlich geworden sein, daß eine Absicherung der privaten Angestellten auf dem Niveau der Beamtenversorgung aus finanziellen Gründen nicht durchführbar war. So wurde bereits im Jahre 1911 eine „**Versorgungshierarchie**" unter den unselbständig Beschäftigten geschaffen, die – ausgehend von der Qualität der Sicherung – an erster Stelle die Beamten, an zweiter Stelle die Angestellten und an letzter Stelle die Arbeiter sah; eine Hierarchie, die im übrigen auch das Gesellschaftssystem weitgehend bestimmte und erst in jüngster Zeit – zumindest was die Versorgungsniveaus betrifft – langsam ins Wanken gerät.

Der I. Weltkrieg brachte neue Belastungen für das Sozialversicherungssystem mit sich, insbesondere mußte über die Anrechnung von Kriegsdienstzeiten dafür Sorge getragen werden, daß die Kriegsteilnehmer nicht benachteiligt wurden. Durch die Wirren der Nachkriegszeit kam die Sozialversicherung halbwegs unbeschadet, obwohl die Invalidenversicherung (Arbeiterrentenversicherung) infolge der Großen Inflation 1923 ein aus den Beitragszahlungen gebildetes Vermögen in Höhe von mehr als 2 Milliarden Mark verloren hatte, aus dem immerhin jährlich Zinsen in Höhe von 67 Millionen Mark geflossen waren. Die Weltwirtschaftskrise hatte weit verheerendere Auswirkungen für die Sozialversicherung. Aufgrund einer ungeheuren Zunahme der Arbeitslosigkeit waren die Beitragseinnahmen stark rückläufig, so daß keine anderen Alternativen als Leistungskürzungen blieben, die durch die Notverordnungen in den Jahren 1930 bis 1932 auch vorgenommen wurden. Die katastrophalen politischen Folgen, die vor allem in der Radikalisierung breiter Massen zum Ausdruck kamen, sind hinreichend bekannt.

In der nationalsozialistischen Ära wurde das Sozialversicherungssystem grundlegend umgestaltet. 1934 wurde ihre Selbständigkeit beseitigt und das „Führerprinzip" eingeführt; ihr angesammeltes Vermögen führte man später sogar zum Teil zweckentfremdet der Aufrüstung zu. Insbesondere wurden bevölkerungspolitisch orientierte Verbesserungen in der Wochenhilfe sowie eine Abstufung der Versicherungsleistungen im Rahmen der Familienhilfe nach Kinderzahl vorgenommen. Diese bevölkerungspolitischen Maßnahmen des Dritten Reiches belasten übrigens heute noch die Diskussion um eine Reform des Rentenversicherungssystems, worauf später noch eingegangen wird.

5. Der Ausbau des Alterssicherungssystems in der Bundesrepublik Deutschland

Nach dem totalen Zusammenbruch Deutschlands infolge des verlorenen II. Weltkriegs war ein Neuanfang erforderlich, der sich allerdings aufgrund der ungeheuren Kriegsfolgelasten als sehr schwierig erwies. Die Vertreibung aus den östlichen Gebieten, die Kriegszerstörungen und die Inflation hatten nicht nur die Rücklagen der gesetzlichen Rentenversicherung zerstört, sondern auch weitestgehend alle anderen Vorkehrungen zur privaten Alterssicherung außerhalb der gesetzlichen Versicherungen zur Illusion werden lassen. So durften die gesetzlichen Rentenversicherungen nicht nur eine Einrichtung für die ärmeren Bevölkerungsschichten bleiben, sondern sie wurden immer mehr zu einer Volksversicherung. Im Rahmen der **Währungsreform** erfolgte eine Sicherung des Wertes der Ansprüche an die Sozialversicherung durch die Umstellung der Reichsmarkansprüche auf DM-Ansprüche im Verhältnis 1 : 1, während alle anderen privaten Versicherungsansprüche praktisch wertlos wurden (die Forderungen gegenüber privaten Lebensversicherungen wurden im Zuge der Währungsreform im Verhältnis von 10 : 1 Reichsmark auf Deutsche Mark – in bestimmten Fällen 5 : 1 – umgestellt). Das Sozialversicherungsanpassungsgesetz vom Juni 1949 brachte eine Anpassung der gesetzlichen Renten an die Lohn- und Preisentwicklung, 1951 stellte man die Selbstverwaltung wieder her.

In den folgenden Jahren paßte man die Renten häufiger der wirtschaftlichen Entwicklung an. Die Anpassungen erfolgten unregelmäßig auf der Grundlage einzelner Gesetze. Hier ergab sich dann eine gewisse Parallelität der Anpassung der Renten mit den jeweiligen Wahlterminen, so daß der Eindruck entstehen mußte, daß zumindest zeitweilig „Wahlgeschenke" verteilt wurden. Außerdem tauchten Befürchtungen auf, daß aufgrund der fallweisen, durch das Parlament zu entscheidenden Anpassungen insbesondere bei knappen Mehrheitsverhältnissen den Wählerstimmen der Rentner ein immer größer werdendes Gewicht zukommen könnte. Daher diskutierte man schon frühzeitig eine Bindung der Rentenhöhe an bestimmte wirtschaftliche Daten, um damit eine jährliche, automatische Anpassung der **Bestandsrenten** (das heißt der bereits existierenden Rentenfälle) zu erreichen, ohne daß das Parlament auf die Höhe der Anpassungsrate Einfluß nehmen konnte. Es sei bereits an dieser Stelle vermerkt, daß die Frage, ob eine solche **Dynamisierung** der Renten in der Alters-, Invaliditäts- und Unfallversicherung sowie in der infolge des II. Weltkriegs hinzugekommenen Kriegsopferversorgung verantwortet werden konnte, in Parteien und Regierung nicht unumstritten war[1]). Mit dem Rentenversicherungs-Neuregelungsgesetz vom Februar 1957 wurde für die neubenannte „Rentenversicherung der Arbeiter" (früher „Invalidenversicherung") und „Rentenversicherung der Angestellten" die dynamische Rente eingeführt, eine Reform, die von vielen als Jahrhundertwerk gefeiert wurde. Die Dynamisierung von Unfall- und Kriegsopferrenten folgte 1963 bzw. 1970. Ziel der Rentenreform von 1957 war es, den Rentnern ihren während des Arbeitslebens erworbenen Lebensstandard zu sichern.

War damit nun bindend die „bruttolohnbezogene" Rentenanpassung vorgeschrieben, nach der die Rentenanpassung stets und ausschließlich dem Wachstum der Bruttolöhne und -gehälter zu folgen hätte? Auch diese Frage ist heute umstritten. Während in Veröffentlichungen von den Gewerkschaften nahestehenden Autoren die dynamische Rente selbstverständlich gleichgesetzt wird mit der Bruttolohnbezogenheit, kommt eine Veröffentlichung eines den Unternehmerverbänden nahestehenden Autoren zu dem Ergebnis, daß die „bruttolohnbezogene Rentenformel" keineswegs gesetzlich unabdingbar vorgeschrieben ist. Dieser Autor macht anhand der Gesetzestexte deutlich, daß bei den Bestandsrenten keineswegs, bei den Zugangsrenten nur prinzipiell die Bruttolohnbezogenheit vorgeschrieben war. Vielmehr war auch bei letzteren für den Notfall eine Auflösung der Bruttolohnbezogenheit vorgesehen; allerdings wurde diese Bestimmung 1969 gestrichen, da sie bis zu diesem Zeitpunkt nicht zur Anwendung gelangt war und daher überflüssig erschien.

Weitere wesentliche Leistungserhöhungen brachte – nach einigen gesetzlichen Änderungen in der Zwischenzeit – das Rentenreformgesetz vom Oktober 1972, das nach den unmittelbar folgenden Bundestagswahlen durch ein weiteres Änderungsgesetz im März 1973 noch korrigiert wurde. Man führte ein:

(1) Die flexible Altersgrenze, mit der – bei gewissen Voraus-

[1]) Zur Darstellung der parteipolitischen Diskussion vgl. *Krause-Brewer* [1979].

setzungen – freigestellt wird, das Altersruhegeld bereits mit dem 63. Lebensjahr in Anspruch zu nehmen;

(2) die Rente nach Mindesteinkommen[1]), die diejenigen begünstigen soll, die wegen jeweils sehr stark unter dem Durchschnitt liegenden Löhnen und Gehältern eine nur geringe Rente zu erwarten hätten;

(3) die Öffnung der gesetzlichen Rentenversicherung für alle Bevölkerungsgruppen, so daß auch Hausfrauen und Selbständige sich freiwillig versichern bzw. „einkaufen" konnten, verbunden mit der Möglichkeit von Beitragsnachentrichtungen für frühere Zeiten;

(4) die Vorverlegung der 15. Rentenanpassung um ein halbes Jahr als Ausgleich für den Verzicht der Anpassung im Jahre 1958 (nach der 57er Reform);

(5) die Beseitigung eines eigenen Beitrags der Rentner zur gesetzlichen Krankenversicherung.

Diese Regelungen wurden schon vor ihrer Einführung alle mehr oder weniger heftig kritisiert und es bedarf eines sehr hohen Maßes an Ignoranz, um in ihnen nicht eine der Ursachen für die spätere Misere der Rentenfinanzen zu sehen. Die Maßnahme (4) wurde bereits zurückgenommen, und die Maßnahme (5) steht kurz vor der Zurücknahme. Mit der Maßnahme (3) in Verbindung mit der Möglichkeit von Beitragsnachentrichtungen wurde insbesondere den Begüterten die Möglichkeit eröffnet, mit der Zahlung einer Kapitalsumme Rentenansprüche zu erwerben, die um das drei- bis sechsfache über der einmaligen Beitragszahlung lagen[2]). Dadurch wurde die gesetzliche Rentenversicherung zwar kurzfristig finanziell entlastet, langfristig jedoch wurden erhebliche Mehrausgaben, die von der Versichertengemeinschaft zu tragen

---

[1]) Nicht zu verwechseln mit einer Mindestrente, die es in der gesetzlichen Rentenversicherung nicht gibt; zur Rente nach Mindesteinkommen siehe die Ausführungen zur Rentenformel unten.

[2]) Das Magazin DER SPIEGEL berichtete in seiner Ausgabe 12/1977 von einem besonders krassen Beispiel: Einem Selbständigen, der, kurz bevor er 63 Jahre alt wurde und in den Ruhestand ging, sich noch rasch mit 47.084 DM in die Angestelltenversicherung einkaufte. Im Jahr 1977 erhielt dieser Mann schon rund 14.000 DM Rente. Seinen Einsatz hatte er 1979 voll zurück. Die Rente läuft weiter, bis seine 24 Jahre jüngere Ehefrau stirbt. Die Versichertengemeinschaft zahlt, wenn beide Ehegatten 75 Jahre alt werden, runde 400.000 DM. Mit anderen Worten: sein Einsatz verzinst sich mit einem Satz, der mit keiner anderen Anlageform zu erreichen ist. Dieser Mann konnte dann auch noch seine private Krankenversicherung (Monatsbeitrag 550 DM) kündigen, denn als Rentner ist er kostenlos krankenversichert (Kostendurchschnitt je Rentner 1.800 DM/Jahr).

sind, in Kauf genommen. Maßnahme (2), die **Rente nach Mindesteinkommen**, belastete ebenfalls den Haushalt der Rentenversicherung, wobei zu fragen ist, ob derartige soziale Hilfsleistungen statt aus Beiträgen aus Steuermitteln zu finanzieren wären (wie die Sozialhilfe). Auch die flexible Altersgrenze – an sich unbestreitbar eine soziale Leistung – belastet erheblich die Ausgabenseite, da sie zunehmend in Anspruch genommen und ohne irgendwelche Abschläge bei der Rente gewährt wird (berücksichtigt wird nur die geringere Zahl der Beitragsjahre). *Schmidt-Kaler* [1979] berechnet, daß die Inanspruchnahme der **flexiblen Altersgrenze** mit 63 (statt 65) Jahren – ein durchschnittlicher Rentenempfänger unterstellt – eine Beitragsmindereinnahme von 7.000 DM verursacht, der ein Mehraufwand von 48.000 DM gegenübersteht.

Der langfristig erhöhte Ausgabenstrom (bei nur kurzfristig erhöhten Einnahmen, denn das „Einkaufen" in die gesetzliche Rentenversicherung war bis zum 31. Dezember 1975 befristet) führte schon bald zu erheblichen Finanzierungsengpässen, die sich nach der Rezession von 1974/75 und der ihr folgenden Arbeitslosigkeit nicht mehr beseitigen ließen. Mit dem 20. und 21. **Rentenanpassungsgesetz** wurden daher Sanierungsmaßnahmen eingeleitet, mit denen erstmals für mehrere Jahre die „Rentenautomatik" merklich abgeschwächt wurde; dazu unten mehr.

Neben den Verbesserungen im Bereich der gesetzlichen Rentenversicherung wurde 1957 noch die Altershilfe für Landwirte geschaffen und in den folgenden Jahren ausgebaut; diese Altershilfe wird in erster Linie durch Bundeszuschüsse finanziert. Die Beiträge der Landwirte selbst sind im Vergleich zur gesetzlichen Rentenversicherung nur gering. Die Handwerkerversicherung (1960) sowie die bundes- und landesgesetzlichen Regelungen für freie Berufe (etwa Ärzte) sind Beispiel für die weitere Ausdehnung der Alterssicherung auch auf die selbständigen Erwerbstätigen.

Die Beamtenversorgung behielt im wesentlichen die oben beschriebenen Regelungen bei. Ein Anspruch auf Ruhegehalt besteht, wenn der Beamte wenigstens fünf Jahre tätig war. Bis zur Vollendung einer 10-jährigen Dienstzeit beträgt das Ruhegehalt 35 % der ruhegehaltsfähigen Dienstbezüge (die im wesentlichen dem Bruttogehalt entsprechen) und steigt mit jedem Dienstjahr bis zum 25. Dienstjahr um je 2 %, vom 26. Dienstjahr an um 1 % jährlich bis maximal 75 % der ruhegehaltsfähigen Dienstbezüge. Das Witwengeld beträgt – wie früher – 60 %, das Waisengeld für eine Halbwaise 12 % und für eine Vollwaise 20 % des Ruhegehalts des Verstorbenen. Die Versorgungsbezüge der Beamten und ihrer Hinterbliebenen werden erhöht, wenn die Dienstbezüge der Beamten erhöht werden[1]). Eigene Beiträge werden auch heute noch nicht erhoben, die Finanzierung erfolgt aus allgemeinen Haushaltsmitteln.

In der Vor- und Nachkriegszeit gewannen neben den Beamten die beiden anderen Gruppen öffentlich Bediensteter zunehmend an Bedeutung: Die Arbeiter und die Angestellten. Da sie oft mit den Beamten vergleichbare Tätigkeiten ausübten, war der Wunsch nach einer den Beamten ähnlichen Versorgung im Alter nur allzu verständlich. Zu diesem Zweck schufen Bund und Länder öffentliche **Zusatzversorgungen** (in Ergänzung zur gesetzlichen Rentenversicherung), deren bekannteste und größte die Versorgungsanstalt des Bundes und der Länder (VBL) ist. Die VBL wurde Nachfolgerin der früheren Zusatzversorgungsanstalt des Reichs und der Länder (ZRL) und führt die Zusatzversicherung für die Arbeitnehmer des Bundes, der Länder sowie kommunaler Verwaltungen und Betriebe durch. Bis 1966 wurden die Zusatzrenten nicht der wirtschaftlichen Entwicklung angepaßt; ab 1967 führte man mit einem Versorgungs-Tarifvertrag eine besondere Art der Lohnbindung dieser Renten ein. Danach erhalten die betroffenen Arbeiter und Angestellten eine Alterssicherung, die grundsätzlich der Beamtenversorgung entspricht (damit nahmen auch die öffentlich bediensteten Arbeitnehmer nicht an den Kürzungen des 20. und 21. Rentenanpassungsgesetzes teil, da die Ausfälle bei der Sozialrente durch die Zusatzversorgung wieder ausgeglichen wurden). Eigene Beiträge der Arbeitnehmer gibt es heute nicht mehr. Die Finanzierung erfolgt durch Beiträge der Arbeitgeber, die 4 % des zu versichernden Entgelts des Beschäftigten ausmachen. Wie die Löhne und Gehälter der öffentlichen Bediensteten werden also auch die Beiträge zur VBL de facto aus allgemeinen Haushaltsmitteln finanziert.

Hinter dieser Entwicklung im Bereich des öffentlichen Dienstes wollten auch die privaten Unternehmen nicht zurückstehen. Ähnlich wie bei der Zusatzversorgung im öffentlichen Dienst wurden insbesondere in der Zeit nach dem II. Weltkrieg von einer ständig steigenden Zahl von Unternehmen **Betriebsrenten** in Ergänzung zur Sozialrente eingeführt und verbessern heute nicht unbeträchtlich die Situation der nicht mehr erwerbstätigen Genera-

---

[1]) Während die Sozialrenten durch das 20. und 21. Rentenanpassungsgesetz gekürzt wurden, blieben die Beamtenpensionen aufgrund der Verknüpfung mit den Gehaltsanpassungen von Kürzungen verschont.

tion. Die Finanzierung dieser Betriebsrenten geht im allgemeinen allein zu Lasten der Arbeitgeber. In erster Linie steuerliche Erwägungen (sofortige Steuerersparnisse bei erst später fällig werdenden Leistungen), aber auch die Absicht, Fachkräfte an das Unternehmen zu binden und langjährige Betriebstreue zu belohnen, stellten die vorherrschenden Motive dar. Die Aufwendungen für die betriebliche Altersversorgung und das für die späteren Versorgungsleistungen angesammelte Vermögen verbleiben entweder im Betrieb (bei Pensionsrückstellungen) oder gehen an Direktversicherungen bzw. Pensions- und Unterstützungskassen außerhalb des Betriebes. Zur Sicherung der Ansprüche der Arbeitnehmer sind in den letzten Jahren eine Reihe von Gesetzen erlassen worden, insbesondere das Gesetz zur Verbesserung der betrieblichen Altersversorgung, das unter anderem auch Sicherungsregelungen bei Wechsel des Arbeitsplatzes mit sich brachte. Durch das Urteil des Bundesverfassungsgerichts vom 15.9.1977 liegt auch für die Betriebsrenten de facto eine Anpassungspflicht vor.

Neben den staatlichen und betrieblichen Einrichtungen zur Altersvorsorge haben besonders nach dem II. Weltkrieg im Zuge der allgemeinen Wohlstandssteigerungen auch die **privaten Lebensversicherungen** eine immer größer werdende Bedeutung erlangt. In ihnen versichern sich traditionell Selbständige, aber auch zunehmend Arbeitnehmer auf freiwilliger Basis, letztere in erster Linie, um ihre Rentenansprüche aus den anderen Sicherungseinrichtungen aufzustocken. Der Begriff „Lebensversicherung" umfaßt zahlreiche Versicherungsarten und -formen, deren Risiko in der ungewissen Dauer des menschlichen Lebens liegt, wobei der Versicherungsfall (also der Eintritt des versicherten Ereignisses) auf verschiedene Tatbestände abgestellt sein kann (zum Beispiel Tod, Erleben eines bestimmten Zeitpunktes, oder auch Kombination dieser beiden Möglichkeiten). Die häufigsten Formen sind hier die Kapitalversicherung (bei der bei Eintritt des versicherten Ereignisses eine vertraglich fixierte Kapitalsumme ausgezahlt wird) und die Rentenversicherung (bei der im allgemeinen die Rentenzahlung – ähnlich wie bei der gesetzlichen Rentenversicherung und der betrieblichen Altersversorgung – mit Vollendung des 60. oder 65. Lebensjahres beginnt). Im Jahre 1975 wurden von den 105 Mitgliedsunternehmen des Verbandes der Lebensversicherungs-Unternehmen e.V. 60,5 Millionen Lebensversicherungsverträge verwaltet; obwohl natürlich mehrere Lebensversicherungsverträge pro Haushalt abgeschlossen werden können, macht diese Zahl deutlich, daß die meisten Haushalte in der Bundesrepublik Deutschland sich zur (zusätzlichen) Altersvorsorge einer privaten Lebensversicherung bedienen. So entwickelte sich das sogenannte **Drei-Säulen-Konzept**, demzufolge die Sicherstellung der Alters- und Hinterbliebenenversorgung der Bevölkerung durch (1) die gesetzliche Rentenversicherung, (2) die betriebliche Altersversorgung und (3) die private und freiwillige Vorsorge im Rahmen der privaten Lebensversicherungen erfolgen sollte und auch erfolgt. Selbstverständlich tritt neben diese drei Säulen eine vierte, nämlich die private Ersparnis- und Vermögensbildung, die immer schon – neben anderen Motiven – auch aus dem Motiv der Altersvorsorge betrieben worden ist, in früheren Zeiten insbesondere von den wohlhabenderen Bevölkerungsschichten, mit steigender Sparfähigkeit auch von immer breiter werdenden Bevölkerungsschichten.

Um einen Eindruck von der finanziellen Bedeutung der drei Säulen zu erhalten, seien an dieser Stelle die von *Schmidt-Kaler* [1979] für das Jahr 1977 gemachten Berechnungen angeführt. Denen zufolge betrugen die Leistungen der gesetzlichen Rentenversicherung einschließlich der öffentlichen Pensionen (Säule 1) ca. 134 Milliarden DM, der betrieblichen Altersversorgung (Säule 2) ca. 16 Milliarden DM und der privaten Lebensversicherungen (Säule 3) ca. 19 Milliarden DM. Als Vergleichsmaßstab belief sich das Bruttosozialprodukt, das – grob gesagt – den Gesamtwert aller erzeugten Güter und Dienstleistungen während eines Jahres darstellt, im Jahre 1977 auf 1.197 Milliarden DM. Zur Altersversorgung aus den drei Säulen (ohne private Ersparnis und Vermögen sowie private Transfers) wurden also 14,1 % des Bruttosozialprodukts zur Verfügung gestellt, allerdings nicht voll beansprucht, da die Rentnerhaushalte in der Bundesrepublik noch einen relativ großen Anteil ihrer Einkommen sparen.

Wenn man die groben Linien der Entwicklung der Altersversorgung der Arbeitnehmer kurz zusammenfaßt, kann man feststellen, daß die Beamtenversorgung, die bereits sehr frühzeitig ein relativ hohes Niveau erreichte, zum Vorreiter für die Entwicklung der anderen Versorgungssysteme geworden ist. Auch heute noch besteht eine weit verbreitete Neigung, die anderen Systeme – soweit nicht bereits erfolgt – an das hohe Versorgungsniveau der Beamten anzupassen. Will man eine „Versorgungshierarchie" für Arbeitnehmer aufstellen, gilt prinzipiell – Ausnahmen bestätigen die Regel – auch heute noch, daß die Beamten in ihr die erste Stelle einnehmen, besonders wenn man berücksichtigt, daß sie keine eigenen Beiträge zu ihrer Altersversorgung leisten. An zweiter Stelle wären die Arbeiter und Angestellten des öffentlichen Dienstes zu nennen, die aufgrund der VBL und der faktischen Steuerfreiheit ihrer Renten (siehe dazu unten) immer mehr gegenüber den Beamten aufholen, ja diese bereits zum Teil überholt haben. An dritter Stelle rangieren die Arbeitnehmer der privaten Wirtschaft mit Betriebsrentenansprüchen und das Schlußlicht bilden die Arbeitnehmer der privaten Wirtschaft ohne Betriebsrentenansprüche. Diese Problematik wird im weiteren noch verschiedentlich von Bedeutung sein.

Literaturempfehlung zum II. Kapitel

Zur Entwicklung der Sozialpolitik: *Lampert* [1980].

III. Alternative Organisationsformen der Alterssicherung und ihre Ausgestaltung in der Bundesrepublik Deutschland

Mit der Beschreibung der historischen Entwicklung im vorhergehenden Kapitel wurden bereits verschiedene Organisationsformen der Alterssicherung angesprochen, auf die nunmehr in systematischer Weise näher eingegangen werden soll. Auch in diesem mehr theoretisch orientierten Kapitel, das insbesondere der Klärung der Begriffe dienen und damit zum Verständnis der weiteren Ausführungen beitragen soll, werden historische Bezüge und die bisherigen Erfahrungen eingeflochten sowie die gegenwärtige Ausgestaltung des Sicherungssystems in der Bundesrepublik dargestellt. Im Mittelpunkt dieses Kapitels stehen die Fragen, ob das Alterssicherungssystem mehr individualistisch (das heißt Betonung der Eigenverantwortlichkeit des einzelnen) oder kollektivistisch (das heißt Betonung der Mitverantwortlichkeit der Gesamtgesellschaft) ausgestaltet sein soll (damit ist auch die Frage nach freiwilliger bzw. zwangsweiser Mitgliedschaft verbunden), die Frage, woran sich die Höhe der Rentenzahlung an den einzelnen orientieren soll, wie die Mittel zur Sicherung des Alters aufgebracht werden und wie diese Mittel schließlich angelegt oder verwendet werden können. Darüber hinaus wird in den Grundzügen die Ausgestaltung der gesetzlichen Rentenversicherung dargestellt, sowie anhand einfacher Beispiele die Rentenberechnung – jedenfalls den grundsätzlichen Zügen nach – unter Bezugnahme auf die sogenannte Rentenformel demonstriert. In einem letzten Abschnitt soll dann noch auf die steuerliche Behandlung der Alterseinkommen eingegangen werden, um zu zeigen, was den Rentner- und Pensionärshaushalten nach Steuer (hier insbesondere Einkommensteuer) tatsächlich an Kaufkraft verbleibt, wobei als Vergleichsmaßstab auf die Abgabenbelastung der Arbeitnehmer eingegangen werden soll.

1. Die Grundprinzipien der Alterssicherungssysteme

Alterssicherungssysteme können grundsätzlich nach dem Versicherungsprinzip, dem Versorgungsprinzip, dem Fürsorgeprinzip oder nach Mischformen aus diesen drei Prinzipien aufgebaut werden. Folgt das Alterssicherungssystem dem Versicherungsprinzip, so bedeutet das technisch die Verteilung der Kosten für den Versicherungsfall – hier: Alter – auf die Gesamtheit aller Versicherten; dabei haben Risikoausgleichsberechnungen, wie sie heute bei den privaten Lebensversicherungen auf versicherungsmathematischer Grundlage vorgenommen werden, entscheidende Bedeutung.

Wichtig ist, ob die Alterssicherung auf dem Individualversicherungsprinzip oder dem Sozialversicherungsprinzip basiert. Bei der Individualversicherung werden die Versicherungsprämien allein auf der Grundlage des Versicherungsrisikos nach dem versicherungstechnischen **Äquivalenzprinzip** berechnet, das heißt in strenger Anlehnung der vereinbarten Leistung (hier: Rente) an die Prämienleistung (hier: Beitrag). In der Individualversicherung werden also die versicherten Risiken, die den einzelnen treffen können und von ihm allein nicht zu bewältigen wären, zusammengelegt. Der Beitrag bemißt sich im Verhältnis zur rechnerischen Wahrscheinlichkeit, daß der Versicherungsfall für den Versicherten eintritt. Die gesamte Beitragssumme wird so bemessen, daß sie zur Deckung der gesamten eintretenden Risiken gerade ausreicht (zuzüglich der in der Versicherung entstehenden Kosten). Damit sind alle Beiträge, auch die der verschont gebliebenen, aufgezehrt. Auch diejenigen, bei denen der Versicherungsfall nicht eingetreten ist, haben nicht etwa einen Verlust gemacht. Sie haben als Gegenleistung für ihre Prämienzahlung die Freistellung von einem für sie untragbaren und möglicherweise ihre Existenz vernichtenden Risiko erhalten. Ein Individualversicherungsverhältnis geht man also nicht ein, um den Mitversicherten behilflich zu sein, sondern um selber geschützt zu sein.

Demgegenüber ist das Sozialversicherungsprinzip ein abgewandeltes Individualversicherungsprinzip, bei dem grundsätzlich auch die Äquivalenz von Beitragszahlung und späterer Rentenzahlung (die sogenannte beitragsbezogene oder auch leistungsbezogene

Rente) erhalten bleibt, wobei aber Elemente, die dem Grundsatz der Solidarität folgen, mit einfließen. Ein Beispiel hierfür ist die beitragslose Mitversicherung von Familienangehörigen. Hier spielen Maßnahmen des **Familienlastenausgleichs,** die auch in unserem Steuersystem von Bedeutung sind, in die Sozialversicherung hinein. Natürlich finanzieren die ledigen Versicherten mit ihren Beiträgen die nicht mitarbeitenden Familienangehörigen der verheirateten Versicherten mit; ihre Rente ist zwar beitragsbezogen, wäre aber bei Ausschluß der beitragslosen Mitversicherten höher. Hier erfolgt also eine sogenannte Umverteilung. Ferner werden im Sozialversicherungssystem auch die Rentenzahlungen nach sozialen Gesichtspunkten modifziert (so zum Beispiel bei der sogenannten Rente nach Mindesteinkommen; siehe unten). Ein weiterer wichtiger Unterschied zwischen Individual- und Sozialversicherung besteht auch darin, daß die Sozialversicherung im Gegensatz zur Individualversicherung keine Risikoausschlüsse oder zusätzliche Risikoprämien kennt, genauso wenig wie sie einen Ausschluß von den Leistungen vornimmt. Bei der Individualversicherung ist die spätere Gegenleistung aufgrund individuell gestalteter Versicherungsverträge, fixiert. Die im Prinzip beitragsbezogenen (beitragsäquivalenten), aber zum Teil nach sozialen Gesichtspunkten modifizierten Renten der Sozialversicherung sind aufgrund eines Rechtsanspruchs zu zahlen, wobei die Höhe der Rentenzahlung aufgrund gesetzlicher Regelungen festgelegt wird.

Das Versorgungsprinzip beruht nun auf dem Gedanken, daß nicht aufgrund von Beitragszahlungen, sondern aufgrund bestimmter Vorleistungen (zum Beispiel Dienstleistungen der Beamten) oder außerordentlicher Opfer (zum Beispiel bei Kriegshinterbliebenen oder Kriegsbeschädigten) Leistungsansprüche erworben werden bzw. entstehen, die dann aus allgemeinen Haushaltsmitteln (insbesondere Steuern) zu finanzieren sind. Sie werden somit von der Allgemeinheit getragen. Während dieses Prinzip etwa bei der Kriegsopferversorgung unumstritten ist, wird das Versorgungsprinzip von vielen heftig kritisiert, wenn es als Sicherungsprinzip für die Gesamtgesellschaft vorgeschlagen wird. Denn dabei werden auch diejenigen Mitglieder der Gesellschaft von der Verpflichtung zur eigenverantwortlichen Vorsorge befreit, die finanziell durchaus dazu in der Lage wären. Im übrigen bestehen bei dem Versorgungsprinzip hinsichtlich Rentenzahlung und Rentenhöhe dieselben Rechtsansprüche wie bei dem Versicherungsprinzip.

Bei dem Fürsorgeprinzip besteht dagegen entweder überhaupt

kein Rechtsanspruch oder nur ein Rechtsanspruch „dem Grunde nach“, also kein Anspruch auf Leistungen bestimmter Art und Höhe. Leistungen werden ohne eigene Beitragsleistungen des Betroffenen nur nach Eintritt einer bestimmten Lage und nach Überprüfung der Bedürftigkeit gewährt. Die Entscheidungen werden von besonderen Behörden getroffen, die gewisse Ermessensspielräume haben. Dabei besteht die Möglichkeit des Rückgriffs der Sozialbehörden auf die nächsten Verwandten (etwa der Kinder) des Hilfeempfängers.

In das komplexe Alterssicherungssystem der Bundesrepublik Deutschland sind alle drei Prinzipien eingeflossen. Dem Individualversicherungsprinzip folgen die privaten Lebensversicherungen, in denen eigenverantwortliche Altersvorsorge getrieben wird. Alle anderen Sicherungsarten sind dadurch gekennzeichnet, daß in sie mehr oder weniger kollektive (das heißt gemeinschaftliche) Sicherungselemente hineinwirken. Die solidarische Absicherung ist nun keineswegs eine Erscheinung der jüngeren Vergangenheit und damit Ausdruck eines um sich greifenden Kollektivismus, wie viele, die nicht die historische Entwicklung verfolgt haben, heute glauben machen wollen. Schon die Alterssicherung im Rahmen der Großfamilie war eine kollektive Form der Altersvorsorge, allerdings innerhalb einer zahlenmäßig kleinen Gemeinschaft. Auch in der ursprünglichen Ausgestaltung des deutschen Sozialversicherungssystems waren neben der grundsätzlichen Verwirklichung des Versicherungsprinzips (beitragsbezogene Rente) kollektive Sicherungselemente enthalten (so beispielsweise der Arbeitgeberanteil und der Reichszuschuß zu jeder Rente in Höhe von anfänglich 50 Mark jährlich). Grundsätzlich folgt auch heute noch unsere gesetzliche Rentenversicherung dem Sozialversicherungsprinzip, obwohl seit ihrer Gründung zunehmend versicherungsfremde Elemente eingeflossen sind, die teilweise dem Versorgungsprinzip, aber teilweise auch dem Fürsorgeprinzip zugeordnet werden könnten (zum Beispiel die Rente nach Mindesteinkommen). Nach dem Versorgungsprinzip sind die Beamten- und die Kriegsopferversorgung organisiert, das Fürsorgeprinzp kommt im Bereich der **Sozialhilfe** zur Anwendung.

Die Sozialhilfe ist nun kein eigentliches Instrument der Alterssicherung, da sie prinzipiell an alle, die Hilfe in besonderen Lebenslagen brauchen, Zahlungen leistet. Da aber infolge des Krieges sowie der nachfolgenden Inflation viele private Altersversorgungsansprüche verloren gegangen sind und die Frauenerwerbstätigkeit früher nur eine geringe Rolle spielte, gibt es heute noch eine relativ große Anzahl von älteren Menschen, die über keine ausreichende Alterssicherung verfügen. Von den 2,1 Millionen Sozialhilfeempfängern des Jahre 1976 waren ein Drittel (734.000) älter als 60 Jahre. Unter den älteren Sozialhilfeempfänger sind die Frauen – mit meist sehr niedrigen Witwenrenten – sehr stark vertreten: Ihr Anteil belief sich hier im Jahre 1976 auf ca. 76 %. Hier hat also die Sozialhilfe die Funktion eines Altersrentenersatzes bzw. einer Ergänzung der Altersrente aus der Sozialversicherung. Weil aber bei der Sozialhilfe die Möglichkeit des Rückgriffs auf die nächsten Verwandten des Sozialhilfeempfängers (bei Witwen also auf deren Kinder) besteht, und diese Leistungen reine Fremdhilfe sind, die ohne eigene vorherige Beiträge gewährt wird, erscheint sie vielen Hilfeempfängern als Almosen. Um den Rückgriff auf die eigenen Kinder zu vermeiden und nicht als Almosenempfänger zu gelten, verzichten daher viele Witwen, die an sich aufgrund ihrer Einkommenssituation Sozialhilfe erhalten könnten, darauf, diese Hilfeleistungen zu beziehen, obwohl sie heute – im Gegensatz zu früher – hierauf einen Rechtsanspruch hätten. Daher lebt eine zwar schwer abschätzbare, doch zahlenmäßig durchaus beachtliche Zahl von alten Menschen unterhalb der Armutsgrenze. In Einzelfällen mag die Armut durch Unterstützungszahlungen der Kinder gemildert werden. Solche Zahlungen werden natürlich von den öffentlichen Statistiken nicht erfaßt [vgl. hierzu Transfer-Enquête-Kommission[1])].

2. Die formalen Organisationsmöglichkeiten

Zunächst einmal steht bei den möglichen Organisationsformen die Frage nach einer freiwilligen oder einer zwangsweisen Mitgliedschaft im Vordergrund, wobei prinzipiell beide Versicherungsprinzipien, Individualversicherung als auch Sozialversicherung, zumindest theoretisch in Frage kommen könnten. Voraussetzung für eine freiwillige Versicherung im Rahmen eines Individualversicherungssystems wäre zunächst einmal, daß ein solcher Versicherungsschutz auch in ausreichendem Maße angeboten wird. Hier zeigt die historische Erfahrung aus dem vorigen Jahrhundert, daß von privaten Lebensversicherungen ein ausreichender Versicherungsschutz für die Altersvorsorge der Masse der Bevölkerung nicht angeboten worden ist. Sicherlich wäre eine der damaligen liberalen Wirtschaftsordnung mehr entsprechende privatwirt-

---

[1]) Diese Kommission wurde im Juli 1977 von der Bundesregierung eingesetzt, um den Einfluß staatlicher Transferzahlungen auf das verfügbare Einkommen der privaten Haushalte zu untersuchen. Ihr abschließendes Gutachten wird für den Frühsommer 1981 erwartet.

schaftliche Lösung eher verwirklicht worden, aber aufgrund der hohen Risiken infolge der zum Teil katastrophalen Lebensverhältnisse blieb ein ausreichendes privates Versicherungsangebot aus. Darüber hinaus waren auch die Löhne der Arbeitnehmer zu niedrig, als daß sie die privaten Versicherungsprämien allein hätten aufbringen können. Auch die mangelnde Einsicht in die Notwendigkeit, auf freiwilliger Basis Versicherungsverträge abzuschließen, mag eine Rolle gespielt haben. Aufgrund dieser Tatbestände und der Bedingung, daß ein Privatversicherungssystem nur existenzfähig ist, wenn es die sogenannten schlechten Risiken (zum Beispiel Kranke oder besonders Gefährdete) ausschließt, beruhen heute fast alle sozialen Sicherungssysteme der Welt auf dem Sozialversicherungsprinzip mit Zwangsmitgliedschaft. Diese Zwangsmitgliedschaft hat den Vorteil, daß die „schlechten Risiken", die von Privatversicherungen ausgeschlossen würden, mit aufgenommen werden können, weil immer eine ausreichend große Zahl von Zwangsmitgliedern vorhanden ist, auf die sich die Kosten der „schlechten Risiken" verteilen, so daß der Risikoausgleich zwischen der Masse der Versicherten noch hinreichend gewährleistet ist, ohne daß der einzelne im erheblichen Ausmaß unter den „schlechten Risiken" zu leiden hat. Kommen allerdings weitere versicherungsfremde Leistungen (das heißt solche Leistungen, denen keine entsprechenden Beitragszahlungen gegenüberstehen) in das Sozialversicherungssystem hinein, wird natürlich auch die Möglichkeit eines für den einzelnen kaum merklichen Risikoausgleichs verschlechtert. Andererseits profitiert auch derjenige von diesem System, der aufgrund einer günstigen Risikosituation und Einkommenssituation durchaus in der Lage wäre, sich privat zu versichern, da die Sozialversicherung – auch in Verbindung mit der Sozialhilfe – ein halbwegs gesundes soziales Umfeld schafft, und Massenarmut und soziale Spannungen vermieden werden, wodurch die Existenz unseres derzeitigen freien Gesellschaftsystems gesichert wird. Für eine Sozialversicherung mit Zwangsmitgliedschaft spricht auch, daß dem Staat – wie gerade im Beispiel Deutschlands die historische Erfahrung häufiger gezeigt hat – immer die letzte Haftung für die Massenrisiken wie Krieg, Inflation, Arbeitslosigkeit etc. zufällt. Massenarmut ist nicht tolerierbar. Sie ist existenzbedrohend für ein demokratisches Gemeinwesen, weswegen unabhängig von erworbenen Rechtsansprüchen letztlich immer die Gesellschaft für ihre notleidenden Mitglieder aufkommen muß, selbst wenn diese Not zum Teil selbst verschuldet sein mag.

Die Sozialversicherung kann nach einem mehrgliedrigen System für einzelne Versicherungsarten (zum Beispiel Kranken-, Unfall-, Rentenversicherung) oder für besondere Berufsgruppen (zum Beispiel Rentenversicherung der Arbeiter, der Angestellten, der Bergarbeiter, der Landwirte) organisiert sein, oder aber als **Einheitsversicherung** alle Erwerbstätigen ohne Differenzierung umfassen und alle Standardrisiken wie Krankheit, Unfall und Alter abdecken. Das mehrgliedrige System hat gewisse Nachteile, etwa wenn aufgrund von Wandlungen in der Beschäftigtenstruktur starke Veränderungen im Verhältnis von Beitragszahlern zu Leistungsempfängern auftreten, die Ausgleichsmaßnahmen zwischen den Versicherungszweigen notwendig machen (das ist etwa der Fall, wenn die Zahl der Arbeiter rückläufig ist, während die Zahl der Angestellten zunimmt). Ist die Sozialversicherung nach Risikoarten gegliedert, kommt es häufig zu Kompetenz- und Aufgabenüberschneidungen, die auch die Politiker veranlassen können, zumindest kurzfristig Problemlösungen durch Verschiebung von anstehenden Belastungen zwischen den verschiedenen Versicherungsarten zu erreichen (so sollen heute beispielsweise Probleme im Bereich der gesetzlichen Rentenversicherung durch einen individuellen Beitrag der Rentner zur Krankenversicherung vermindert oder gar gelöst werden; siehe unten). Die von den Versicherten häufig als lästig und umständlich empfundene Zersplitterung der Zuständigkeiten macht das System für den einzelnen kaum noch durchschaubar.

Sozialversicherungen können in unterschiedlichen Rechtsformen organisiert werden, und zwar auf öffentlich-rechtlicher Basis sowie in Form direkter staatlicher Verwaltung. Die öffentlich-rechtliche Form hat gewisse Vorzüge, da in ihr die per Gesetz übertragenen hoheitlichen Aufgaben mit dem Prinzip der Selbstverwaltung kombiniert werden kann. Die hoheitliche Aufgabenerfüllung wird hier von staatlichen Behörden überwacht (zum Beispiel Versicherungsämtern, Landesarbeitsministerien, Innenministerien, Bundesministerium für Arbeit und Sozialordnung). Die Selbstverwaltung besteht darin, daß Vertreterversammlungen mit Vertretern der versicherten Arbeitnehmer und der (beitragszahlenden) Arbeitgeber besetzt sind. Die Arbeitnehmervertreter werden von den Mitgliedern in den sogenannten Sozialwahlen gewählt.

Neben diesen rechtlichen Ausgestaltungsmöglichkeiten ist auch noch die Zahl der Versicherungsträger in einem System der sozialen Sicherung von Bedeutung, natürlich nur dann, wenn kein strenges Einheitsversicherungssystem vorliegt. Umfaßt das Sicherungssystem nicht zwangsweise alle Erwerbstätigen, sondern überläßt man zumindest den Selbständigen und den Beziehern höherer Einkommen eine eigenverantwortliche Alterssicherung, bleibt Raum für Privatversicherungen, die dann untereinander und – soweit diese Personen auch die Möglichkeit haben, sich in der Sozialversicherung auf freiwilliger Basis zu versichern – auch mit der Sozialversicherung im Wettbewerb stehen. Auch in Einheitssicherungssystemen, mit denen nur eine Grundsicherung der Bürger gewährleistet sein soll, bliebe noch Raum für private oder öffentliche Lebensversicherungsträger, die eine Höherversicherung über die Grundsicherung hinaus den Interessenten anbieten könnten.

Die formale Organisation erfolgt in der Bundesrepublik Deutschland durch Kombination der verschiedenen Möglichkeiten. Im Rahmen eines nach Versicherungsarten und Berufsgruppen mehrgliedrigen Sozialversicherungssystems hat die gesetzliche Rentenversicherung vor allem die Aufgabe, Renten an Versicherte und ihre Hinterbliebenen zu gewähren; darüber hinaus obliegt der Rentenversicherung die Förderung von Maßnahmen zur Hebung der Gesundheit der versicherten Bevölkerung – insbesondere die Erhaltung, Besserung und Wiederherstellung der Erwerbsfähigkeit der Versicherten (Rehabilitation). Nach dem finanziellen Aufwand stehen die Rentenausgaben im Jahre 1976 mit nahezu 75 % aller Ausgaben weit an der Spitze, gefolgt von den Leistungen für die Krankenversicherung der Rentner mit fast 12 % und den Rehabilitationsmaßnahmen für die Versicherten mit fast 4 %. Die Rentenversicherung ist eine Pflichtversicherung, in der die **Versicherungspflicht** an eine Beschäftigung oder Erwerbstätigkeit anknüpft. Selbständig Erwerbstätige, die nicht aufgrund ihrer Zugehörigkeit zu bestimmten Berufsgruppen pflichtversichert sind (zum Beispiel in den Rentenversicherungen der Handwerker und der Landwirte), können auf Antrag die Versicherungspflicht für sich herbeiführen. Pflichtversicherungsfrei sind Nebenbeschäftigungen. Versicherungsfrei sind auch Personengruppen, deren Altersversorgung im allgemeinen gesichert erscheint; dabei handelt es sich zum Beispiel um die Beamten und Personengruppen, die Anspruch auf eine beamtenähnliche Versorgung haben. Die Zahl der Versicherten in der Rentenversicherung wurde für April 1978 auf rund 26,5 Millionen geschätzt, davon waren etwa 21,1 Millionen Pflichtversicherte, das sind ca. 84 % der Erwerbstätigen.

Die gesetzliche Rentenversicherung ist seit ihrer Gründung als öffentlich-rechtliche Selbstverwaltungskörperschaft organisiert. Die Arbeitnehmervertreter werden in der Bundesrepublik durch die sogenannten Sozialwahlen von den Mitgliedern gewählt und in die Vertreterversammlungen, die zu zweidrittel mit Arbeitnehmervertretern besetzt sind, entsandt. Die Selbstverwaltungsorgane haben weitgehend Entscheidungsbefugnisse in Fragen der Personalpolitik und der Vermögensverwaltung.

Die Selbstverwaltung hat gegenüber der direkten Staatsverwaltung Vor- und Nachteile. Von Vorteil könnte die indirekte Beteiligung aller Versicherten an der Verwaltung durch die Wahlen sein, weil dadurch das staatsbürgerliche Bewußtsein gefördert würde. In der Praxis hat sich allerdings gezeigt, daß die Beteiligung an den Sozialwahlen nur gering ist, daß diese Art der Mitbestimmung bei der Mehrheit der Mitglieder nur auf wenig Interesse stößt oder unbekannt zu sein scheint. Ein Nachteil könnte sein, daß ein weiteres Verwaltungsorgan geschaffen wird. Allerdings liegt der Personalaufwand der Rentenversicherung verglichen mit anderen Verwaltungen durchaus im Rahmen. Es kann dabei nicht gefolgert werden, daß eine Selbstverwaltung „demokratischer" wäre als eine staatliche Verwaltung, die letztlich ja auch der parlamentarischen Kontrolle unterliegt.

In der Bundesrepublik konkurrieren um die Nicht-Pflichtversicherten die privaten Lebensversicherungen und die Sozialversicherung. Dem Drei-Säulen-Konzept zu Folge haben die privaten Lebensversicherungsträger die Aufgabe, diejenigen, die mit dem Versorgungsniveau aus den beiden ersten Säulen (Sozialrenten und Betriebsrente) nicht zufrieden sind, Höherversicherungsmöglichkeiten auf freiwilliger Basis zu bieten.

3. Die Bemessung der Höhe der Rentenzahlung

Akzeptiert man als Grundziel eines Systems der sozialen Sicherheit die Garantie eines Lebens frei von Not und Furcht, so sind doch bei der Bemessung der Höhe der Rentenzahlungen für den einzelnen eine Reihe von Fragen zu beantworten. Die Antworten sind zum Teil bereits durch die dargestellten Grundprinzipien vorbestimmt [vgl. *Albers,* 1977]:

(1) Soll mit der Sozialrente eine Vollsicherung erreicht werden, oder lediglich eine Grundsicherung angestrebt werden, die durch zusätzliche freiwillige Vorsorge (durch Ersparnisse) ergänzt werden soll?

(2) Soll die Sozialrente einkommensabhängig sein, also im Verhältnis zum Einkommen während der Erwerbstätigkeit festgelegt werden?

(3) Soll eine Anpassung der Sozialrente an die wirtschaftliche Entwicklung (eine sogenannte Dynamisierung) erfolgen?

(4) Wie ist die Höhe der Sozialrente an die Hinterbliebenen zu bemessen?

Bei der **Vollsicherung** müßte die Rente dem durchschnittlichen Staatsbürger als einzige Existenzgrundlage voll ausreichen, um sein bisheriges Lebensniveau aufrechtzuerhalten. Dieses Postulat ist also allein am Sicherheitsbedürfnis des Durchschnittsbürgers orientiert, ihm bliebe kein Spielraum und im Prinzip auch keine Notwendigkeit zur freiwilligen zusätzlichen Altersvorsorge. Demgegenüber wird im **Grundsicherungssystem** beispielsweise das sozial-kulturelle Existenzminimum abgesichert, so daß der einzelne Bürger vor Notlagen geschützt ist; hat der Staatsbürger während seiner Erwerbstätigkeit ein höheres Einkommen erzielt und will er sein früheres Lebensniveau aufrechterhalten, ist er zur Schaffung einer eigenverantwortlichen, zusätzlichen Altersvorsorge gezwungen, sei es durch Sparen mit dem Zweck der Vermögensbildung, sei es durch Versicherungssparen, das gleichzeitig einen Risikoausgleich innerhalb der Gemeinschaft der Versicherten vornimmt.

Der durchschnittliche Bürger wird sicherlich bereit sein, bei Ausscheiden aus der Erwerbstätigkeit einen gewissen Einkommensverlust hinzunehmen, zumal einige Aufwendungen, etwa für die Erziehung der Kinder, die Lasten für die eigene Altersvorsorge sowie für den Beruf, fortfallen. Trotzdem wird er aber bemüht sein, sein Lebensniveau in einem bestimmten Verhältnis zu seinem Lebensniveau vor seinem Ausscheiden aus der Erwerbstätigkeit zu halten.

Wird gleichzeitig eine Vollsicherung angestrebt, ist damit die Entscheidung für eine Einkommensbezogenheit der Sozialrente gefallen. Die Einkommensbezogenheit korrespondiert mit dem Versicherungsprinzip, das auch in den meisten Ländern der Welt Anwendung findet. Soll hingegen nur eine Grundsicherung gewährleistet werden, kommt das Versorgungs- und/oder das Fürsorgeprinzip zur Anwendung, letzteres insbesondere dann, wenn die Allgemeinheit eine weitergehendere Verpflichtung als die Befreiung von Not und Furcht als nicht gegeben ansieht.

Als **Versorgungsniveau** bezeichnet man das Verhältnis des verfügbaren Einkommens nach dem Ausscheiden aus dem Erwerbsleben zu dem vor dem Ausscheiden. Soll die Sozialrente über eine Grundsicherung hinaus gehen, so unterliegt das Versorgungsniveau politischen Einflüssen. Als Faktoren ergeben sich (1) der Bedarf eines Rentners, (2) die Belastungsgrenze für die erwerbstätige Generation, die grundsätzlich die Finanzierung der Rente zu gewährleisten hat und (3) die Auswirkungen, die von Anreizen zur frühzeitigen oder gar mißbräuchlichen Inanspruchnahme der Renten ausgehen können. Bei einem Grundsicherungssystem liegt hingegen die Entscheidung für das jeweilige Versorgungsniveau im freien, selbstverantwortlichen Ermessen des einzelnen Bürgers.

Das durch die Sozialversicherung verkörperte Prinzip der Solidarität zwischen den Generationen macht eine **Anpassung der Sozialrenten** an die Wirtschaftsentwicklung vor allem bei einer Grundsicherung, aber auch bei darüber hinaus gehenden Sicherungssystemen erforderlich. Unumstritten ist, daß eine Anpassung an die Geldentwertung bei den bestehenden Renten vorgenommen werden muß, weil sonst die realen verfügbaren Einkommen der Rentner permanent sinken würden und eine Verarmung der alten Generation die Folge wäre. Umstritten ist schon, ob eine Anpassung der Sozialrenten auch an die allgemeine Wohlstandsentwicklung erfolgen sollte. Wirtschaftliches Wachstum war seit dem Bestehen der Bundesrepublik Deutschland für die Masse der Bürger begleitet von steigenden real verfügbaren Einkommen, da der nominale Einkommenszuwachs mit Ausnahme weniger Jahre höher war als die Geldentwertung. Das führte zu einer steigenden Massenkaufkraft und damit auch steigendem Wohlstand für alle. Würde nun die Anpassung der Sozialrenten nur an die Geldentwertung vorgenommen, würde der Sozialrentner zwar sein Lebensniveau, das er bei Eintritt in den Ruhestand erreicht hatte, halten können, aber im Verhältnis zu den Erwerbstätigen, deren Lebensniveau sich ja infolge des realen Wachstums verbessert, würde sich sein Lebensniveau verschlechtern. In der Fachsprache: die absolute Einkommensposition des Rentners bliebe erhalten, während sich seine relative Einkommensposition verschlechtern würde. Will man die Sozialrentner auch an der allgemeinen Wohlstandsentwicklung beteiligen, muß man eine Anpassung an das reale Wachstum vornehmen. In der Praxis wird die Anpassung häufig dadurch erreicht, daß man die bestehenden Sozialrenten an die Entwicklung der Löhne und Gehälter anpaßt, damit ein einmal angestrebtes Versorgungsniveau (zwischen Rente und einem vergleichbaren aktiven Einkommen) nicht nur im Zeitpunkt des Eintritts in den Ruhestand, sondern auch danach aufrechterhalten werden kann. Diese Problematik wird uns noch des öfteren beschäftigen.

Die Bemessung der Höhe der Sozialrente an die Hinterbliebenen wäre in Grundsicherungssystemen, die dem Versorgungs- und/oder Fürsorgeprinzip folgen, relativ problemlos zu bewerkstelligen. Die Witwe hätte hier ebenfalls einen Anspruch auf Grundsicherung genauso wie die Halb- und Vollwaisen, bei denen die Ansprüche nach dem Lebensalter gestaffelt sein mögen; die Finanzierung erfolgte aus allgemeinen Steuermitteln. Erst in einem Sozialversicherungssystem kommt mit der Hinterbliebenenvorsorge ein Element der Umverteilung hinein (Familienlastenausgleich), da Witwen und Waisen in der Sozialversicherung – heute zumindest überwiegend – beitragsfrei versichert sind. Ihre Rentenzahlungen müssen also auch von denjenigen, die keine mitversicherten Familienangehörigen haben mitfinanziert werden.

Bei der Bemessung der Hinterbliebenenrenten stellt sich nun die Frage, ob die Rente in Anlehnung an die Rente des verstorbenen Ernährers oder in Anlehnung an den tatsächlichen Bedarf der Hinterbliebenen, eventuell unter Berücksichtigung der besonderen Einkommenssituation, bemessen werden sollte. Zur Erhellung der Zusammenhänge bedarf es an dieser Stelle der Erläuterung zweier weiterer sozialpolitischer Prinzipien, nämlich des Kausal- und des Finalprinzips. Bei einer dem **Kausalprinzip** folgenden Sicherung der Hinterbliebenen wird der Ausfall des Ernährers als ausreichendes Kriterium für den Anspruch auf eine Hinterbliebenenrente zur Bestreitung des Lebensunterhalts angesehen. Die Tatsache, Hinterbliebener zu sein, ist also schon ein schutzwürdiger Tatbestand. Demgegenüber würde bei einer dem **Finalprinzip** folgenden Sicherung der Hinterbliebenen nicht der Tod des Ernährers als die Hinterbliebenenrente auslösendes Ereignis genügen. Es würde nur dann eine Hinterbliebenenrente gezahlt werden, wenn die Witwe nicht mehr erwerbsfähig ist oder der Witwe wegen Betreuung kleiner Kinder eine Erwerbstätigkeit (noch) nicht zugemutet werden kann. Das Finalprinzip stellt also auf eine eigenständige Sicherung der Frau ab, während beim Kausalprinzip die Sicherung aus den Ansprüchen des verstorbenen Mannes abgeleitet wird. Zur Erläuterung seien hier drei Beispiele aufgeführt [*Albers,* 1976]:

(1) Eine Witwe ist 30 Jahre alt und hat keine Kinder. Dem Kausalprinzip folgend wäre im Falle des Todes des Ernährers eine Witwenrente zu zahlen. Dem Finalprinzip folgend bestände dagegen kein Grund für eine Witwenrente, da die junge Witwe erwerbsfähig ist und ihr eine eigene Erwerbstätigkeit auch zugemutet werden kann.

(2) Eine Witwe ist 68 Jahre alt. Sowohl nach dem Kausal- als auch nach dem Finalprinzip steht ihr eine Witwenrente zu, aber die Gewährung ist unterschiedlich begründet. Dem Kausalprinzip folgend erwirbt sie den Anspruch aufgrund des Todes ihres Ehemannes, dem Finalprinzip folgend aufgrund ihrer eigenen Erwerbsunfähigkeit.

(3) Eine Witwe ist 30 Jahre und hat zwei Kinder unter 10 Jahren. Dem Kausalprinzip folgend besteht wie in den Fällen (1) und (2) ein Anspruch auf Witwenrente. Beim Finalprinzip wäre vom Gesetzgeber zu klären, ob man einer alleinstehenden Frau mit zwei kleinen Kindern eine Erwerbstätigkeit zumuten kann und will. Wird die Betreuung der Kinder durch die Mutter als vordringlich angesehen, so hätte sie einen Anspruch auf Witwenrente. Erreichen die Kinder ein bestimmtes Alter, wäre eine Erwerbstätigkeit gegebenenfalls wieder zumutbar, so daß dann der Anspruch auf Witwenrente fortfallen würde.

Wie sind diese Probleme nun in der Bundesrepublik Deutschland geregelt? Bei uns wird mit der Sozialrente die Vollsicherung zumindest angestrebt, wenn sie auch heute noch nicht ganz erreicht ist. Bei einem Rentner, der 45 (50) Jahre erwerbstätig und pflichtversichert in der gesetzlichen Rentenversicherung war, erreicht die Rentenzahlung 67,5 % (75 %) des letzten Bruttolohnes bzw. Bruttogehalts, wobei unterstellt ist, daß er immer ein durchschnittliches Entgelt bezogen hat; selbstverständlich erreichen nicht alle ein solches Versorgungsniveau, insbesondere Frauen nicht, die häufig weder die nötigen Versicherungsjahre vorweisen können, noch ein durchschnittliches Entgelt bezogen haben. Bei ansteigender Frauenerwerbstätigkeit und dem zwischenzeitlich zumindest teilweise erfolgten Abbau ihrer Lohndiskriminierung werden aber auch zunehmend die Frauen höhere eigene Versorgungsniveaus erreichen. Berücksichtigt man nun, daß während der Phase der Erwerbstätigkeit noch Steuer (Lohnsteuer) und Sozialbeiträge abzuführen waren, während die Renten zumindest in der überwiegenden Zahl der Fälle nicht mit Einkommensteuer belastet sind, wird bei den oben beispielhaft aufgeführten **Bruttoversorgungsniveaus** (das heißt Verhältnis der Bruttorente zum letzten Bruttoentgelt) bereits ein nahezu 100 %iges **Nettoversorgungsniveau** (das heißt Verhältnis der Nettorente = verfügbaren Rente zum letzten Nettoeinkommen = verfügbaren Einkommen nach Steuern und Sozialbeiträgen) erreicht; denn die Abzüge für Lohnsteuer beliefen sich im Jahre 1980 auf durchschnittlich etwa 17 % und die Sozialbeiträge in der Regel ebenfalls auf 17 % (9 % Rentenversicherungsbeitrag, 6,5 % Krankenversicherungsbeitrag und 1,5 % Arbeitslosenversichungsbeitrag), so daß der Nettolohn nur noch ca. 66 % des Bruttolohns betrug. Mit diesen Ausführungen wurde bereits auch die Frage (2) beantwortet, nämlich daß in unserer gesetzlichen Rentenversicherung die Rente einkommensabhängig ist und im Verhältnis zum Einkommen während der aktiven Lebensphase festgelegt wird. Die Anpassung der Renten an die wirtschaftliche Entwicklung wurde bereits behandelt, die technische Ausgestaltung wird noch näher zu erläutern sein.

Bei der Hinterbliebenenversorgung überwiegt in der gesetzlichen Rentenversicherung das Kausalprinzip: Der Tod des Ernährers (der Ernährerin) begründet den Anspruch auf Witwen-(Witwer-)rente. Es erhalten also Witwen Zahlungen, auch wenn sie in der Lage wären, ihren Lebensunterhalt selbst zu bestreiten. Allerdings hängt die Höhe der Witwenrenten von der sozialen Lage der Witwe ab. So spricht man in der gesetzlichen Rentenversicherung von der „kleinen" und der „großen" Witwenrente. Anspruch auf eine „große" Witwenrente haben nur solche Witwen, die älter als 45 Jahre sind oder Kinder haben oder erwerbsunfähig sind; bei ihnen beträgt die Rente 60 % der Rente des verstorbenen Mannes. Sind diese Bedingungen nicht erfüllt, erhält die Witwe nur die „kleine" Witwenrente, die sich auf 40 % der Rente des Verstorbenen beläuft. Hier haben also auch *finale* Zielsetzungen Eingang in die Ausgestaltung der Hinterbliebenenversorgung gefunden.

Daß die *kausal* orientierte Hinterbliebenenversorgung zu grotesken Ergebnissen führen kann, soll an einem etwas extremen Beispiel aus der Praxis erläutert werden. In zwei intakten Familien mit jeweils zwei Kindern starb je ein männlicher und ein weiblicher Partner. An die Familie, die ihren Ernährer verlor, wird eine „große" Witwenrente sowie zwei Halbwaisenrenten gezahlt, die Mutter blieb halbtags erwerbstätig. Die Familie, die ihre früher einmal erwerbtätige Mutter verloren hatte, erhält zwei Halbwaisenrenten, eine Witwerrente jedoch nicht, da der männliche Partner der Haupternährer war. Beide Halbfamilien legten nach gewisser Zeit ihre Haushalte zusammen. An Einkünften floß ihnen nun zu: Ein Beamtengehalt einer hohen Besoldungsgruppe, ein halbes Angestelltengehalt, eine „große" Witwenrente und vier Halbwaisenrenten, daneben natürlich noch das Kindergeld. Da ein Haus gebaut werden sollte, wurde die Heirat interessant; denn im Falle der Wiederverheiratung wird der Witwe als Abfindung das Fünffache des Jahresbetrags der bisher bezogenen Rente gezahlt, ein Betrag, der zum Grundstückserwerb gerade ausreichen dürfte. Nach der Heirat bleiben die vier Waisenrenten weiter bestehen, und das Kindergeld erhöht sich noch einmal kräftig.

Hier zeigt sich deutlich, wie unser soziales Sicherungssystem auch absoluten Spitzenverdienern noch unter die Arme greift! Sicherlich ist der zweifache Tod der Ehepartner ein trauriges Ereignis, aber muß man auf Kosten der Versichertengemeinschaft wirklich eine nun wieder intakte Familie mit weit über dem Durchschnitt liegendem Einkommen über Jahrzehnte hinweg derart trösten, während gleichzeitig viele alte Witwen unterhalb des Sozialhilfeniveaus leben?

Ein weiteres Beispiel stammt aus der Praxis der knappschaftlichen Rentenversicherung, deren Leistungen verglichen mit der Rentenversicherung der Arbeiter und der Angestellten besonders hoch sind. So sind beispielsweise im Ruhrgebiet Witwer, die eine Rente aus der knappschaftlichen Rentenversicherung beziehen (also ehemalige Bergleute), bei ledigen Frauen ohne eigene Rentenansprüche außerordentlich begehrt. Hier ist die Wiederverheiratungsquote ungewöhnlich hoch, was sich letztlich auch nicht unerheblich auf die finanzielle Situation der Rentenversicherung auswirkt.

4. Die Finanzierung

Wie bereits verschiedentlich anklang hängt die Finanzierung eng mit den Grundprinzipien der Alterssicherungssysteme, der formalen Ausgestaltung sowie der Bemessung der Höhe der Rentenzahlung zusammen. Zur Finanzierung von Alterssicherungssystemen kommen also Beiträge der Versicherten bzw. der Arbeitgeber oder die Finanzierung aus allgemeinen Haushaltsmitteln (insbesondere Steuern) in Frage, auch sind Mischfinanzierungen aus Beiträgen und allgemeinen Haushaltsmitteln vorstellbar. Des weiteren sind zwei Finanzierungsverfahren, nämlich das Kapitaldeckungsverfahren und das Umlageverfahren, denkbar, deren Funktionsweise im folgenden ebenfalls behandelt werden soll.

a) Beiträge und/oder Steuern

Die Beitragsfinanzierung ist typisch für das Individualversicherungsprinzip, das wir bei den privaten Lebensversicherungsträgern finden. Unter Berücksichtigung der besonderen Risikosituation (Alter, Gesundheit) des Versicherungsnehmers wird die Beitragshöhe in Abhängigkeit zur vereinbarten Gegenleistung (Kapital- oder Rentenzahlung) festgelegt. Bei der reinen Risikolebensversicherung besteht die Gegenleistung in einer Kapitalzahlung an die Hinterbliebenen. Bei der Kapital-Lebensversicherung wird die Gegenleistung beim Tod der versicherten Person an die Hinterbliebenen (bzw. die im Versicherungsvertrag bezeichnete Person), im Erlebensfall an den Versicherten zu einem vereinbarten Zeitpunkt in Form eines Kapitalbetrags oder einer

Rente erbracht. In der privaten Lebensversicherung besteht also eine vertraglich fixierte Bindung zwischen der Beitragsleistung und der späteren Gegenleistung: Hier findet das strenge Äquivalenzprinzip Anwendung. Um sich gegen die Aufnahme zu hoher Risiken abzusichern, die insbesondere im Alter und Gesundheitszustand der Versicherungsnehmer liegen, müssen die privaten Lebensversicherungen eine Risikoauslese betreiben. Ohne diese bestünde die Gefahr, daß sich kranke und besonders gefährdete Personen um Versicherungsschutz bemühen würden, die eine geringere Lebenserwartung als der Durchschnitt der Bevölkerung aufweisen. Dann wäre eine private Lebensversicherung nicht existenzfähig.

Schon die Risikoselektion im Bereich des privaten Versicherungswesens erfordert ein soziales Sicherungssystem. Basiert dieses auf dem Sozialversicherungsprinzip, so folgt hieraus, daß die Finanzierung über Beiträge zu erfolgen hat. Auch hier findet prinzipiell das Äquivalenzprinzip Anwendung, wobei die individuellen Risikosituationen der Pflichtversicherten nicht berücksichtigt werden. Eine Einschränkung des Äquivalenzprinzips, also der Bindung der Versicherungsleistung an die vorherige Beitragsleistung, erfolgt auch dann, wenn Leistungen an die beitragsfrei mitversicherten Familienangehörigen erbracht werden, oder wenn zum Beispiel die Rente nach Mindesteinkommen aus den allgemeinen Beitragseinnahmen finanziert wird. Letztere ist ein besonderes Beispiel für Umverteilungszielsetzungen, mit denen eine Umschichtung der verfügbaren Einkommen von den wohlhabenden auf die ärmeren Bevölkerungsschichten vorgenommen werden soll.

Die besondere Bedeutung des Äquivalenzprinzips und damit der beitragsbezogenen (leistungsbezogenen) Rente ist traditionell betont worden und wird auch heute noch betont. Dabei wird in erster Linie auf den psychologischen Aspekt abgestellt, daß gegenüber den Steuern, denen keine spezielle Gegenleistung an den einzelnen Bürger, sondern nur eine allgemeine über die öffentlichen Ausgaben gegenübersteht, hingegen Beiträge bei den Zwangsversicherten zumindest das Gefühl erwecken, daß sie mit ihren Beiträgen Ansprüche auf eine eigene Sicherung erwerben. Beiträge sollen also eher das Verantwortungsgefühl in einer Versichertengemeinschaft erzeugen als nicht zweckgebundene Steuern. Daraus wird dann geschlossen – wie auch Befragungen gezeigt haben sollen –, daß der Widerstand gegen Sozialversicherungsbeiträge geringer sei als gegen Steuern, insbesondere die direkten Steuern.

Zunächst einmal scheint hier hinsichtlich der Einschätzung der Steuern ein mangelndes staatsbürgerliches Bewußtsein vorzuliegen, denn immerhin bildet der Staat als Ganzes die größte nationale Solidargemeinschaft. Die Argumentation zugunsten von Beiträgen stellt ferner auf das Äquivalenzprinzip ab. Wird dieses aber fortwährend durch Umverteilungsmaßnahmen im Bereich der Sozialversicherung eingeschränkt, dürfte dies auf Dauer auch den Beitragszahlern nicht verborgen bleiben. Die Bindung zwischen den Beiträgen und der späteren Rentenzahlung wird lockerer; kommen dann noch Zweifel hinsichtlich der zukünftigen Entwicklung hinzu, beispielsweise aufgrund einer stark rückläufigen Bevölkerungszahl, dürfte der finanzpsychologische Vorteil der Beiträge gegenüber den Steuern zunehmend an Bedeutung verlieren. So werden gerade in jüngerer Zeit zunehmend die Beiträge als steuerähnlich betrachtet. *Messere* [1978] stellt in einem internationalen Vergleich eine Erosion, wenn nicht sogar den völligen Zusammenbruch des Versicherungs- und Beitragsmythos fest, und *Weise* [1979] bezeichnet die Rentenversicherungsbeiträge als „Quasi-Steuer", da es sich bei der Steuerdefinition der deutschen Abgabenordnung um „Geldleistungen handelt, die von einem öffentlich-rechtlichen Gemeinwesen zur Erzielung von Einnahmen allen auferlegt werden, bei denen der Tatbestand zutrifft, an den das Gesetz die Leistungspflicht knüpft". Lediglich das Kriterium, daß die Steuer ohne individuelle Gegenleistung erhoben wird, ist bei den Beiträgen insoweit nicht voll abgedeckt als die Beiträge einen Anspruch auf eine allerdings spätere, unsichere und in der Höhe nicht fixierte Gegenleistung begründen; denn den Beitragszahlungen steht ja keinerlei Gegenleistung gegenüber, wenn der Versicherte das Rentenalter nicht erreicht. Reduziert man die Diskussion um die Unterschiede zwischen Steuern und Beiträgen auf ihren Kern, so hat dieser Unterschied zunehmend an Bedeutung verloren.

Von Anfang an kennt das deutsche Rentenversicherungswesen Staatszuschüsse, die zunächst als Grundrentenbeitrag zur Aufstockung für jede einzelne Rente gezahlt wurden und später – so auch heute noch der **Bundeszuschuß** – pauschal an die gesetzliche Rentenversicherung gezahlt werden. Die Finanzierung dieses Zuschusses erfolgte und erfolgt aus allgemeinen Haushaltsmitteln, also überwiegend Steuern, so daß bei der gesetzlichen Rentenversicherung immer eine Mischfinanzierung aus Beiträgen und Steuern gegeben war und gegeben ist. Die Beiträge verteilen sich in der Regel zu 50 % auf die Arbeitnehmer und zu 50 % auf die Arbeitgeber. Der gesamte Beitragsatz betrug bis 1980 18 % des

Bruttoverdienstes und beträgt ab 1.1.1981 18,5 %. Aus der historischen Betrachtung wurde deutlich, daß mit dem Arbeitgeberbeitrag eine Entlastung der Arbeitnehmer von den Kosten der Sozialversicherung erfolgen sollte, das heißt, die Einkommen wurden zugunsten der Arbeitnehmer mit kleinen Einkommen umverteilt, was sich als eine staatlich verordnete Lohnerhöhung interpretieren läßt. Heute hat die Unterscheidung keine substantielle Bedeutung mehr, da nahezu alle Arbeitnehmer – auch die besser verdienenden – in die Rentenversicherung aufgenommen worden sind. Damit besteht für die Arbeitgeber zwischen einer Erhöhung der Beiträge und einer Eröhung der Löhne kein ökonomischer Unterschied mehr. *Albers* [1977] vermutet vielmehr, daß mit dem Festhalten an der Bezeichnung „Arbeitgeberbeitrag" nur die vollen Kosten der sozialen Sicherheit verschleiert werden sollen. Schlüge man – sinnvollerweise – den Arbeitgeberbeitrag den Bruttolöhnen zu, würde die Abgabenbelastung der Bruttolöhne gleich um einige Prozentpunkte hochschnellen. Wenn die tatsächliche Belastung bekannt wäre, würden wahrscheinlich auch den ständigen Forderungen nach Erhöhung der Sozialleistungen die Grundlage und die Resonanz in der Bevölkerung entzogen.

Während die gesetzliche Rentenversicherung heute überwiegend aus Beiträgen finanziert wird, werden die aufgrund des Versorgungsprinzips geleisteten Beamtenpensionen (die Kriegsopferversorgung sei aus der Betrachtung ausgeschlossen, da sie in Zukunft, hoffentlich, keine Bedeutung mehr haben wird) aus allgemeinen Haushaltsmitteln finanziert, wie auch die den alten Menschen nach dem Fürsorgeprinzip gewährte Sozialhilfe. Insgesamt gesehen erfolgt die Finanzierung des Alterssicherungssystems in der Bundesrepublik über eine Mischfinanzierung, in der aufgrund der überragenden Bedeutung der gesetzlichen Rentenversicherung die Beitragsfinanzierung dominiert.

b) Kapitaldeckungs- und/oder Umlageverfahren

Bei dem Kapitaldeckungsverfahren wird aus den laufend eingehenden Mitteln (Beiträge bzw. Versicherungsprämien) so viel Kapital zurückgestellt, daß die Erträge des in Sachwerten und Wertpapieren angelegten Kapitals und das zurückgelegte Kapital selbst die jeweils fällig werdenden Ansprüche der Versicherten abdecken können. Bei dem Umlageverfahren hingegen werden die in jeder Periode (meist ein Jahr) erhobenen Beiträge so bemessen, daß die Einnahmen gerade ausreichen, um die in dieser Periode fällig werdenden Leistungen zu finanzieren.

Nach dem Kapitaldeckungsverfahren war ursprünglich auch die deutsche gesetzliche Rentenversicherung konzipiert und so sind heute noch die privaten Lebensversicherungen aufgebaut. Bei letzteren ist dieses Verfahren vorgeschrieben, um die Interessen der Versicherungsnehmer zu schützen. Um die Funktionsweise dieses Verfahrens zu beschreiben, bedienen wir uns eines einfachen Beispiels, in dem von Inflation und ähnlichen Störungen abgesehen wird: Ein privates Lebensversicherungsunternehmen wird gegründet und schließt mit 100 Interessenten Lebensversicherungsverträge ab, denen zufolge nach 20 Jahren eine Kapitalsumme zur Auszahlung kommen wird. Die Beiträge werden nach versicherungsmathematischen Risikoberechnungen korrekt bemessen. Von den Beiträgen werden die vorgeschriebenen Rücklagen gebildet und in entsprechenden Sachwerten und Wertpapieren angelegt. Treten nur die kalkulierten Risiken ein (zum Beispiel vorzeitiger Tod einiger Versicherungsnehmer), so werden nach 20 Jahren die Versicherungssummen ausgezahlt, wobei die Kosten der vorzeitig eingetretenen Risiken und die entstandenen Verwaltungskosten sowie die zur Auszahlung kommenden Vertragssummen durch das angesammelte Kapital und die Zinserträge abgedeckt sind. Die Lebensversicherung könnte also mit plus-minus Null abschließen.

Eine solche Entwicklung ist aber sehr unwahrscheinlich. Viel wahrscheinlicher ist, daß immer neue Versicherte hinzukommen, die Zahl der Versicherten, die Beiträge leisten, also steigt, infolgedessen auch die Kapitalrückstellungen steigen. Werden nun die ersten vereinbarten Leistungen fällig, können diese zunächst problemlos aus den Zinserträgen des angesammelten Kapitals finanziert werden. Je mehr Versicherungsnehmer zu Leistungsempfängern werden, desto mehr muß zur Finanzierung auf die Beiträge der noch aktiven Versicherungsnehmer (Beitragszahler) zurückgegriffen werden. Hält sich die Zahl der Beitragszahler und der Leistungsempfänger annähernd die Waage, decken die Kapitalerträge weitgehend die Risiken des vorzeitigen Wagniseintritts und die Verwaltungskosten ab, während die Beiträge nahezu vollständig zur Finanzierung der Leistungen an die passiven Versicherungsnehmer (Leistungsempfänger) fließen. In einer solchen „Gleichgewichtssituation" werden also keine zusätzlichen Kapitalrückstellungen mehr notwendig sein (Kapitalrückstellungen und Auflösung der Kapitalrückstellungen gleichen sich aus), das Kapitaldeckungsverfahren geht über in das Umlageverfahren. Erst wenn die Zahl der Beitragszahler gegenüber der Zahl der Leistungsempfänger sinkt, erfolgt ein Abbau der Kapitalrücklagen zur Finanzierung der laufenden Verpflichtungen.

Nun wird – immer dann, wenn größere Probleme im Bereich der gesetzlichen Rentenversicherung auftauchen – vorgeschlagen, auch in der gesetzlichen Rentenversicherung zum Kapitaldekkungsverfahren, das nach dem II. Weltkrieg aufgegeben worden ist, zurückzukehren, da nur der in diesem Verfahren sich bildende Kapitalfonds die zukünftigen Rentenansprüche sichern könne und im übrigen auch die gesamtwirtschaftliche Ersparnis dadurch gefördert werde. In der Entstehungsphase einer Sozialversicherung – so auch in Deutschland – erweist sich das Kapitaldeckungsverfahren zunächst als problemlos, ja als einzig vernünftig, da zunächst Beiträge gezahlt werden, Leistungen in größerem Umfang aber erst später fällig werden. Je mehr sich eine solche Versicherung auf alle Bevölkerungskreise ausdehnt, und je mehr Bürger in den Ruhestand eintreten, desto mehr geht – wie oben beschrieben – das Kapitaldeckungsverfahren in das Umlageverfahren über. Gehen wir einmal von einer konstanten Bevölkerung aus, so wäre ein Rückgriff auf den Kapitalfonds nicht nötig, erst wenn die Bevölkerungszahlen aufgrund rückläufiger Geburtenzahlen sinken, müßte „entspart“ werden, das heißt Kapital verzehrt werden.

In unserem Modellfall war nun eine störungsfreie Umwelt unterstellt worden. In der historischen Realität liegen allerdings zwischen der Gründung der gesetzlichen Rentenversicherung und heute der I. Weltkrieg 1914 bis 1918, die große Inflation 1923, die Weltwirtschaftskrise 1929/30, die Zeit des Nationalsozialismus mit dem II. Weltkrieg 1939 bis 1945 sowie die Nachkriegsinflation endend mit der Währungsreform von 1948. Den ersten Weltkrieg überstand die Rentenversicherung relativ unbeschadet, die große Inflation hingegen vernichtete zum ersten Mal den Kapitalfonds, der noch nicht seine gesetzlich vorgeschriebene Höhe erreicht hatte. Im II. Weltkrieg griffen die nationalsozialistischen Machthaber unter anderem zur Kriegsfinanzierung auf den Kapitalfonds zurück, der zwischenzeitlich wieder angesammelt worden war und nach dem II. Weltkrieg wurden die Reste zum zweiten Mal von einer Inflation zerstört. Sollte man nun der Bevölkerung sagen: Der Kapitalfonds ist nicht mehr vorhanden, damit sind auch eure Rentenansprüche hinfällig? Ein solches Verhalten war und ist für einen sozialen Rechtsstaat undenkbar. Somit wurden auch die Ansprüche gegen die gesetzliche Rentenversicherung – anders als die gegen die privaten Lebensversicherungen – nicht mit der Währungsreform entwertet. Damit war schon der Schritt hin zum Umlageverfahren vollzogen.

Hätte man nach diesen Erfahrungen wieder versuchen sollen,

einen Kapitalfonds zu bilden? Dazu zwei Stimmen bedeutender deutscher Sozialwissenschaftler: *v. Nell-Breuning* [1980]: „Als man Mitte der 50er Jahre daranging, die zusammengebrochene Sozialversicherung wieder aufzubauen, hatte das von der Privatversicherung übernommene Modell der Anwartschaftsdeckung [sprich: Kapitaldeckung; Anm d. Verf.] sich als nutz- und sinnlos erwiesen. In der vorgeschriebenen Höhe war die Deckung niemals vorhanden gewesen; ein Rückgriff auf die vorhandene hatte sich niemals als erforderlich erwiesen. Statt dessen war sie der Geldentwertung zum Opfer gefallen; so war keine Deckung mehr vorhanden. Bei dieser Sachlage und nach diesen Erfahrungen wäre es unverantwortlich gewesen und bei der Größenordnung, um die es sich handelte, vollends unmöglich gewesen, eine neue Dekkungsmasse, erst gar in der versicherungsmathematisch zu errechnenden Höhe aufzubauen". *Meinhold* [1978]: „Man frage mich nicht, wie wir nach der Währungsreform von 1948 außer der ja wohl notwendigen Versorgung der Alten, die tatsächlich im Prinzip aus den laufenden Beiträgen erfolgte, einen solchen Kapitalfonds hätte aufbauen sollen".

Bietet denn das Kapitaldeckungsverfahren (gegenüber dem Umlageverfahren) aus theoretischer Sicht überhaupt Vorteile, insbesondere eine größere Sicherheit für die Altersversorgung der Masse der Bevölkerung? Einmal unterstellt, ein ausreichender Kapitalfonds sei gebildet worden. Ein Rückgriff wird dann nur bei stark schrumpfender Bevölkerung (wie wir sie heute haben) notwendig und es käme zu einem Verzehr des Kapitalfonds. Dabei treten zwei Probleme auf:

(1) Ist ein Verkauf von Sachwerten und Wertpapieren im großen Umfang möglich, ohne daß zum Beispiel bei den Wertpapieren erhebliche Kursverluste eintreten? Sind andererseits die Preise der Sachwerte (beispielsweise angelegt in Grund und Boden sowie Gebäuden) völlig unabhängig von Veränderungen in der Bevölkerungszahl und der -struktur? Beide Fragen müssen mit einem einfachen Nein beantwortet werden. Soweit Wertpapiere im großen Ausmaß zum Verkauf kommen, sind Kursverluste unvermeidlich und umso stärker, je weniger Käufer bereit sind, diese zu erwerben. Auf der anderen Seite kann die veränderte Bevölkerungsstruktur, vor allem aber ein starker Rückgang in der Bevölkerungszahl zu erheblichen Preisstrukturveränderungen führen, zum Beispiel zu starkem Sinken der Bodenpreise. Eine veränderte Güternachfrage kann zu erheblichen Veränderungen der Produktionsstruktur führen, so daß ganze Produktionsanlagen wert-

los werden können. In der Fachsprache ausgedrückt: Veränderungen im Bereich der relativen Preise können den Kapitalfonds je nach seiner Zusammensetzung ganz oder teilweise entwerten. Entsparen im größeren Umfang ist also nur möglich (ohne erhebliche Kapitalwertverluste), wenn dieses Entsparen durch andere Leute, die sparen, kompensiert wird. *Meinhold* [1978]: „Es gibt also nur individuelles, nicht gesamtwirtschaftliches Entsparen". Geht die Zahl der Bevölkerung aber stark zurück, wird es unwahrscheinlich, daß sich individuelles Entsparen und Sparen gerade ausgleicht. Diese Erkenntnis führt nun unmittelbar zum zweiten Problem:

(2) Setzt, abgesehen von den eben diskutierten Problemen, ein größerer Entsparprozeß ein, verändert sich zwangsläufig die Struktur der Nachfrage (weniger Vermögensgüter, mehr Konsumgüter). Die zusätzliche Konsumgüternachfrage würde zusätzlich auf die bereits vorhandene Nachfrage stoßen. Eine Erhöhung der Angebotsmengen im Konsumgüterbereich macht aber erhebliche Investitionen erforderlich, für die aufgrund des Entsparens die notwendigen Mittel fehlen. Ohne Veränderung der Angebotsmengen löst man dann eine Übernachfrage aus, die Preise würden steigen und es würde letztlich eine Inflation ungeheuren Ausmaßes resultieren. Diese würde nun wiederum den noch verbliebenden Kapitalfonds entwerten.

Die bisherigen Erfahrungen und auch die theoretische Diskussion haben gezeigt, daß das Kapitaldeckungsverfahren keine realistische Alternative für die Sicherung der Masse der Bevölkerung darstellt, wenn eine Vollsicherung angestrebt wird und die Bevölkerung schrumpft: Das Kapitaldeckungsverfahren ist eben nicht besonders sicher und auch die privaten Lebensversicherungen werden sich seiner Problematik bei schrumpfender Bevölkerung nicht entziehen können. Die Ansprüche an ein Sicherungssystem mit Kapitaldeckungsverfahren sind also nicht sicherer als Ansprüche an eine Sicherung mit Umlageverfahren; *v. Nell-Breuning* [1980] geht mit seinem Urteil sogar noch weiter: „Die Versicherung mit ihrer Finanzierungstechnik hat uns getäuscht, die Sicherung des Alters lasse sich *innerhalb ein und derselben* Generation bewerkstelligen". Diese Illusion hatte bereits *Mackenroth* im Jahre 1952 zerstört: „Nun gilt der einfache und klare Satz, daß *aller Sozialaufwand immer aus dem Volkseinkommen der laufenden Periode gedeckt werden muß* [also: Umlageverfahren; Anm d. Verf.]. Es gibt gar keine andere Quelle und hat nie eine andere Quelle gegeben, aus der Sozialaufwand fließen könnte, es gibt keine Ansammlung von Fonds, keine Übertragungen von Einkommensteilen von Periode zu Periode, kein 'Sparen' im privatwirtschaftlichen Sinne –, es gibt einfach gar nichts anderes als das laufende Volkseinkommen als Quelle für den Sozialaufwand. Das ist auch nicht eine besondere Tücke oder Ungunst unserer Zeit, die von der Hand in den Mund lebt, sondern das ist immer so gewesen und kann nie anders ein. Ich darf wohl absehen von den Fällen einer vorindustriellen Naturalwirtschaft, wo man Sozialpolitik treibt durch Anlage von Getreidemagazinen u.a." [1957]. Und er fährt an anderer Stelle fort: *„Das Versicherungsprinzip ist geeignet, den einzelnen zu sichern gegen die Abweichung seines Falles von der sozialen Norm, es kann aber nicht die Volkswirtschaft sichern gegen eine Änderung der sozialen Norm, gegen eine soziale Katastrophe"*. Demnach hat jede (erwerbstätige) Generation auch ihre Alten selber zu ernähren. Hierzu v. Nell-Breuning: „Die Besinnung auf den realen (güterwirtschaftlichen) Vorgang hat dieses Trugbild [der Versicherung; Anm. d. Verf.] zerstört, hat dargetan, daß real ganz offenbar immer zwei Generationen daran beteiligt sind", wie uns das Beispiel der Großfamilie gelehrt hat. Schon in der vorindustriellen Zeit erfolgte im allgemeinen die Alterssicherung über das Umlageverfahren in den Großfamilien, nur in den wohlhabenden Familien war überhaupt an ein Kapitaldeckungsverfahren (und dort insbesondere in Form der privaten Vermögensbildung) zu denken.

5. Die Anspruchsvoraussetzungen, die Rentenformel und die Rentenberechnung in der Bundesrepublik

Wir haben nun dargestellt, welche Gestaltungsmöglichkeiten der Alterssicherung es gibt und welchen Prinzipien unserem existierenden System zugrundeliegen. Um aber beurteilen zu können, ob dieses System flexibel genug ist, auch in einer unsicheren Zukunft allen Anforderungen gerecht zu werden, müssen wir uns zunächst noch mit einigen Einzelregelungen vertraut machen.

Die Ausgaben der Rentenversicherung der Arbeiter und der Angestellten werden – wie bereits mehrfach erwähnt – durch Beiträge der Versicherten und der Arbeitgeber sowie durch einen Bundeszuschuß gedeckt. Für den Fall, daß die vorgenannten Einkünfte voraussichtlich nicht ausreichen, um die Ausgaben der Versicherung für die Dauer des nächsten Jahres zu decken, sind die erforderlichen Mittel vom Bund aufzubringen (das ist die sogenannte Bundesgarantie). Der Bundeszuschuß wird nicht mehr wie bis 1957 zur Deckung einzelner Rentenanteile geleistet, er ist allerdings auch nicht als prozentuale Beteiligung an den Ausgaben festgelegt, sondern als ein fixierter Betrag, der sich in Anlehnung an die „allgemeine Bemessungsgrundlage" (siehe unten) ändert, einer mit der Höhe der Rentenausgaben nur lose zusammenhängenden Größe.

Diese nur lose Verbindung soll den Zweck haben, daß die sich aus Leistungsverbesserungen ergebende Mehrausgaben nicht automatisch durch entsprechende Erhöhungen des Bundeszuschusses aufgefangen werden. Die laufenden Ausgaben der gesetzlichen Rentenversicherung sind grundsätzlich aus den laufenden Einnahmen zu bestreiten; um gewisse Schwankungen (vor allem nach oben) bei den Ausgaben auffangen zu können, ist eine sogenannte Schwankungsreserve gebildet worden. Diese kann bis auf eine Monatsausgabe herabsinken; wird diese Grenze unterschritten, hat sich der Gesetzgeber – allerdings nur unverbindlich – die Aufgabe einer Neufestsetzung des Beitragssatzes gestellt. Die Schwankungsreserve betrug im Jahre 1980 im Durchschnitt 1,9 Monatsausgaben der gesetzlichen Rentenversicherung. Zwischen der Rentenversicherung der Arbeiter und der Angestellten besteht ein Liquiditätsausgleich. Der Beitrag belief sich bis 1980 auf 18 % des Bruttoentgelts, die Beitragsbemessungsgrenze – jenseits derer keine höheren Beiträge mehr zu entrichten sind – betrug 4.200DM monatlich. Ab 1.1.1981 beträgt der Beitragssatz 18,5 % und die Beitragsbemessungsgrenze 4.400 DM monatlich. Der Tabelle 1 sind sowohl die Entwicklungen der Beitragssätze also auch der Beitragsbemessungsgrenzen[1]) in der Rentenversicherung der Arbeiter und der Angestellten zu entnehmen (jeweils nur der Arbeitnehmeranteil); außerdem sind in der Tabelle 1 auch die durchschnittlichen Krankenversicherungsbeiträge sowie die gesamten Sozialbeiträge für die Arbeitnehmer für den Zeitraum 1959 bis 1981 wiedergegeben.

Jährlich kommen mehr als eine Million Renten hinzu, von denen etwa 70 % auf Versichertenrenten, 21 % auf Witwenrenten und knapp 9 % auf Waisenrenten entfallen. Im Jahr 1960 betrug im Rentenbestand der Arbeiterrenten- und der Angestelltenrentenversicherung der Anteil der Berufs- und Erwerbsunfähigkeitsrenten an den Versichertenrenten noch 34,7 %, der Anteil der Al-

---

[1]) Bis 1968 gab es für Angestellte in der gesetzlichen Rentenversicherung eine Versicherungspflichtgrenze, die mit der Beitragsbemessungsgrenze übereinstimmte; jenseits dieser Grenze waren Angestellte nicht mehr versicherungspflichtig, wie es heute zum Beispiel bei der Krankenversicherung noch der Fall ist.

Tab. 1: Beitragssätze und Beitragsbemessungsgrenzen (Versicherungspflichtgrenze), 1959–1981

Jahr	Beitragsbemessungsgrenzen			Beitragssätze (vH)							
	A	B	C	D	E		F	G	H		J
	DM/Monat										
1959	800	660	750	7,0	4,2		3,1	1,0	12,2		11,1
1960	850	660	750	7,0	4,2		3,2	1,0	12,2		11,2
1961	900	660	750	7,0	4,7		3,3	1,0	12,3		10,9
1962	950	660	750	7,0	4,8		3,4	1,0	12,3		10,9
1963	1000	660	750	7,0	4,8		3,4	0,7	12,5		11,1
1964	1100	660	750	7,0	4,85		3,4	0,65	12,5		11,05
1965	1200	900	750	7,0	4,95		3,6	0,65	12,6		11,25
1966	1300	900	1300	7,0	5,0		3,7	0,65	12,65		11,35
1967	1400	900	1300	7,0	5,05		3,9	0,65	12,7		11,55
1968	1600	900	1300	7,5	5,1		4,1	0,65	13,25		12,25
1969	1700	990	1300	8,0	5,25		4,2	0,65	13,9		12,9
1970	1800	1200	1800	8,5		4,1		0,65		13,25	
1971	1900	1425	1900	8,5		4,1		0,65		13,25	
1972	2100	1575	2100	8,5		4,2		0,85		13,55	
1973	2300	1725	2300	9,0		4,6		0,85		14,45	
1974	2500	1875	2500	9,0		4,75		0,85		14,60	
1975	2800	2100	2800	9,0		5,25		1,0		15,25	
1976	3100	2325	3100	9,0		5,65		1,5		16,15	
1977	3400	2550	3400	9,0		5,7		1,5		16,2	
1978	3700	2775	3700	9,0		5,7		1,5		16,2	
1979	4000	3000	4000	9,0		5,7		1,5		16,2	
1980	4200	3150	4200	9,0		5,7		1,5		16,2	
1981	4400	3300	4400	9,25		6,1		1,5		16,85	

A = Rentenversicherung Arbeiter und Angestellte
B = Krankenversicherung
C = Bundesanstalt für Arbeit
D = Rentenversicherung
E = Krankenversicherung Arbeiter
F = Krankenversicherung Angestellte
G = Bundesanstalt für Arbeit
H = Insgesamt Arbeiter
J = Insgesamt Angestellte

Quelle: Weise [1979], eigene Berechnungen.

tersruhegelder 63,5 %. Bis Juli 1976 zeigte sich hier eine Zunahme der Altersruhegelder auf 76 %, der Anteil der Invaliditätsrenten hatte sich auf 24 % verringert. Bei der Invaliditätsrente unterscheidet sich die Berufsunfähigkeit von der Erwerbsunfähigkeit dadurch, daß letztere einen höheren Grad an Invalidität erfordert. Der Tabelle 2 können Einzelheiten über das System der flexiblen Altersgrenze entnommen werden.

Die **Neu- oder Zugangsrenten** werden grundsätzlich nach dem Arbeitsverdienst des Versicherten und der Dauer der Versicherung („Beitragsbezogenheit") bemessen; für die Berechnung

 Tab. 2: Das System der flexiblen Altersgrenze

Personengruppe	Altersgrenze	Voraussetzungen für Altersrente	Weiterarbeit	Wahlmöglichkeit
Frauen	60	15 Beitrags- und Ersatzjahre sowie 121 Pflichtbeiträge in den letzten 20 Jahren	Vor dem 65. Lebensjahr Nebenverdienst bis zu 550 DM/monatlich oder Begrenzung der Beschäftigung auf 3 Monate oder 75 Tage im Jahr. Bei Schwerbehinderten erhöht sich vom 62. Lebensjahr an, bei allen übrigen vom 63. Lebensjahr an die Nebenverdienstgrenze auf 1320 DM/monatlich, wenn 35 anrechnungsfähige Versicherungsjahre nachgewiesen werden.	1. Weiterarbeit ohne Altersrente bis 65. Lebensjahr; anschließend höhere Altersrente 2. Weiterarbeit ohne Altersrente über 65. Lebensjahr hinaus; anschließend höhere Altersrente und zusätzliche Rentenzuschläge
Arbeitslose	60	15 Beitrags- und Ersatzjahre sowie 1 Jahr arbeitslos in den letzten 1 1/2 Jahren		
Schwerbehinderte und Berufs- oder Erwerbsunfähigkeitsrentner	60	35 anrechnungsfähige Versicherungsjahre, davon 15 Beitrags- und Ersatzjahre	Beschränkung der Weiterarbeit auf höchstens 3 Monate oder 75 Arbeitstage im Kalenderjahr oder auf einen Nebenverdienst von höchstens 1320 DM/monatlich	
Alle Versicherten	63			
Alle Versicherten	65	15 Beitrags- und Ersatzjahre	ohne Einschränkung möglich	Weiterarbeit ohne Altersrente; anschließend höhere Altersrente und zusätzliche Rentenzuschläge

Quelle: Bundesministerium für Arbeit und Sozialordnung [1977] und Bundesrat [1980]

sind die folgenden vier Faktoren – zwei persönliche und zwei allgemeine – maßgebend:

(1) die sogenannte **persönliche Bemessungsgrundlage „P"**;
(2) die Zahl der **anrechnungsfähigen Versicherungsjahre** „J";
(3) die sogenannte **allgemeine Bemessungsgrundlage** „B" und
(4) der **Steigerungssatz** je anrechnungsfähigem Versicherungsjahr „St".

P ist das Bruttoarbeitsentgelt des Versicherten, ausgedrückt als Prozentsatz des durchschnittlichen Bruttoarbeitsentgelts aller Arbeiter und Angestellten. Dieser Faktor berücksichtigt also die Höhe der Beitragsleistung des Versicherten, die ja an seinem Arbeitsentgelt orientiert ist. Die Zahl der entrichteten Beiträge schlägt sich in dem Faktor J, der Zahl der anrechnungsfähigen Versicherungsjahre, nieder. Neben diesen beiden persönlichen

Faktoren berücksichtigt der Faktor B den jeweiligen Stand der Lohn- und Gehaltsentwicklung. Der Steigerungssatz St je anrechnungsfähigem Versicherungsjahr ist für die einzelnen Rentenarten unterschiedlich festgelegt und soll bewirken, daß sich bei normalem Arbeitsleben eine dem früheren Lohn oder Gehalt nach angemessene Rente ergibt. Die Jahresrente R berechnet sich nach folgender Formel:

$$R = (P \times B) \times (J \times St).$$

Zur Erläuterung ein einfaches Beispiel: Ein Versicherter hat während seiner Erwerbstätigkeit immer gerade einen Durchschnittslohn verdient (also das durchschnittliche Bruttoarbeitsentgelt aller Arbeiter und Angestellten in der gesetzlichen Rentenversicherung bezogen) und 40 anrechnungsfähige Versicherungsjahre zurückgelegt. Dann beträgt seine persönliche Bemessungsgrundlage P gerade 100 % (hätte sein Lohn unter dem Durchschnitt gelegen, wäre die persönliche Bemessungsgrundlage P kleiner als 100 %, hätte sein Lohn über dem Durchschnitt gelegen, wäre P größer als 100 %). Die allgemeine Bemessungsgrundlage B beträgt beispielsweise für 1981 24.686 DM. Dieser Betrag multipliziert mit der persönlichen Bemessungsgrundlage P ergibt in unserem Beispiel auch einen Wert von 24.686 DM. Der Faktor J ist in unserem Beispiel gleich 40, und der Steigerungssatz St je Versicherungsjahr beträgt bei Altersruhegeld 1,5 %. Multipliziert man diese beiden Faktoren, ergeben sich 60 %; dieser Prozentsatz stellt nun das persönliche Versorgungsniveau (Verhältnis der Bruttorente zum früheren Bruttoeinkommen) dar. Die Jahresrente R beläuft sich in unserem Beispiel auf 60 % von 24.686 DM, also auf 14.812 DM.

Der Aufbau der Rentenberechnung kann hier nicht in allen Einzelheiten dargestellt werden. Im übrigen sei an dieser Stelle auf die Veröffentlichungen der gesetzlichen Rentenversicherungen verwiesen, die ausführliches Informationsmaterial zur individuellen Rentenberechnung enthalten [siehe zum Beispiel *Rauschenbach*]. Wir wollen uns im folgenden auf die Erläuterung der Faktoren der Rentenformel beschränken.

Der Prozentsatz der *persönlichen Bemessungsgrundlage* P drückt also das Verhältnis aus, in dem während der zurückgelegten Beitragszeiten das Bruttoarbeitsentgelt des einzelnen Versicherten zu dem aller Versicherten gestanden hat; es wird prinzipiell Jahr für Jahr ermittelt und daraus der Durchschnitt gebildet. Mit der persönlichen Bemessungsgrundlage soll die Rente entsprechend der Stellung des Versicherten in dem Einkommensgefüge bestimmt werden, die er während seiner gesamten Erwerbstätigkeit inne hatte; mit anderen Worten soll die Verteilung der Renteneinkommen auf die einzelnen Rentner an die Verteilung der Arbeitseinkommen auf die einzelnen Arbeitnehmer anknüpfen. Die Rente hat für die alte Generation eine sogenannte **Lohnersatzfunktion**, so daß auch nach dem Ausscheiden aus der Erwerbstätigkeit ihre relative Einkommensposition nach Möglichkeit erhalten bleiben sollte. Der Prozentsatz der persönlichen Bemessungsgrundlage P ist nun in zweierlei Hinsicht – nämlich nach unten und oben – begrenzt: (1) Arbeitnehmer, die beim Eintritt des Versicherungsfalls mindestens 25 Versicherungsjahre erreicht haben, werden, wenn ihre persönliche Bemessungsgrundlage weniger als 75 % der allgemeinen Bemessungsgrundlage beträgt, so gestellt, als hätten sie 75 % der allgemeinen Bemessungsgrundlage erreicht; hierbei handelt es sich um die sogenannte Rente nach Mindesteinkommen, zurückgehend auf die Rentenreform des Jahres 1972. (2) Ergibt die persönliche Bemessungsgrundlage P einen Wert, der über 200 % liegt (das heißt, der Versicherte hat also mehr als das Doppelte des durchschnittlichen Bruttoarbeitsentgelt bezogen), bleiben die darüberliegenden Werte in der normalen Rentenberechnung außer Betracht. Diese Obergrenze ist damit zu begründen, daß es auf der Beitragsseite ebenfalls eine Beitragsbemessungsgrenze gibt, jenseits derer keine weiteren Beiträge mehr zu entrichten sind (siehe Tabelle 1). Allerdings gibt es für die 200 % übersteigenden Teile noch eine Sonderleistung.

Die *allgemeine Bemessungsgrundlage* B wird für die gesetzliche Rentenversicherung nach dem durchschnittlichen Bruttoarbeitsentgelt der Arbeiter und Angestellten (ohne Lehrlinge und Anlernlinge) für die drei Jahre berechnet, die vor dem Kalenderjahr liegen, das dem Eintritt des Versicherungsfalles vorausgeht. So errechnet sich zum Beispiel die allgemeine Bemessungsgrundlage für Renten, die im Jahre 1978 fällig wurden, wie folgt:
Summe aus dem durchschnittlichen

	Bruttoarbeitsentgelt der Arb. und Ang. 1974:	20.381 DM
+	Bruttoarbeitsentgelt der Arb. und Ang. 1975:	21.808 DM
+	Bruttoarbeitsentgelt der Arb. und Ang. 1976:	23.335 DM

daraus der Durchschnitt

allgemeine Bemessungsgrundlage für 1978: 21.841 DM.

Zur Ermittlung der allgemeinen Bemessungsgrundlage muß immer das letzte Jahr vor Eintritt des Versicherungsfalles ausgeschaltet werden, da zu Beginn des Jahres des Versicherungseintritts das vorjährige durchschnittliche Bruttoarbeitsentgelt noch nicht ermittelt worden ist. Da die allgemeine Bemessungsgrundlage die Entwicklung der Bruttoarbeitsentgelte widerspiegelt, sind die Neurenten (Zugangsrenten) an das aktuelle Arbeitseinkommen – allerdings mit einer zeitlichen Verzögerung – gebunden. Die Bildung eines Durchschnitts aus drei aufeinanderfolgenden Jahreswerten soll bewirken, daß die Entwicklung der Renten gegenüber den je nach Konjunkturlage stärker schwankenden Lohnzuwachsraten eine gewisse Verstetigung erfährt. Die Entwicklung der durchschnittlichen Bruttoarbeitsentgelte und der allgemeinen Bemessungsgrundlage seit 1957 ist in der Tabelle 3 wiedergegeben. Bis 1978 wurde die allgemeine Bemessungsgrundlage nach diesem Verfahren ermittelt. Mit dem 21. Rentenanpassungsgesetz wurde festgelegt, daß die allgemeine Bemessungsgrundlage – in Abweichung von der bis dahin geübten Praxis – im Jahre 1979 um 4,5 % und in den Jahren 1980 und 1981 um je 4 % steigen sollte. In der Tabelle 3 sind auch jeweils die Werte angegeben, die sich bei der Aufrechterhaltung der alten Rentendynamik ergeben hätten.

Die Rentenhöhe ist gemäß der Rentenformel auch von der Zahl der *anrechnungsfähigen Versicherungsjahre* J abhängig. Als Versicherungsjahre werden Beitragszeiten, Ersatzzeiten, Ausfallzeiten und die Zurechnungszeit zusammengerechnet. Dabei beträgt die Zeit, die in den letzten Jahren in der Rentenformel berücksichtigt worden ist, im Durchschnitt bei Männern rund 37 bis 38 Jahre, bei Frauen rund 23 bis 27 Jahre. Bei der Zahl der anrechnungsfähigen Versicherungsjahre wird zukünftig eine steigende Tendenz zu beobachten sein, zum einen aufgrund der geringer werdenden Bedeutung der infolge des II. Weltkriegs kürzeren Versicherungszeiten[1]), zum anderen aufgrund der zunehmenden Erwerbstätigkeit der Frauen nach dem II. Weltkrieg.

Beitragszeiten sind solche Zeiten, in denen der Versicherte Beiträge an die gesetzliche Rentenversicherung gezahlt hat. **Ersatzzeiten** hingegen sollen den Versicherten vor versicherungsrechtlichen Nachteilen schützen, wenn er durch Ereignisse, die sich sei-

---

[1]) Viele (die während des II. Weltkriegs nicht Soldaten waren) haben ihre selbständige, nicht versicherungspflichtige Existenz verloren, wobei sie häufig freiwillige Alterssicherung über Vermögensbildung und private Lebensversicherungen betrieben hatten. Diese Ansprüche gingen bekanntlich verloren, so daß sie nach dem II. Weltkrieg, dann schon als ältere Arbeitnehmer, praktisch erst neue Ansprüche in der gesetzlichen Rentenversicherung erwerben mußten.

Tab. 3: Die Bezugsgrößen der gesetzlichen Rentenversicherung

Jahr	Durchschnittliche Bruttoarbeitsentgelte ArV+AnV in DM/ Jahr	Steigerung gegenüber Vorjahr in v.H.	Allgemeine Bemessungsgrundlagen ArV+AnV in DM/ Jahr	Steigerung gegenüber Vorjahr in v.H.
1	2	3	4	5
1957	5 043	–	4 281	–
1958	5 330	+ 5,7	4 542	+ 6,1
1959	5 602	+ 5,1	4 812	+ 5,94
1960	6 101	+ 8,9	5 072	+ 5,4
1961	6 723	+ 10,2	5 325	+ 5,0
1962	7 328	+ 9,0	5 678	+ 6,6
1963	7 775	+ 6,1	6 142	+ 8,2
1964	8 467	+ 8,9	6 717	+ 9,4
1965	9 229	+ 9,0	7 275	+ 8,3
1966	9 893	+ 7,2	7 857	+ 8,0
1967	10 219	+ 3,3	8 490	+ 8,1
1968	10 842	+ 6,1	9 196	+ 8,3
1969	11 839	+ 9,2	9 780	+ 6,35
1970	13 343	+ 12,7	10 318	+ 5,5
1971	14 931	+ 11,9	10 967	+ 6,3
1972	16 335	+ 9,4	12 008	+ 9,5
1973	18 295	+ 12,0	13 371	+ 11,35
1974	20 381	+ 11,4	14 870	+ 11,2
1975	21 808	+ 7,0	16 520	+ 11,1
1976	23 335	+ 7,0	18 337	+ 11,0
1977	24 945	+ 6,9	20 161	+ 9,9
1978	26 242	+ 5,2	21 841	+ 8,3
1979[1])	27 659	+ 5,4	23 363	+ 7,0
1979[2])	27 659	+ 5,4	22 824	+ 4,5
1980[1])		–	24 841	+ 6,3
1980[2])	–	–	23 737	+ 4,0
1981[1])	–	–	26 282	+ 5,8
1981[2])	–	–	24 686	+ 4,0

[1]) nach bisherigem Anpassungsverfahren
[2]) nach dem 21. Rentenanpassungsgesetz

Quelle: Bundesministerium für Arbeit und Sozialordnung [1977]; eigene Berechnungen.

nem persönlichen Einfluß entzogen, an der Beitragsleistung gehindert war. Als solche Zeiten gelten Jahre des Militär- und Kriegsdienstes, der Gefangenschaft oder Verschleppung, der Gefangenschaft als Verfolgter des Nationalsozialismus bzw. als politischer Häftling in der DDR. **Ausfallzeiten** sollen einen Ausgleich dafür geben, daß der Versicherte keine Beschäftigung gegen Entgelt ausüben konnte, und zwar ohne daß er durch staatliche Eingriffe daran gehindert war; solche Zeiten sind unter anderem: Zeiten von Arbeitsunfähigkeit infolge Krankheit oder Unfall; Zeiten, in denen Rehabilitationsmaßnahmen durchgeführt worden sind; Zeiten von Arbeitslosigkeit, Schwangerschaft und Ausbildung (berücksichtigt werden Lehrzeiten, soweit sie nach dem 16. Lebensjahr liegen, Schul-, Fach- und Hochschulausbildung, bei Schul- und Fachschulausbildung bis zu 4 Jahren, bei Hochschulausbildung bis zu 5 Jahren). **Zurechnungszeiten** sind besondere Zeiten, die im Falle von Berufsunfähigkeit oder Erwerbsunfähigkeit bzw. bei Witwenrenten im Falle des Todes des Ernährers gewährt werden. Die Zurechnungszeit ist dann die Zeit zwischen dem Eintritt des Versicherungsfalles (Tod, Invalidität) und der Vollendung des 55. Lebensjahres durch den Versicherten. Tritt zum Beispiel vor Vollendung des 55. Lebensjahres Invalidität ein, wird die Zurechnungszeit bei der Ermittlung der anrechnungsfähigen Versicherungsjahre den zurückgelegten Beitrags-, Ersatz-, und Ausfallzeiten hinzugerechnet.

Der *Steigerungssatz je Versicherungsjahr* ist abhängig von der Art der Rente. Der Versicherte erhält für jedes anrechnungsfähige Versicherungsjahr in der gesetzlichen Rentenversicherung der Arbeiter und der Angestellten bei Rente wegen Berufsunfähigkeit 1 %, wegen Erwerbsunfähigkeit 1,5 % und beim Altersruhegeld ebenfalls 1,5 % als Steigerungssatz angerechnet. In der knappschaftlichen Rentenversicherung beträgt der Steigerungssatz sowohl im Falle der Knappschaftsrente wegen Erwerbsunfähigkeit als auch im Falle des Knappschaftsruhegeldes 2 % jährlich, vor 1967 sogar 2,5 % jährlich. In der gesetzlichen Rentenversicherung der Arbeiter und Angestellten ergibt sich bei einer Versicherungszeit von 50 Jahren (vom 15. bis zum 65. Lebensjahr) ein Altersruhegeld von 75 %, bei 40 Versicherungsjahren von 60 % der persönlichen Bemessungsgrundlage; der Satz von 75 % stimmt mit dem in der Beamtenversorgung erreichbaren Höchstsatz überein, der dort allerdings bereits nach 35 Dienstjahren erreicht wird. Der Steigerungssatz von 1,5 % findet auch bei fast allen Witwenrenten Anwendung. Im Falle der Berufsunfähigkeit ist der Steigerungssatz deswegen niedriger, weil die verbliebene Arbeitskraft (gegenüber der Erwerbsunfähigkeit) noch anderweitig verwendet werden könnte. Für Versicherte, die über das 65. Lebensjahr hinaus arbeiten und auf den Bezug des Altersruhegeldes verzichten (und auch vorher keine andere Rente aus der gesetzlichen Rentenversicherung bezogen haben), gibt es für jeden Monat ihres Rentenverzichtes einen besonderen Rentenzuschlag.

Soweit zur Ermittlung der Rentenhöhe bei Neurenten (oder Zugangsrenten).

Die laufenden oder sogenannten **Bestandsrenten** werden bei Veränderung der allgemeinen Bemessungsgrundlage B per Gesetz an die wirtschaftliche Entwicklung angepaßt. Die Bestandsrenten sind also an die Entwicklung der Bruttolöhne und -gehälter geknüpft; die dadurch erreichte Dynamisierung sorgt nicht nur für eine Anpassung an die Geldentwertung – wie es in vielen anderen Landern lediglich der Fall ist –, sondern auch dafür, daß die Rentner an der realen Entwicklung der Löhne und Gehälter, also an der allgemeinen Wohlstandsentwicklung, teilhaben. Die Vorbereitung eines solchen Gesetzes erfolgt durch den Sozialbeirat, bestehend aus vier Vertretern der Versicherten, vier Vertretern der Arbeitgeber, drei Vertretern der Sozial- und Wirtschaftswissenschaften und einem Vertreter der Deutschen Bundesbank. Die Mitglieder des Sozialbeirats werden auf die Dauer von vier Jahren von der Bundesregierung berufen. Der Sozialbeirat erstellt jährlich ein Gutachten zur Rentenanpassung, in dem er unter anderem über die Veränderungen des Volkseinkommens je Erwerbstätigen berichtet und Vorschläge über die möglich erscheinende Rentenanpassung macht. Darüber hinaus hat er die langfristigen Vorausberechnungen über die künftige Finanzentwicklung in der Rentenversicherung zu begutachten; diese Gutachten müssen bis zum 30.10. eines jeden Jahres vorliegen.

Bei der Anpassung der Renten ist gleichzeitig ein stabiles **Rentenniveau** zu sichern; zu diesem Zweck wurde in die Rentenanpassungsvorschriften 1972 eine sogenannte Rentenniveausicherungsklausel aufgenommen. Dieser Klausel zufolge soll bei einem Altersruhegeld nach 40 anrechnungsfähigen Versicherungsjahren und bei einer persönlichen Bemessungsgrundlage P von 100 % die Rente im Juli eines jeden Anpassungsjahres 50 % des zuletzt bekannten monatlichen Bruttoarbeitsentgelts aller Versicherten betragen; im Juli 1977 betrug das Rentenniveau tatsächlich 54 %. Wird dieses Rentenniveau in zwei aufeinanderfolgenden Jahren unterschritten, hat die Bundesregierung die Entscheidung zu fällen, ob besondere Maßnahmen (über die Anpassung hinaus) zur Sicherung des Rentenniveaus einzuleiten und gegebenenfalls entsprechende Maßnahmen vorzuschlagen sind, wobei die zukünftige wirtschaftliche Entwicklung sowie die Finanzlage der Rentenversicherung zu berücksichtigen sind.

Unter Berücksichtigung des Gutachtens des Sozialbeirats erstellt die Bundesregierung einen Rentenanpassungsbericht, mit dem sie den gesetzgebenden Körperschaften Vorschläge zur Ren-

		Gesetzliche Rentenversicherung						Beamtenversorgung	Rentenvers. f. Landwirte		Kriegsopferversorgung		Unfallversicherung	
		Arbeiter		Angestellte		Knappschaft								
		1960	1977	1960	1977	1960	1977	1977	1960	1977	1960	1977	1960	1977
I. Leistungsempfänger														
1. Renten an Versicherte														
Anzahl (in 1000)	(1)	3044	5297	971	2064	383	355	636	177	340	1440	1000	718	798
Monatl. Durchschn.	(2)	152	646	245	1011	306	1266	–	–	–	–	–	–	–
a. Invalidenrenten														
Bergarbeiter	(1)	–	–	–	–	100	40	–	–	–	–	–	–	–
	(2)	–	–	–	–	156	521	–	–	–	–	–	–	–
Berufsunfähig.	(1)	202	196	53	56	8	21	–	–	–	–	–	–	–
	(2)	106	309	144	380	294	1146	–	–	–	–	–	–	–
Erwerbsunfähig.	(1)	900	1174	238	317	92	46	–	–	–	–	–	–	–
	(2)	128	441	184	610	335	1076	–	–	–	–	–	–	–
b. Rente, vorgez. (60. Lebensj.)														
Arbeitslose	(1)	12	115	8	54	0	48	–	–	–	–	–	–	–
	(2)	190	1043	275	1328	336	1493	–	–	–	–	–	–	–
Weibl. Arbn.	(1)	37	609	17	363	0	6							
	(2)	130	530	249	859	279	766	–	–	–	–	–	–	–
Bergarbeiter	(1)	–	–	–	–	12	26							
	(2)	–	–	–	–	476	1739	–	–	–	–	–	–	–
c. Renten, flex. Altersgrenze														
62. Lebensj.	(1)	–	52	–	29	–	9	–	–	–	–	–	–	–
	(2)	–	1128	–	1419	–	1381	–	–	–	–	–	–	–
63. Lebensj.	(1)	–	326	–	171	–	24	–	–	–	–	–	–	–
	(2)	–	1204	–	1522	–	1485	–	–	–	–	–	–	–
67. Lebensj.	(1)	–	2	–	6	–	0	–	–	–	–	–	–	–
	(2)	–	557	–	886	–	1060	–	–	–	–	–	–	–
d. Altersruhegeld (65. Lebensj.)	(1)	1893	2823	655	1068	148	135	–	–	–	–	–	–	–
	(2)	168	690	274	1108	383	1375	–	–	–	–	–	–	–
2. Hinterbliebenenrenten														
Witwen	(1)	1795	2428	661	989	243	326	597	143	227	1390	1110	142	159
	(2)	110	533	157	762	199	766	–	–	–	–	–	–	–
Waisen	(1)	497	355	218	150	46	29	50	–	19	–	31	48	58
	(2)	55	227	59	246	63	250	–	–	–				
3. Leistungsempf. insgesamt	(1)	5336	8080	1850	3203	672	710	1283	320	586	–	2141	910	1015
	(2)	129	594	191	899	247	995	1800a	–	300a	–	400a	–	470a
II. Beitragszahler														
Anzahl (in 1000)	(1)	16600	14298	8100	11483	639	239	1706	–	677	–	–	26350	26634
Monatl. Durchschn.														
per Beitragszahler	(2)	45	255	47	300	134	521	0	–	63	–	–	5	28
per Leistungsempfänger	(3)	139	452	205	1075	127	215	0	–	87	–	–	153	737

a. Schätzung

Tab. 4

Quelle: Eigene Berechnungen.

tenanpassung unterbreitet. Aufgrund der **Rentenanpassungsberichte** 1958 bis 1978 wurden die Bestandsrenten seit 1959 alljährlich angepaßt; die Anpassungssätze schwankten dabei zwischen 4,0 % und 11,3 % (siehe Tabelle 3), so daß sich das Rentenniveau von 1960 bis 1977 in den verschiedenen Versicherungszweigen im Durchschnitt vervierfacht hat (siehe Tab. 4). Wie bereits diskutiert besteht de jure kein Zwang zur regelmäßigen jährlichen Anpassung der Bestandsrenten; über die Rentenanpassung ist jeweils politisch zu entscheiden.

Zur Versichertenrente wird für jedes Kind ein Kinderzuschuß gezahlt, dessen jährliche Höhe früher ein Zehntel der jeweils geltenden allgemeinen Bemessungsgrundlage B ausmachte. Diese dynamisierten Kinderzuschüsse wurden ab 1978 wegen der Finanzierungsprobleme der Rentenversicherung auf 152,90 DM festgelegt und nicht mehr angepaßt. Die durchschnittlichen Rentenhöhen der Hinterbliebenenversorgung sind für 1960 und 1977 ebenfalls der Tabelle 4 zu entnehmen.

Die Tabelle 5 zeigt die Entwicklung des Versorgungsniveaus bei 40 anrechnungsfähigen Versicherungsjahren von 1957 bis 1981 jeweils als Prozentsatz des Brutto- (also monatliche Rente im Verhältnis zum monatlichen Bruttoarbeitsentgelt) bzw. des Nettoarbeitsentgelts (also monatliche Rente zum monatlichen Nettoentgelt nach Abzug von Lohnsteuer und Sozialbeiträgen). Die monatliche Rente hat sich seit 1957 verfünffacht, wobei das Bruttoversorgungsniveau zwischen 41,5 % und 50,9 % schwankte, während das Nettoversorgungsniveau zwischen 52,5 % und 66,2 % schwankte. Nach 40 anrechnungsfähigen Versicherungsjahren ergibt sich nach der Rentenformel bei einer persönlichen Bemessungsgrundlage von 100 % ein Versorgungsniveau von 60 %. Das Bruttoversorgungsniveau in der Tabelle 5 ist deshalb niedriger, weil es am aktuellen Arbeitsentgelt und nicht – wie in der Rentenformel – an der allgemeinen Bemessungsgrundlage anknüpft. Das Nettoversorgungsniveau ist höher als das Bruttoversorgungsniveau, da von den Bruttoarbeitsentgelten noch Lohnsteuer und Sozialbeiträge abzuführen sind, während die in Tabelle 5 enthaltenen Monatsrenten einkommensteuerfrei bleiben (siehe dazu unten). 1969 bezog zum Beispiel ein Rentner nach 45 Versicherungsjahren 65,1 % des Nettogehalts eines vergleichbaren Arbeitnehmers, 1979 waren es 72,5 %. Es sei an dieser Stelle erwähnt, daß die Pensionen der Beamten sowie die Renten der Arbeiter und Angestellten des öffentlichen Dienstes immer den Bezügen der Aktiven angepaßt werden, so daß bei ihnen keine Verzögerung gegeben und dadurch das Versorgungsniveau verglichen mit den Sozialrenten höher ist.

Jahr	Monatliche Rente[1])[2])	Altersruhegeld[1])[3]) gemessen am	
		Brutto-	Netto-
		arbeitsentgelt[4])	
	bei 40 anrechnungsfähigen Versicherungsjahren		
	DM	vH	
1957	214,10	50,9	59,3
1958	214,10	48,2	56,7
1959	227,10	48,6	57,1
1960	240,60	47,3	56,3
1961	253,60	45,3	54,3
1962	266,30	43,6	52,5
1963	283,90	43,8	53,0
1964	307,10	43,5	53,0
1965	335,90	43,7	52,7
1966	363,80	44,1	54,0
1967	392,90	46,1	56,7
1968	424,50	46,0	57,4
1969	459,80	45,7	57,9
1970	489,00	44,0	56,9
1971	515,90	41,5	54,6
1972	600,40	43,5	57,3
1973	668,60	41,6	56,6
1974	743,50	41,6	57,4
1975	826,00	43,2	59,5
1976	916,90	44,8	63,3
1977	1 008,10	46,3	66,2
1978	1 008,10	46,1	65,2
1979	1 053,50	45,7	64,4
1980[5])	1 095,60	44,6	63,9
1981[5])	1 139,50	44,7	64,1

[1]) Für Bestandsrenten in der Rentenversicherung der Arbeiter und der Angestellten bei einer persönlichen Bemessungsgrundlage von 100 vH (Durchschnittsverdienst).

[2]) Rentenbetrag am 1. Juli des Jahres.

[3]) Rentenbetrag im Kalenderjahr; Abzug (1968, 1969) und Rückzahlung (1972) des Krankenversicherungsbeitrags berücksichtigt.

[4]) Durchschnittliches Bruttojahresarbeitsentgelt aller Versicherten; das Nettoarbeitsentgelt ist daraus errechnet durch Abzug der durchschnittlichen Belastung aller abhängig Beschäftigten mit Lohnsteuer und Sozialbeiträgen entsprechend den Volkswirtschaftlichen Gesamtrechnungen.

[5]) Eigene Schätzung.

Quelle: Sachverständigenrat [1980].

Um die Spannweite der unterschiedlichen Rentenhöhen einmal anzudeuten, wollen wir im folgenden zwei Beispielfälle betrachten:

(1) Die *Rente nach Mindesteinkommen* wird gewährt, wenn mindestens 25 anrechnungsfähige Versicherungsjahre zurückgelegt sind. Ist das gerade der Fall und war das Bruttoentgelt des Versicherten immer kleiner als 75 % der allgemeinen Bemessungsgrundlage B, berechnet sich die Mindestrente für 1981 wie folgt: Die persönliche Bemessungsgrundlage P beträgt 75 % der allgemeinen Bemessungsgrundlage B (1981: 24.686 DM), also 18.515 DM. Es liegen 25 anrechnungsfähige Versicherungsjahre J vor, die mit einem Steigerungssatz St von 1,5 % berücksichtigt werden, so daß ein Wert von 37,5 % resultiert. Die jährliche Mindestrente beläuft sich demnach auf 37,5 % von der persönlichen Bemessungsgrundlage 18.515 DM, also auf 6.943 DM; das entspricht einer monatlichen Rente von rund 579 DM[1]), ein Wert, der noch unterhalb des Niveaus der Sozialhilfe liegt.

(2) Um einen Eindruck von der höchstmöglichen Rente zu vermitteln, gehen wir vom folgenden extremen Beispiel aus: Ein Versicherter hat 50 anrechnungsfähige Versicherungsjahre zurückgelegt, und während seiner Erwerbstätigkeit immer ein Bruttoentgelt bezogen, das doppelt so hoch war wie die allgemeine Bemessungsgrundlage. P ist dann also 200 % der allgemeinen Bemessungsgrundlage, also 49.372 DM. Aus dem Produkt aus anrechnungsfähigen Versicherungsjahren J und Steigerungssatz St ergeben sich 75 %, so daß sich seine Jahresrente auf 75 % von 49.372 DM beläuft, also auf jährlich 37.029 DM oder monatlich auf 3.086 DM. Das ist allerdings ein theoretischer Wert. Bei eher erreichbaren 45 Versicherungsjahren ergäbe sich eine Jahresrente von rund 33.326 DM bzw. eine Monatsrente von ca. 2.777 DM.

Infolge der Rezession 1974/75 geriet die gesetzliche Rentenversicherung in erhebliche Finanzierungsprobleme, worauf wir unten noch näher eingehen werden. Die Finanzierungsschwierigkeiten löste man im wesentlichen dadurch, daß das bisher praktizierte Anpassungsverfahren für Neu- und Bestandesrenten modifiziert wurde. Mit dem 20. Rentenanpassungsgesetz (vom 14. September

---

[1]) Niedrigere Renten sind natürlich möglich, wenn die Zahl der Versicherungsjahre geringer als 25 ist, höhere sind möglich, wenn die Zahl der Versicherungsjahre höher ist. Bei 40 Versicherungsjahren beträgt die Mindestrente zum Beispiel 11.109 DM jährlich (ca. 926 DM monatlich).

1977) kehrte man wieder zum alten Rentenanspassungstermin (1. Januar) zurück, der angesichts optimistischer Einnahmeprognosen und der bevorstehenden Bundestagswahl 1972 um ein halbes Jahr (auf den 1. Juli) vorgezogen worden war. Mit dem 21. Rentenanpassungsgesetz (vom 25. Juli 1978) legte man dann unabhängig von der Entwicklung der Bruttoarbeitsentgelte die Steigerungssätze der allgemeinen Bemessungsgrundlage und damit auch der Neu- und Bestandsrenten fest (siehe hierzu die Tabelle 3). Die Bundesregierung bezog den Standpunkt, daß notfalls von der bruttolohnbezogenen Rentenformel abgewichen werden kann: „Auch diese Maßnahme steht nicht im Widerspruch zum System der lohnbezogenen Rente. Vielmehr hatte sich schon der Gesetzgeber des Jahres 1957 bei Einführung der geltenden Rentenformel ausdrücklich vorbehalten, die allgemeine Bemessungsgrundlage, die grundsätzlich durch die Bundesregierung durch Rechtsverordnung zu bestimmen ist, abweichend von der Grundregel durch Gesetz festzusetzen, wenn die Finanzlage der gesetzlichen Rentenversicherung dies erfordert. Zwar hat diese Regelung keine praktische Bedeutung erlangt und wurde deshalb im Jahre 1969 gestrichen. Sie zeigt aber immerhin, daß – auch nach der Vorstellung des Gesetzgebers 1957 – eine von der Grundregel abweichende Festsetzung der allgemeinen Bemessungsgrundlage mit dem Prinzip der lohnbezogenen Rente als vereinbar angesehen werden kann" [Bundesministerium für Arbeit und Sozialordnung, 1978]. Ob man eine solche Anpassung dann noch lohnbezogen nennen kann, ist eine Frage der Wortwahl. Ab 1982 soll sich die Anpassung wieder nach der Entwicklung der Bruttolöhne und -gehälter richten.

Auf die Ermittlung der Höhe der Beamtenpension wurde bereits an anderer Stelle eingegangen. Die Tabelle 4 enthält auch Angaben über die durchschnittliche Höhe der Pensionen der Beamten bzw. der Renten aus der Rentenversicherung der Landwirte, der Kriegsopferversorgung sowie der Unfallversicherung. Über die Bedeutung der betrieblichen Versorgungsleistungen für die Alterssicherung – also aus der zweiten Säule des „Drei-Säulen-Konzeptes" – ist nur sehr wenig bekannt, da aussagefähige Statistiken (noch) nicht verfügbar sind. Nach Erhebungen des Statistischen Bundesamtes hatten 1976 rund 7 Millionen Arbeitnehmer in der gewerblichen Wirtschaft Ansprüche auf eine betriebliche Altersversorgung; das sind immerhin rund ein Drittel der beschäftigten Arbeitnehmer in der Bundesrepublik Deutschland. Addiert man zu den 7 Millionen Arbeitnehmern der gewerblichen Wirtschaft die rund 3,6 Millionen Staatsbediensteten hinzu, die entweder als Beamte Anspruch auf Pension oder als Arbeiter und Angestellte des öffentlichen Dienstes Anspruch auf eine Zusatzrente zum Beispiel aus der VBL haben, wird deutlich, daß 1976 rund 49,7 % der beschäftigten Arbeitnehmer Versorgungsansprüche erwarben, die über die Versorgungsansprüche in der gesetzlichen Rentenversicherung hinaus gehen. Dem Anspruchserwerb gegenüber ist die Anzahl der Personen, die derzeit eine Betriebsrente beziehen, vergleichsweise niedrig; sie wird auf etwas über zwei Millionen geschätzt. Orientiert man sich an dieser Schätzung, so errechnet sich daraus für die bestehenden Betriebsrenten ein monatlicher Durchschnittszahlbetrag von etwa 250 DM, wobei ein solcher Durchschnittsbetrag allerdings die beträchtlichen Unterschiede, die sich im Einzelfall bei der Rentenhöhe ergeben, verdeckt. Dies bedeutet, ähnlich wie bei der Zusatzrente im öffentlichen Dienst (VBL-Rente), eine Aufstockung der Sozialrenten um 20 % bis 30 % [vgl. Transfer-Enquête-Kommission].

Über die dritte Säule des „Drei-Säulen-Konzeptes", die private Lebensversicherung, lassen sich noch weniger statistische Daten gewinnen. Ende des Jahres 1975 wurden von den 105 Mitgliedsunternehmen des Verbandes der Lebensversicherungs-Unternehmen e.V. 60,5 Millionen Lebensversicherungsverträge über eine Versicherungssumme von 447 Milliarden DM verwaltet; das bedeutet eine durchschnittliche Versicherungssumme von rund 7.400 DM je Versicherungsvertrag. Die in dem oben genannten Verband angehörigen Versicherungsunternehmen zahlten 1975 an Versicherungsleistungen 4,9 Milliarden DM aus. Auch hier ist der derzeitige Anspruchserwerb wesentlich höher als die zur Auszahlung kommenden Versicherungsleistungen. In diesem Anspruchs-Leistungsverhältnis kommt auch zum Ausdruck, daß die Lebensversicherungen ein besonders expandierender Zweig sind: Ihre Prämieneinnahmen haben sich von 1950 auf 1976 um ca. das 24-fache erhöht, während das Sozialprodukt in diesem Zeitraum nur um das 11-fache gestiegen ist.

Die durchschnittliche Vertragssumme sagt nun sehr wenig darüber aus, inwieweit die privaten Lebensversicherungen zur Aufbesserung des Versorgungsniveaus der derzeitigen Rentner beitragen. In den privaten Lebensversicherungen sind traditionell überwiegend die selbständig Erwerbstätigen versichert, die nicht der Sozialversicherungspflicht unterliegen. Nach Einführung des 624-DM-Gesetzes als Instrument zur Vermögensbildung in Arbeitnehmerhand haben sich aber auch zunehmend Arbeitnehmer in der privaten Lebensversicherung versichert. In den Mitgliedsunternehmen des Verbandes der Lebensversicherungs-Unternehmen e.V. waren Ende 1975 rund 4,9 Millionen Arbeitnehmer (rund 23 % der beschäftigten Arbeitnehmer) mit einer Versicherungssumme von 55,7 Milliarden DM versichert (durchschnittliche Vertragssumme pro Arbeitnehmer ca. 11.400 DM), überwiegend mit Vertragsdauern von 25 und mehr Jahren [vgl. Institut für Bilanzanalysen]. Die Leistungen aus den privaten Lebensversicherungen werden also zukünftig an Bedeutung gewinnen und auch das Versorgungsniveau der Arbeitnehmer weiter aufbessern.

6. Die steuerliche Behandlung der Alterseinkommen

Folgt man den Gesetzesbegründungen anläßlich von Steuerrechtsänderungen, soll in der Bundesrepublik Deutschland das Prinzip der **Gleichmäßigkeit der Besteuerung** verwirklicht werden. Dieses Prinzip besagt, daß der Höhe nach gleiche Einkünfte – unabhängig davon, aus welcher Quelle sie fließen (zum Beispiel Arbeitseinkünfte, Kapitaleinkünfte, aber auch Renteneinkünfte) – prinzipiell steuerlich gleich zu behandeln sind. Die steuerlichen Regelungen hinsichtlich der Renten und Pensionen müssen daher im Zusammenhang mit den steuerlichen Regelungen hinsichtlich der Arbeitnehmereinkommen (im Terminus des Einkommensteuergesetzes: Einkünfte aus nichtselbständiger Arbeit) gesehen werden, insbesondere da den Renten und Pensionen eine sogenannte Lohnersatzfunktion zukommt, und sowohl Renten als auch Pensionen mit den früheren aktiven Einkünften, aber über die Bruttolohndynamik (bei den Sozialrenten zur Zeit eingeschränkt) auch mit der aktuellen Entwicklung von Löhnen und Gehältern verknüpft sind. Deshalb erweist es sich als notwendig, auch auf die steuerliche Behandlung der Arbeitseinkünfte kurz einzugehen.

Wie die Einkünfte aus der aktiven Lebensphase unterliegen die Bezüge aus der Altersversorgung prinzipiell der **direkten Besteuerung** (Einkommensteuer) und – soweit die Einkünfte für Konsumzwecke verwendet werden – selbstverständlich auch der **indirekten Besteuerung** (Mehrwertsteuer und Verbrauchsteuern). Bei den Einkünften aus nichtselbständiger Arbeit – soweit es sich hierbei nicht um die Besoldungsbezüge von Beamten handelt – treten neben die Einkommensteuer (erhoben in Form der Lohnsteuer) noch die Zwangsbeiträge zur gesetzlichen Sozialversicherung. Die Frei- und Pauschbeträge bei der Einkommensteuer sowie der in den Einkommensteuertarif eingebaute Grundfreibetrag führen allerdings dazu, daß bei Renten, Pensionen und Einkünften aus nichtselbständiger Arbeit unterschiedlich hohe Beträge von der Besteuerung ausgenommen werden, was unter anderem mit der Gewährung eines gewissen steuerlichen Existenzminimums begründet wird. Infolgedessen gibt es eine seit Jahren aufgrund der Einkommensteigerungen zwar abnehmende, aber immerhin noch beachtliche Zahl von Bürgern, die im Rahmen der Einkommensteuer zwar steuerpflichtig, jedoch noch nicht steuerbelastet sind. Demgegenüber unterliegen der indirekten Besteuerung grundsätzlich alle Bürger mit ihren jeweiligen Konsumausgaben. Da bei kleineren Einkommen im Durchschnitt ein wesentlich höherer Teil des Einkommens für Konsumausgaben verwendet wird als bei höheren Einkommen, nimmt die durchschnittliche Belastung der Einkommen durch indirekte Steuern mit steigendem Einkommen ab; der durchschnittliche indirekte Steuersatz sinkt also mit steigendem Einkommen. Diese Wirkung der indirekten Steuern war bereits Lassalle als „**Regressionswirkung**" (im Gegensatz zur „**Progressionswirkung**" bei der Einkommensteuer, bei der der durchschnittliche Steuersatz mit steigendem Einkommen zunimmt) der indirekten Steuern bekannt. Nachdem diese Wirkung unter den Experten zeitweilig umstritten war, liegen heute wieder neuere Forschungsergebnisse vor, die diese Regressionswirkung prinzipiell bestätigen. Wird dann – wie in den letzten Jahren häufig – eine Steuerpolitik verfolgt, die die indirekten Steuern erhöht und die direkten Steuern senkt, geht diese eindeutig zulasten gerade der Bezieher von Kleinsteinkommen, seien es Rentner, Pensionäre oder auch Arbeitnehmer, weil diese infolge fehlender direkter Steuerbelastung von der Senkung der Einkommensteuer überhaupt keinen Vorteil haben, aber von der steigenden indirekten Steuerbelastung voll getroffen werden.

Ein wesentliches Prinzip der Einkommensteuer ist es, die gesamten Einkünfte des Bürgers – abgesehen von dem einkommensteuerlichen Existenzminimum – während seines Lebens einmal der Einkommensbesteuerung zu unterwerfen, auch wenn aus Gründen der Praktikabilität nicht das Lebenseinkommen, sondern die Jahreseinkommen der Einkommensbesteuerung zugrunde gelegt werden. Betrachtet man die Rente bzw. Pension auch als auf das Alter übertragene Teile des früheren Leistungseinkommens, dann könnte man – will man das ganze **Lebenseinkommen** steuerlich erfassen – das Leistungseinkommen während der aktiven Lebensphase ohne Abzug der Aufwendungen für die Altersversorgung (einkommensteuerlicher Begriff: „Vorsorgeaufwendungen") vom Leistungseinkommen besteuern. Betrachtet man hingegen die Rente und Pension – mehr dem tatsächlich angewendeten Umlageverfahren entsprechend – als Transferzahlung der erwerbstätigen Generation an die nicht mehr erwerbstätige Generation, wäre das Leistungseinkommen abzüglich der Aufwendungen für die Altersversorgung und die spätere Rentenzahlung zu besteuern. In beiden Fällen würde das gesamte Lebenseinkommen – wenn auch zu einem unterschiedlichen Zeitpunkt – einmal der Einkommensbesteuerung unterworfen.

Wie sehen nun die derzeitigen Regelungen im deutschen Einkommensteuerrecht hinsichtlich der Besteuerung des Lebenseinkommens aus? Auch hier ist es mit deutscher Gesetzgebungsgründlichkeit wiederum gelungen, ein kompliziertes Netz von Einzelregelungen zu knüpfen, das eine einfache Beantwortung dieser Frage nicht zuläßt. Die **Vorsorgepauschale** im Rahmen der Lohnsteuer hat den Zweck, Versorgungsaufwendungen bis zu bestimmten Höchstbeträgen nicht der Einkommensbesteuerung zu unterwerfen. Die Höchstbeträge wurden eingeführt, um zu vermeiden, daß Bezieher hoher Einkommen große Einkommensteile durch Umwidmung als Vorsorgeaufwendungen (im weitesten Sinne ist jede Art der Ersparnisbildung eine Vorsorgeaufwendung) der Einkommensbesteuerung entziehen. Im wesentlichen dient die Vorsorgepauschale dazu, die Aufwendungen für die gesetzliche Sozialversicherung (Kranken-, Renten- und Arbeitslosenversicherung) und im begrenztem Umfang auch freiwillige Beiträge der Steuerpflichtigen einkommensteuerlich außer Ansatz zu lassen. Insofern folgt also das deutsche Einkommensteuergesetz der zweiten dargestellten Möglichkeit der Lebenseinkommensbesteuerung, allerdings nur prinzipiell, da eine vollständige Freistellung der Sozialversicherungsbeiträge – und sei es auch nur der Beiträge zur gesetzlichen Rentenversicherung allein – von der Einkommensbesteuerung nicht gelingt. Ob Sozialbeiträge mit Einkommensteuer belastet werden oder nicht hängt im wesentlichen von dem Familienstand und der Kinderzahl sowie der Einkommenshöhe des einzelnen Steuerpflichtigen ab.

In der Lohnsteuerklasse I (Ledig, keine Kinder) beliefen sich beispielsweise im Jahre 1979 die Beiträge zur Sozialversicherung bei einem Jahresbruttolohn von ca. 7.100 DM auf 1.200 DM, hier stimmt die Vorsorgepauschale gerade mit den Sozialversicherungsbeiträgen überein. Bei einem Jahresbruttolohn von 48.000 DM hingegen, der 1979 an der Beitragsbemessungsgrenze der Renten- und Arbeitslosenversicherung liegt, betragen die Beiträge zur Sozialversicherung 7.380 DM (zur gesetzlichen Rentenversicherung allein 4.320 DM) jährlich. Die maximale Vorsorgepauschale belief sich bei diesem Einkommen auf 3.150 DM jährlich, so daß in diesem Beispiel 4.230 DM der Vorsorgeaufwendungen (bzw. 1.170 DM der Beiträge zur gesetzlichen Rentenversicherung) der Einkommensbesteuerung unterlagen.

Bei einem Steuerpflichtigen der Lohnsteuerklasse III/0 (Verheirateter, keine Kinder, nur ein Ehepartner erwerbstätig) ergab sich 1979 folgendes Bild: Bei einem Jahresbruttolohn von ca. 12.500 DM entstanden Beiträge zur Sozialversicherung in Höhe von rund 2.123 DM. Bei einer Vorsorgepauschale von ca. 2.178 DM sind diese Beiträge voll von der Lohnsteuer befreit. Wie bei einem Ledigen ergab sich auch bei einem Ehepaar bei einem Jahresbruttolohn von 48.000 DM ein Beitrag zur Sozialversicherung in Höhe von 7.380 DM. Die maximale Vorsorgepauschale betrug 6.300 DM, so daß ein Anteil von 1.080 DM der Einkommensbesteuerung unterlag, wobei die Beiträge zur gesetzlichen Rentenversicherung allein allerdings völlig von der Einkommensteuer befreit sind. Diese und andere Beispielberechnungen belegen, daß je nach Familienstand und Kinderzahl sowie Einkommenshöhe bei einigen geringer verdienenden Steuerpflichtigen durch die Vorsorgepauschale und die Vorsorgehöchstbeträge im Rahmen des Lohnsteuerjahresausgleichs bzw. der Einkommensteuerveranlagung die Zwangsbeiträge zur gesetzlichen Rentenversicherung voll von der Besteuerung befreit sind, ja zum Teil sogar Spielräume für freiwillige Beiträge verbleiben. Solche Spielräume nehmen allerdings mit steigendem Einkommen ab, so daß bei höheren Einkommen kein Raum für freiwillige Leistungen mehr vorhanden ist, ja sogar nicht einmal mehr die Beiträge zur gesetzlichen Rentenversicherung voll von der Einkommensteuer befreit sind. Die vorstehenden Ausführungen bezogen sich alle auf die Arbeitnehmeranteile.

Die Arbeitgeberbeiträge zur Sozialversicherung werden steuerrechtlich nicht dem Bruttolohn zugerechnet, also auch von der Lohnsteuer nicht erfaßt. Im Unternehmensbereich gelten die Arbeitgeberbeiträge – wie Löhne und Gehälter – als Betriebskosten („Lohnnebenkosten“) und sind somit auch von der Einkommensteuer (bzw. Körperschaftsteuer) befreit. Selbständige, die ihre „Arbeitgeberbeiträge“ selbst aufbringen, dürfen hierfür den sogenannten Vorwegabzug im Rahmen der Einkommensteuer geltend machen, der ebenfalls dafür sorgt, daß wesentliche Teile dieser Beiträge zur gesetzlichen Rentenversicherung (oder zu privaten Lebensversicherungen) steuerbefreit sind.

Die Beamten sind – wie bereits mehrfach erwähnt – von der Versicherungspflicht in der gesetzlichen Rentenversicherung befreit. Vorsorgeaufwendungen im Sinne des Einkommensteuergesetzes entstehen den Beamten tatsächlich nur für die Krankenversicherung. Da ihnen außerdem im Krankheitsfall die „Beihilfe" zusteht (die je nach Familienstand gestaffelte Teile der Krankheitskosten abdeckt; bei einem Ledigen 50 %), können sich Beamte im allgemeinen im Vergleich zur gesetzlichen Krankenversicherung zu wesentlich günstigeren Konditionen in privaten Krankenversicherungen absichern. Obwohl den Beamten lediglich vergleichsweise niedrige Krankenversicherungskosten entstehen, steht ihnen trotzdem seit der Einkommensteuerreform von 1975 die gesamte Vorsorgepauschale zu, der nur in Höhe der jeweiligen Krankenversicherungsbeiträge Aufwendungen gegenüberstehen. Den Beamten steht somit im Vergleich zu den übrigen Arbeitnehmern ein zusätzlicher Freibetrag zur Verfügung, der je nach Einkommenshöhe und Familienstand zu Steuereinsparungen zwischen ca. 500 DM und 2.500 DM jährlich führt.

Die Arbeiter und Angestellten des öffentlichen Dienstes unterliegen der Sozialversicherungspflicht und sind insoweit den Arbeitnehmern der Privatwirtschaft gleichgestellt. Zusätzlich leisten Bund, Länder und Gemeinden noch Beiträge an die Versorgungsanstalt des Bundes und der Länder (VBL) und ähnliche Einrichtungen mit dem Zweck, ähnlich wie bei den Beamtenpensionen die Bezüge aus der gesetzlichen Rentenversicherung in der Regel auf 75 % des letzten Bruttojahresgehalts aufzustocken. Die Beiträge werden allein vom Arbeitgeber aufgebracht und auch von ihm pauschal versteuert.

Die Beiträge, die der Arbeitgeber im Rahmen der *betrieblichen Altersvorsorge* leistet, werden je nach Ausgestaltung der betrieblichen Altersvorsorge unterschiedlich steuerlich behandelt. Grundsätzlich unterscheidet man zwei Arten betrieblicher Altersvorsorge: (1) Beiträge des Arbeitgebers an Unterstützungskassen oder Pensionszusagen, für die der Arbeitgeber eine Pensionsrückstellung bildet und (2) Beiträge an Direktversicherungen (das sind private Lebensversicherungen). Die Pensionsrückstellungen werden einkommensteuerlich (bzw. körperschaftsteuerlich) begünstigt, während die Beiträge zu Direktversicherungen – wie die Beiträge zur VBL für die Arbeiter und Angestellten des öffentlichen Dienstes – der Pauschalbesteuerung mit einem Steuersatz von 10 % unterliegen, wobei die Steuerzahlung vom Arbeitgeber übernommen wird.

Beitragszahlungen an private Lebensversicherungen werden bei Selbständigen und anderen nicht in der gesetzlichen Rentenversicherung pflichtversicherten Personen steuerlich wie Beiträge zur

Sozialversicherung behandelt, also als Vorsorgeaufwendungen im Rahmen der Höchstbeträge. Beiträge der Arbeitnehmer zu privaten Lebensversicherungen unterliegen häufig der Einkommensbesteuerung, da ihre Pflichtbeiträge zur Sozialversicherung im allgemeinen die Höchstbeträge bei den Vorsorgeaufwendungen übersteigen.

Soweit zur einkommensteuerlichen Behandlung der Beiträge, nun zu den Regelungen hinsichtlich der Renten- und Pensionszahlungen. Zunächst soll kurz die Besteuerung der Arbeitnehmer (Einkünfte aus nichtselbständiger Arbeit) dargestellt werden, um eine Vergleichsgrundlage zu schaffen. Der Tabelle 6 können die einzelnen, dem Arbeitnehmer im Jahre 1979 zustehenden Frei- und Pauschbeträge entnommen werden. Als Summe aller Frei- und Pauschbeträge ergibt sich im Falle eines Ledigen der Lohnsteuerklasse I 7.088 DM, im Falle eines Ehepaares der Lohnsteuerklasse III/0 (nur ein Ehepartner bezieht Einkünfte aus nichtselbständiger Arbeit) 12.502 DM jährlich. Somit ist im ersten Beispiel ein Jahreslohn von 7.088 DM und im zweiten Beispiel eine Jahreslohn von 12.502 DM steuerfrei. Demgegenüber ergibt sich bei der Rentenbesteuerung eine Summe der Frei- und Pauschbeträge im Falle eines Alleinstehenden von 6.500 DM bzw. im Falle eines Rentnerehepaars von 11.120 DM. Prinzipiell sind also auch die Sozialrenten, die steuerlich zu den sogenannten **Leibrenten** zählen, einkommensteuerpflichtig, und zwar im Rahmen der „sonstigen Einkünfte". Die Renten unterliegen der Einkommensbesteuerung jedoch nur in Höhe des sogenannten **Ertragsanteils.** In der steuerlichen Definition gilt als Ertragsanteil die Differenz zwischen dem Jahresertrag der Rente und dem Betrag, der sich bei gleichmäßiger Verteilung des Kapitalwertes der Rente auf ihre voraussichtliche Laufzeit ergibt, wobei als voraussichtliche Laufzeit die mittlere Lebenserwartung des Rentenberechtigten zu Beginn des Rentenbezugs zugrunde gelegt wird. Einfach ausgedrückt soll mit dem Ertragsanteil die Verzinsungskomponente der Rente erfaßt werden; es wird dabei also von der Vorstellung ausgegangen, die Rente sei durch Ansammlung von Kapital gebildet worden und dieses Kapital werde – wie bei der privaten Lebensversicherung oder auch anderen Vermögenswerten – bis zum Eintritt des Rentenfalls verzinst. Da auch die Zinsen aus anderen Vermögensarten der Einkommensbesteuerung unterliegen, soll also auch die Zinskomponente der Rente besteuert werden[1]). Der Ertragsanteil beträgt zum Beispiel bei Beginn der

[1]) Da bei der Sozialrente gar nicht das Kapitaldeckungsverfahren angewendet wird und die Eigenbeiträge mit der Höhe der Rente (aufgrund

Rente mit vollendetem 65. Lebensjahr 20 % und bei Beginn der Rente mit vollendetem 60. Lebensjahr 25 %. Mit anderen Worten werden also nur 20 % (bzw. 25 %) der Rente als Einkünfte aus sonstigen Bezügen in die Bemessungsgrundlage der Einkommensteuer einbezogen. Da außerdem noch Frei- und Pauschbeträge in Höhe von 6.500 DM bzw. 11.120 DM gewährt werden, ergibt sich eine steuerfreie Jahresrente, die fünf- bzw. viermal so hoch ist wie die oben genannten Summen der Frei- und Pauschbeträge, also in Höhe von 32.500 DM (bzw. 26.000 DM) und 55.600 DM (bzw. 44.480 DM). Erhält zum Beispiel ein 65 Jahre alter Rentner eine Leibrente in Höhe von 32.500 DM, so ergibt sich also bei einem Ertragsanteil von 20 % ein Betrag von 6.500 DM, von dem die in Tabelle 6 aufgeführten Frei- und Pauschbeträge abgezogen werden dürfen, so daß letztlich ein zu versteuerndes Einkommen von 0 DM resultiert.

Die Pensionen werden einkommensteuerrechtlich nicht als „Leibrenten“, sondern als „**Versorgungsbezüge**“ behandelt. Man geht also von der Fiktion aus, daß bei Beamten ein anteiliger Betrag ihrer Besoldung als „Rückstellungen“ zur späteren Pensionszahlung einbehalten wird. Die Pensionen werden dann als „zurückgehaltener Teil der Besoldung“ ähnlich den Einkünften aus nichtselbständiger Arbeit behandelt. Der Tabelle 6 sind ebenfalls die Frei- und Pauschbeträge bei der Pensionsbesteuerung zu entnehmen. Zunächst einmal werden dem Pensionär alle Frei- und Pauschbeträge gewährt, die auch dem Arbeitnehmer zustehen; paradoxerweise auch die Vorsorgepauschale, obwohl der Pensionär bereits Versorgungsbezüge bezieht, so daß sich eine weitere Vorsorge eigentlich erübrigen sollte. Zu diesen Frei- und Pauschbeträgen kommen noch der Altersfreibetrag und der Haushaltsfreibetrag hinzu, die auch dem Sozialrentner zustehen. Darüber hinaus dürfen Pensionäre noch den sogenannten Versorgungs-Freibetrag geltend machen, der sich auf 40 % der Versorgungsbezüge, maximal 4.800 DM im Jahr beläuft. Einschließlich des tariflichen Grundfreibetrags ergibt sich dann eine maximal steuerfreie Jahrespension bei einem Alleinstehenden der Lohnsteuerklasse I in Höhe von 13.790 DM und bei einem Pensionärsehepaar in Höhe von 19.059 DM.

Die Zusatzrente (VBL) der öffentlich Bediensteten unterliegt – wie die Sozialrente – der Ertragsanteilsbesteuerung. Die Betriebsrenten werden je nach Art unterschiedlich steuerlich erfaßt.

---

von beitragsfreien Leistungen, der Dynamisierung usw.) nicht völlig korrespondieren, ist die Konstruktion des Ertragsanteils ausgesprochen fragwürdig.

Tab. 6: Frei- und Pauschbeträge im Rahmen der deutschen Einkommensteuer (1979)

I. Arbeitnehmerbesteuerung	Ledige(r) LStKl I	Ehepaar LStKl III/0
Grundfreibetrag	3.690	7.380
Arbeitnehmer-Freibetrag	480	480
Weihnachtsfreibetrag	400	400
Werbungskosten-Pauschbetrag	564	564
Sonderausgaben-Pauschbetrag	240	240
Vorsorgepauschale	1.204	2.178
Tariffreibetrag	510	1.020
Höchster steuerfreier Jahresbruttolohn	7.088	12.502
Höchster steuerfreier Monatsbruttolohn	591	1.042
II. Rentenbesteuerung		
Grundfreibetrag	3.690	7.380
Werbungskosten-Pauschbetrag	200	200
Sonderausgabenpauschale	240	480
Vorsorge-Pauschbetrag	300	600
Altersfreibetrag	720	1.440
Haushaltsfreibetrag	840	–
Tariffreibetrag	510	1.020
Summe der Frei-/Pauschbeträge	6.500	11.120
Höchste steuerfreie Jahresrente (Ertragsanteil 20 %)	32.500	55.600
Höchste steuerfreie Monatsrente	2.708	4.633
III. Pensionsbesteuerung		
Summe der Frei-/Pauschbeträge (siehe Arbeitnehmerbesteuerung)	7.430	12.819
+ max. Versorgungs-Freibetrag	4.800	4.800
+ Altersfreibetrag	720	1.440
+ Haushaltsfreibetrag	840	–
Höchste steuerfreie Jahrespension	13.790	19.059
Höchste steuerfreie Monatspension	1.149	1.588

Quelle: Petersen [1979].

(1) Altersbezüge, die aus Direktversicherungen gezahlt werden, stellen steuerlich „Leibrenten" dar und unterliegen ebenfalls der Ertragsanteilsbesteuerung; (2) Altersbezüge aus betrieblichen Unterstützungskassen oder aufgrund von Pensionszusagen im Rahmen der betrieblichen Altersversorgung stellen – ähnlich wie die

Beamtenpensionen – Arbeitslohn dar, wenn sie dem Arbeitnehmer oder einem Hinterbliebenen als Einnahmen aus einem früheren Dienstverhältnis zufließen. Diese Art der Betriebsrenten werden also der Lohnsteuer unterworfen; bei ihnen darf auch der Versorgungs-Freibetrag in Anspruch genommen werden, wenn der Begünstige älter als 62 Jahre ist. Betriebsrenten aus Unterstützungskassen und ähnlichen sind also steuerlich der Beamtenpension gleichgestellt. Die Leistungen aus den privaten Lebensversicherungen – soweit es sich um die überwiegend vorkommende Kapitalzahlung bei Eintritt des Versicherungsfalls handelt – unterliegen im Prinzip nicht der Einkommensbesteuerung, nicht einmal in Höhe des Ertragsanteils.

Soweit zur grundsätzlichen steuerlichen Behandlung von Arbeitnehmer- und Alterseinkommen. Wie sieht es nun mit der *steuerlichen Belastung* aus? In Tabelle 7 sind zur Ermittlung der Abgabenbelastung (für 1979) verschiedene Bruttoeinkommenshöhen von 10.000 DM bis 100.000 DM jährlich aufgeführt. Bezieht ein Arbeitnehmer der Lohnsteuerklasse I (nicht Beamter) ein Jahresbruttoeinkommen von 10.000 DM, muß er davon 508 DM an Lohnsteuer und 1.700 DM an Sozialabgaben abführen; es verbleibt also ein Jahresnettoeinkommen von 7.792 DM. Bezieht ein Pensionär eine gleich hohe Pension, muß er davon lediglich seinen Jahresbeitrag zur privaten Krankenversicherung bezahlen (eine Lohnsteuer entsteht nicht), so daß ihm netto 8.719DM verbleiben. Demgegenüber muß der Rentner weder Krankenversicherungsbeitrag noch Einkommensteuer abführen, so daß er netto die vollen 10.000 DM erhält. Aus der Tabelle 7 wird also deutlich, daß der Arbeitnehmer bei allen Bruttoeinkommenshöhen der höchsten Abgabenbelastung unterliegt, gefolgt vom Pensionär, während beim Rentner erst bei sehr hohen Bruttobezügen überhaupt eine Steuerbelastung eintritt. Spitzenrenten, die natürlich nur zustandekommen können, wenn sich Leistungen aus verschiedenen Quellen („Drei-Säulen-Konzept") kumulieren oder wenn bei Ehepaaren beide Partner Ansprüche auf hohe Rentenleistungen erworben haben, werden kaum besteuert, während bei Arbeitnehmern und Pensionären bei 100.000 DM Bruttoeinkommen durchschnittliche Belastungssätze von 46,9 % bzw. 37,3 % erreicht werden. Diese stark divergierenden Belastungssätze bei gleichen Bruttoeinkommen lassen sich kaum mit dem oben zitierten Grundsatz der Gleichmäßigkeit der Besteuerung vereinbaren.

Und wie sieht es mit der Besteuerung des Lebenseinkommens aus? Bei der überwiegenden Zahl der Rentner sind weder die Beitragszahlungen zur gesetzlichen Rentenversicherung (zumindest

Tab. 7: Abgabenlast bei verschiedenen Einkommenshöhen 1979 (DM)

Bruttoeinkommen	Arbeitnehmer[1])			Pensionär[1])			Rentner	
	LSt	Soz.Ab.	Nettoeinkommen	LSt	KV[2])	Nettoeinkommen	ESt	Nettoeinkommen
10.000	508	1.700	7.792	–	1.281	8.719	–	10.000
20.000	2.474	3.400	14.126	1.181	1.281	17.538	–	20.000
30.000	5.202	5.100	19.698	3.253	1.281	25.466	–	30.000
40.000	9.158	6.540	24.302	6.547	1.281	32.172	329	39.671
50.000	13.699	7.380	28.921	10.761	1.281	37.958	765	49.235
60.000	18.512	7.380	34.108	15.413	1.281	43.306	1.207	58.793
70.000	23.552	7.380	39.068	20.332	1.281	48.387	1.649	68.351
80.000	28.755	7.380	43.865	25.435	1.281	53.284	2.085	77.915
90.000	34.059	7.380	48.561	30.659	1.281	58.060	2.527	87.473
100.000	39.497	7.380	53.123	36.035	1.281	62.684	2.982	97.018

[1]) Lohnsteuerklasse I
[2]) Jahresbeitrag zur Privatversicherung

Quelle: Petersen [1979].

zum größten Teil) aufgrund des früheren Sonderausgabenabzugs und der seit 1975 eingeführten Vorsorgepauschale noch die laufenden Rentenzahlungen aufgrund der Ertragsanteilsregelung steuerbelastet gewesen, so daß bei ihnen wesentliche Teile des Lebenseinkommens nicht besteuert werden. Bei den Zusatzrenten an die Arbeiter und Angestellten des öffentlichen Dienstes werden die Beiträge des öffentlichen Arbeitgebers nur pauschal besteuert, die Zusatzrenten selbst – wie auch die Sozialrente – bleibt aufgrund der Ertragsanteilregelung ebenfalls steuerfrei. Bei den Beamten müßte man nun feststellen, ob sie tatsächlich während ihrer aktiven Lebensphase auf Einkommensteile verzichten, die ihnen dann später als Pensionszahlungen zugute kommen. Beamte müßten demzufolge während ihrer aktiven Lebensphase ein geringeres Bruttoeinkommen beziehen als beispielsweise Angestellte des öffentlichen Dienstes oder der privaten Wirtschaft. Im Vergleich mit Angestellten der privaten Wirtschaft wurde bereits im Jahre 1976 in einem Gutachten der „Treuarbeit" [1976] festgestellt, „daß sich Anzeichen für einen allgemeinen Rückstand der Beamtengehälter gegenüber den Bezügen der Wirtschaft nicht erkennen lassen". Eigene Berechnungen, in denen Beamtenbesoldung und Angestelltenvergütung im öffentlichen Dienst in vergleichbaren Positionen gegenübergestellt wurden, kommen auch zu dem Ergebnis, daß sich die Bruttobezüge von Beamten und Angestellten nur unwesentlich unterscheiden, aber die Nettobezüge der Beamten – da sie keine eigenen Beiträge zur Altersversorgung zahlen und ihnen außerdem noch der Steuervorteil aus der Vorsorgepauschale zusteht – wesentlich höher sind als die Nettobezüge der vergleichbaren Angestellten des öffentlichen Dienstes.

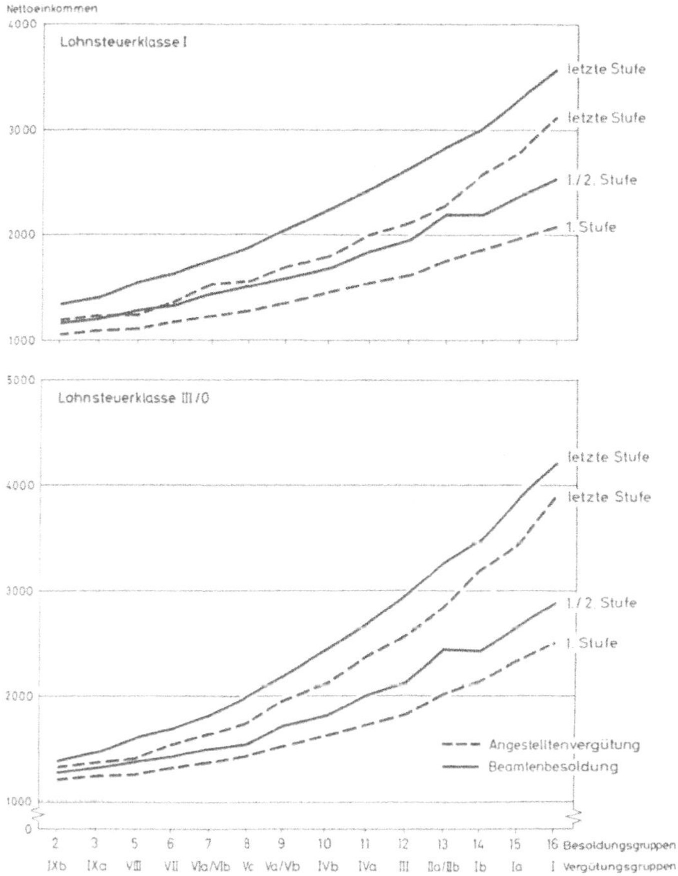

Abb. 1: Entwicklung der Nettoeinkommen von Angestellten und Beamten über die Besoldungs- bzw. Vergütungsgruppen

Die Abbildung 1 verdeutlicht die Entwicklung der Nettoeinkommen von Angestellten und Beamten über die Besoldungs- bzw. Vergütungsgruppen im Jahre 1979 (jeweils 1. bzw. 2. Altersstufe und letzte Altersstufe). Angesichts dieser Ergebnisse kann also keine Rede davon sein, daß die Beamten gewissermaßen durch Gehaltsverzicht während ihrer aktiven Lebensphase für das Alter „sparen", ganz abgesehen davon, daß derartiges aus gesamtwirtschaftlicher Sicht unmöglich ist. Auch bei den Beamten werden also beachtliche Teile des Lebenseinkommens nicht besteuert, wobei bei ihnen der Steuervorteil allerdings in der aktiven Lebensphase liegt, während ihre Pensionen – abgesehen vom Versorgungs-Freibetrag – der Einkommensbesteuerung unterliegen. Auch bei den Betriebsrenten werden häufig weder die Beiträge noch die späteren Leistungen besteuert und entsprechendes gilt auch für die privaten Kapitalversicherungen.

Die unterschiedliche steuerliche Behandlung der verschiedenen Einkunftsarten hat nun zur Folge, daß bei einer bruttolohnbezogenen Anpassungsautomatik bei Renten und Pensionen zwar die Bruttoeinkommen (Arbeitnehmereinkommen, Renten und Pensionen) – bei den Sozialrenten mit einer zeitlichen Verzögerung, bei Pensionen und Zusatzrenten der VBL ohne zeitliche Verzögerung – sich relativ gleichmäßig entwickeln, daß aber die Nettoeinkommen (nach Einkommensteuer und gegebenenfalls Sozialabgaben) sich höchst unterschiedlich entwickeln. Da in den letzten Jahren die Steuerbelastung der Arbeitnehmer mit Lohnsteuer – trotz häufiger Steuerentlastungsmaßnahmen – gestiegen ist, wuchsen die Nettorenten schneller als die Nettoeinkommen der Arbeitnehmer (und der Pensionäre). Die Folge war und wird auch weiterhin sein, daß das Netto-Rentenniveau eine steigende Tendenz aufweist, wobei der allgemeine Trend allerdings durch Steuerentlastungen zugunsten der Arbeitnehmer verlangsamt wird.

Besonders hohe Versorgungsniveaus können erreicht werden, wenn eine **Rentenkumulation** erfolgt, das heißt, daß der Rentner neben seiner Sozialrente noch eine (oder mehrere) Rente(n) aus einer (mehreren) anderen Quellen erhält; das Nettoversorgungsniveau ist besonders hoch, wenn die zweite Rente der Ertragsanteilsbesteuerung unterliegt. Das ist sowohl bei Betriebsrenten aus Direktversicherungen als auch bei den Zusatzrenten des öffentlichen Dienstes der Fall (aus der VBL). Zusammen mit ihrer Rente aus der gesetzlichen Rentenversicherung ermöglicht die Zusatzversorgung den nichtbeamteten Arbeitnehmern des öffentlichen Dienstes in der Regel eine maximale Gesamtrente von 75 % des letzten Bruttojahresentgelts. Insbesondere in jüngerer Zeit führt diese Regelung dazu, daß – bezogen auf das letzte Nettoeinkommen – zunehmend Versorgungsniveaus von sogar deutlich über 100 % („Überversorgung") erreicht werden, da vorher die Abgabenlast aus Lohnsteuer und Sozialbeiträgen zum Teil erheblich höher als 25 % lag.

Die Tabelle 8 zeigt hier eigene Berechnungsergebnisse für das Jahr 1979. Besonders hoch sind die Nettoversorgungsniveaus der Ledigen, da sie in ihrer aktiven Lebensphase voll der Einkommensteuerprogression unterlagen. Hier steigt das Versorgungsniveau von 105,2 % in der niedrigsten Vergütungsgruppe BAT X bis auf 127,4 % in der Vergütungsgruppe BAT IIa. Selbstverständlich erzielt nicht jeder Arbeiter und Angestellte des öffentlichen Dienstes ein solches Versorgungsniveau, da zum Beispiel nicht immer alle Anspruchsvoraussetzungen erfüllt sind. Bedenklich ist aber immerhin die Tendenz, daß zukünftig immer mehr Arbeitnehmer dieses 100 %-Nettoversorgungsniveau erreichen und überschreiten werden und insbesondere, daß die Höhe des Nettoversorgungsniveaus mit steigendem Einkommen zunimmt. Während die Einkünfte der öffentlich Bediensteten in der aktiven Lebensphase progressiv mit Lohnsteuer belastet wurden, werden die Einkünfte während des Ruhestandes progressiv entlastet. Hiervon profitieren insbesondere die Bezieher hoher Renten.

Tab. 8: Versorgungsniveaus für BAT-Angestellte 1979

	Lohnsteuerklasse I				
Verg.-Gruppe	Brutto-Vergütung	Netto-Vergütung	Brutto-Rente	Netto-Rente	Netto-Rente/Netto-Vergütung
I	70.167,87	39.143,87	49.300,72	48.561,72	1,2406
Ia	61.596,58	34.902,58	44.157,95	43.649,95	1,2506
Ib	57.018,24	32.599,24	41.410,94	41.021,94	1,2584
IIa	51.700,22	29.811,22	38.220,13	37.970,13	1,2737
IIb	47.080,13	27.774,85	35.310,10	35.192,10	1,2670
III	46.826,76	27.670,68	35.120,07	35.008,07	1,2652
IVa	43.339,51	26.116,99	32.504,63	32.504,63	1,2446
IVb	37.942,95	23.642,35	28.457,21	28.457,21	1,2037
Va	34.845,18	22.305,38	26.133,89	26.133,89	1,1716
Vb	33.814,15	21.836,55	25.360,61	25.360,61	1,1614
Vc	30.930,36	20.502,80	23.197,77	23.197,77	1,1314
VIa	30.404,38	20.244,58	22.803,29	22.803,29	1,1264
VIb	28.670,44	19.387,08	21.502,83	21.502,83	1,1091
VII	25.906,55	17.882,95	19.429,91	19.429,91	1,0866
VIII	23.620,98	16.609,58	17.715,74	17.715,74	1,0666
IXa	22.883,75	16.158,59	17.162,81	17.162,81	1,0621
IXb	22.083,21	15.669,61	16.562,41	16.562,41	1,0570
X	21.213,90	15.130,10	15.910,43	15.910,43	1,0516

Quelle: Petersen [1979].

Der Tatbestand, daß die Nettoversorgungsniveaus der Arbeiter und Angestellten des öffentlichen Dienstes sehr hoch sind, hat die Beamten auf den Plan gerufen, deren Nettoversorgungsniveaus aufgrund der Besteuerung der Pensionen nur zwischen 80 % und 90 % liegen. Der Bund der Ruhestandsbeamten und Hinterbliebenen (BRH) im Deutschen Beamtenbund hat wiederholt auf die – seiner Meinung nach – Verfassungswidrigkeit dieses Tatbestandes hingewiesen und auch entsprechende Rechtsgutachten erstellen lassen. Dabei liebäugelte man wohl heimlich damit, daß auch für die Beamten die Ertragsanteilsbesteuerung eingeführt würde. Mehrere pensionierte Beamte hatten beim Bundesverfassungsgericht Verfassungsbeschwerde eingereicht, weil ihre Versorgungsbezüge höher besteuert werden als die Renten. Nach der Auffassung der Beschwerdeführer verletzt die unterschiedliche Behandlung den Gleichheitssatz (Art. 3 Abs. 1 GG) sowie das Sozialstaatsprinzip (Art. 2 Abs. 1 in Verbindung mit Art. 20 Abs. 1 GG). Das Bundesverfassungsgericht hat mit seinem Beschluß vom 26.3.1980 die Verfassungsbeschwerde als unbegründet zurückgewiesen. In der Begründung heißt es unter anderem: „Für eine unterschiedliche Besteuerung von Pensionen und Renten sprechen sachlich vertretbare Gründe“, insbesondere weil die Versicherten der gesetzlichen Rentenversicherung Beiträge für ihre Altersversorgung entrichten, während das bei den Beamten nicht der Fall ist. Das Bundesverfassungsgericht stellt auch fest, daß keineswegs davon ausgegangen werden kann, daß die Angestellten des öffentlichen Dienstes eine um die Beiträge zur gesetzlichen Rentenversicherung erhöhte Vergütung erhalten und daß die Beamten außerdem Steuervorteile aus der Vorsorgepauschale während ihrer aktiven Dienstzeit beziehen. An anderer Stelle heißt es aber, daß die steuerliche Begünstigung der Rentner gegenüber den pensionierten Beamten inzwischen ein solches Ausmaß erreicht hat, das eine Korrektur notwendig macht. Die Beseitigung der Unstimmigkeiten sei durch eine einfache Anpassung nicht möglich. „Der Gesetzgeber muß einerseits darauf achten, die entstandenen Ungleichheiten abzubauen, andererseits aber vermeiden, neue Benachteiligungen für andere zu schaffen.“ Damit hat das Bundesverfassungsgericht dem Gesetzgeber erneut einen Reformauftrag erteilt, wobei allerdings keine feste Fristsetzung erfolgte.

Nun ist die Rentenkumulation im Bereich des öffentlichen Dienstes nicht das einzige Beispiel dafür, daß die Ertragsanteilsregelung zu extrem hohen Nettoversorgungsniveaus führt. Entsprechendes gilt auch für die Kumulation von Sozial- und Betriebsrenten. Die Transfer-Enquête-Kommission stellte hierzu fest, daß gerade in den oberen Einkommensklassen Personen vertreten sind, die außertarifliche Versorgungsleistungen in beträchtlícher Höhe beziehen. „Insgesamt gibt es eine Reihe von Indizien dafür, daß eine gewisse Zahl von Rentenbeziehern mit Anspruch auf betriebliche Versorgungsleistungen, soweit sie ein 'normales' Arbeitsleben hinter sich gebracht haben, ein Renteneinkommen beziehen, das nur wenig hinter ihrem früheren Nettoeinkommen zurückbleibt – mitunter auch darüber hinausgeht. Diese Zahl mag derzeit noch nicht sehr groß sein, aber sie wächst ständig, weil sich der Kreis der anspruchsberechtigten Personen ausweitet und einzelne Personen im Laufe der Zeit höhere Ansprüche erwerben." Weitere Fälle von Rentenkumulation liegen bei dem Zusammentreffen von einer eigenen Rente sowie einer Hinterbliebenenrente bei verwitweten Frauen vor. Auch beim Zusammentreffen zweier eigener Renten (häufig bei Männern Sozialrente mit einer Unfallrente, Kriegsopferrente oder Kriegsschadenrente) und bei dem Zusammentreffen einer Pension und einer Rente (zum Beispiel wenn der Beamte vor der Übernahme ins Beamtenverhältnis eine versicherungspflichtige Tätigkeit ausgeübt hat) gibt es eine Rentenkumulation. Daneben sind natürlich auch Kumulationen von Sozialrenten und Pensionen mit Leistungen aus der dritten Säule des „Drei-Säulen-Konzeptes" – den privaten Lebensversicherungen – möglich.

Die Renteneinkommen und die Rentenkumulationen werden einkommensteuerlich entweder überhaupt nicht oder nur völlig unzureichend erfaßt, so daß die Verteilung der Abgabenbelastung sich auch in Zukunft zu Ungunsten der Erwerbstätigen verändern wird. Daher resultieren auch die Vorschläge, entweder die Bruttolohnbezogenheit bei den Sozialrenten abzuschaffen, oder aber eine Besteuerung der Renten vorzunehmen, worüber später noch diskutiert werden muß.

Literaturempfehlungen zum III. Kapitel

1) Zur Ausgestaltung unseres sozialen Sicherungssystems: Bundesministerium für Arbeit und Sozialordnung [1977]; zu beziehen über das Referat Presse- und Öffentlichkeitsarbeit, Postfach, 5300 Bonn.
2) Zu den Organisationsprinzipien: *Lampert* [1980]; *Albers* [1976 und 1977].
3) Zur wirtschaftlichen Situation der Rentnerhaushalte: Transfer-Enquête-Kommission [1979]; zu beziehen über das Referat Presse- und Öffentlichkeitsarbeit, Bundesministerium für Arbeit und Sozialordnung, Postfach, 5300 Bonn.
4) Zur Berechnung der individuellen Rente: *Rauschenbach* [1980]; zu beziehen über das Dezernat für Presse- und Öffentlichkeitsarbeit der Bundesversicherungsanstalt für Angestellte, Postfach, 1000 Berlin 88.
5) Zur steuerlichen Behandlung der Alterseinkünfte: *Petersen* [1979].

IV. Gesamtwirtschaftliche Auswirkungen der Alterssicherung

Als wichtigste Säule der Alterssicherung haben wir im vorigen Kapitel die gesetzliche Rentenversicherung näher beschrieben. Wir haben bereits mehrfach darauf hingewiesen, daß sich die gesetzliche Rentenversicherung seit längerem in erheblichen finanziellen Schwierigkeiten befindet. Sie hat außerdem über den Bundeszuschuß und die „Rentengarantie" des Bundes auch erhebliche Einflüsse auf die Lage der öffentlichen Haushalte. Besonderes Interesse gilt daher der Einnahmenstruktur der gesetzlichen Rentenversicherung. Da die Finanzierung nach dem Umlageverfahren erfolgt, müssen wir auch die Wirkungen auf die Einkommensverteilung betrachten. Im Bereich der wissenschaftlichen Auseinandersetzungen um Alterssicherungssyssteme spielen nun nicht nur die Wirkungen auf die Verteilung der Einkommen, sondern auch die Wirkungen auf die Entstehung und Verwendung der Einkommen eine Rolle: Welche Einflüsse gehen beispielsweise von einem Alterssicherungssystem auf das Sparverhalten der Bürger aus? Welche Einflüsse hat ein Alterssicherungssystem auf die Beschäftigung, insbesondere auf das Angebot an Arbeitskräften auf dem Arbeitsmarkt, welche auf Konjunktur und Wachstum? Hat ein Alterssicherungssystem auch Einflüsse auf die Bevölkerungsentwicklung? Diese Fragen werden im folgenden diskutiert.

1. Die finanzielle Entwicklung bis zur Gegenwart

Bis zum heutigen Tage folgt die Sozialpolitik in der Bundesrepublik immer noch dem „klassischen" Konzept der Sozialpolitik, nämlich, daß eine sozial schwache „Arbeiterklasse" gestützt werden müsse gegenüber den übermächtigen Interessen der Arbeitgeber. Dieses „klassische" Konzept ignoriert allerdings, daß sich seit den Anfängen einer sozialstaatlichen Entwicklung in den 80er Jahren des vorigen Jahrhunderts, also seit nun mehr fast 100 Jahren ein enormes reales wirtschaftliches Wachstum – natürlich unterbrochen durch Kriege und Krisen – vollzogen hat, verbunden mit einer gewaltigen Erhöhung des Wohlstandes für alle Bürger. Schon frühzeitig dehnte man die sozialen Sicherungseinrichtungen auf Arbeitnehmer aus, die nicht der führeren „Arbeiterklasse" angehörten und aufgrund ihrer Lage eigentlich weniger schutzbedürftig waren. Diese Politik der Ausdehnung der Anspruchsberechtigten hat teilweise groteske Ausmaße erreicht, beispielsweise in der Wohnungspolitik, so daß heute rund zweidrittel aller Haushalte in der Bundesrepublik Anspruch auf eine Sozialwohnung haben. Im Bereich der gesetzlichen Rentenversicherung hatte die Ausdehnung der Pflichtversicherung auf immer breitere Bevölkerungsschichten den „angenehmen“ Effekt, daß die Beitragseinnahmen stiegen. So konnten immer wieder Finanzierungsprobleme überspielt oder aber Leistungsverbesserungen finanziert werden. Letzlich zog man hier allerdings nur einen ungedeckten Wechsel auf die Zukunft, denn mit steigenden Pflichtversichertenzahlen stiegen gleichzeitig die zukünftigen Ansprüche und Finanzierungsprobleme. Die bestehenden Leistungen wurden nie in Frage gestellt, nicht einmal dahingehend überprüft, ob mit ihnen überhaupt erreicht worden war, was ursprünglich angestrebt wurde. Die Gesetze schufen Besitzstände und wurden damit zum Tabu-Thema, an das sich auch heute noch nur wenige Wissenschaftler, geschweige denn Politiker heranwagen, häufig aus der Angst heraus, des Schlimmsten bezichtigt zu werden, was es derzeit in unserem Sozialstaat zu geben scheint: der „**sozialen Demontage**“. So konnte man nur fortfahren, den bestehenden Gesetzen neue hinzuzufügen, so daß sich neue Leistungen häufig mit überkommenen Leistungen kumulierten, oder aber man führte komplizierte Regelungen ein, um solche Kumulationen zumindest teilweise auszuschalten. Wie auf dem Gebiet des Steuerrechts wurde auch das Sozialrecht zu einem derart komplexen Gebilde, das für den einzelnen Bürger nicht mehr durchschaubar ist. Das hat zwar ganzen Berufsständen Arbeit verschafft (Steuerberater, Rentenberater, demnächst vielleich noch Subventionsberater usw.), allerdings bei der Mehrzahl der Bürger auch das Unbehagen erweckt, den staatlichen Institutionen ausgeliefert zu sein, ohne selbst mit ihnen umgehen zu können. So stellte Makkenroth bereits 1952 fest: „Alle Fachleute in Wissenschaft, Politik und Sozialverwaltung sind sich darüber einig, daß auf dem Gebiet der Sozialleistungen in Deutschland heute ein heilloser Wirrwarr herrscht.” Wir meinen, daß seitdem die Einigkeit zwischen den Fachleuten leider etwas gelitten, sich das Wirrwarr allerdings dynamisch fortentwickelt hat.

Übertragen auf die finanzielle Entwicklung heißt es, daß die Sozialpolitik – wie wir sie lange betrieben haben und größtenteils auch heute noch betreiben – in eine „Einbahnstraße immer bergauf“ geführt hat. Betrachten wir die Quote der realen Transferzahlungen (das sind im wesentlichen die um die Inflation bereinigten Sozialleistungen an die privaten Haushalte sowie die Subventionen an die Unternehmungen) zum realen Bruttosozialprodukt, so können wir feststellen, daß sich diese Quote in der Bundesrepublik seit 1950 nahezu verdoppelt hat, während die Quote der realen Ausgaben des Staates für Güter und Dienste lange Zeit relativ konstant war und seit einigen Jahren sogar rückläufig ist. Der wachsende Transferhaushalt hat also allein das Wachstum des Staatssektors in der Bundesrepublik Deutschland verursacht.

Zählt man die Sozialversicherung zum Staatsbereich, faßt also die Ausgaben der öffentlichen Gebietskörperschaften (Bund, Länder und Gemeinen) und der Sozialversicherung zusammen, ergibt sich das folgende Bild. Seit Beginn der 60er Jahre ist der Anteil der Ausgaben aller Gebietskörperschaften (in denen natürlich auch noch wesentliche Sozialausgabenpositionen enthalten sind) an den öffentlichen Gesamtausgaben leicht rückläufig, während der Anteil der Ausgaben der Sozialversicherung an den Gesamtausgaben des Staatssektors leicht zunimmt.

Soweit zum langfristigen Trend, um den herum es je nach Konjunkturverlauf größere Abweichungen gibt. Die Bundesrepublik läßt in ihrem zweijährig erscheinenden Sozialbericht eine Sozialleistungsquote berechnen (als Verhältnis der Gesamtausgaben des sogenannten Sozialbudgets zum Bruttosozialprodukt), in der allerdings nicht alle Leistungen unseres sozialen Sicherungssystems zum Ausdruck kommen, zum Teil auch deswegen, weil nur höchst unvollkommene Informationen verfügbar sind. Nach den Berechnungen der Bundesregierung ist diese Sozialleistungsquote im Zeitraum von 1974 bis 1979 nur leicht gestiegen (siehe Abbildung 2). Von 1974 bis 1977 nahm das Bruttosozialprodukt im Durchschnitt leicht zu, während die Rentenleistungen noch den hohen Zuwachsraten der Löhne aus der Zeit vor 1975 (siehe Tabelle 3) folgten, und auch die Ausgaben der Arbeitslosenversicherung nahmen aufgrund der relativ hohen Arbeitslosigkeit stark zu; beides verursachte ein Steigen der Sozialleistungsquote. Ab 1978 kam es dann zu einem konjunkturellen Aufschwung, der in Verbindung mit langsam sinkenden Arbeitslosenzahlen und den Kostendämpfungsgesetzen in den Bereichen der Rentenversicherung und der gesetzlichen Krankenversicherung zu einem Absinken der Sozialleistungsquote beitrug. Ob sich die in der Abbildung 2 zum Ausdruck kommende optimistische Prognose der Entwicklung der Sozialleistungsquote bis 1984 tatsächlich erfüllt, wird die Zukunft erweisen, aber hieran sind Zweifel durchaus erlaubt.

Die Abbildung 3 zeigt das Sozialbudget 1980 nach Institutionen. Hier wird deutlich, daß die gesetzliche Rentenversicherung die größte Ausgabenposition im Bereich des Sozialbudgets dar-

Abb. 2: Sozialleistungen 1974 bis 1984. Anteil am Bruttosozialprodukt in % (Sozialleistungsquote)

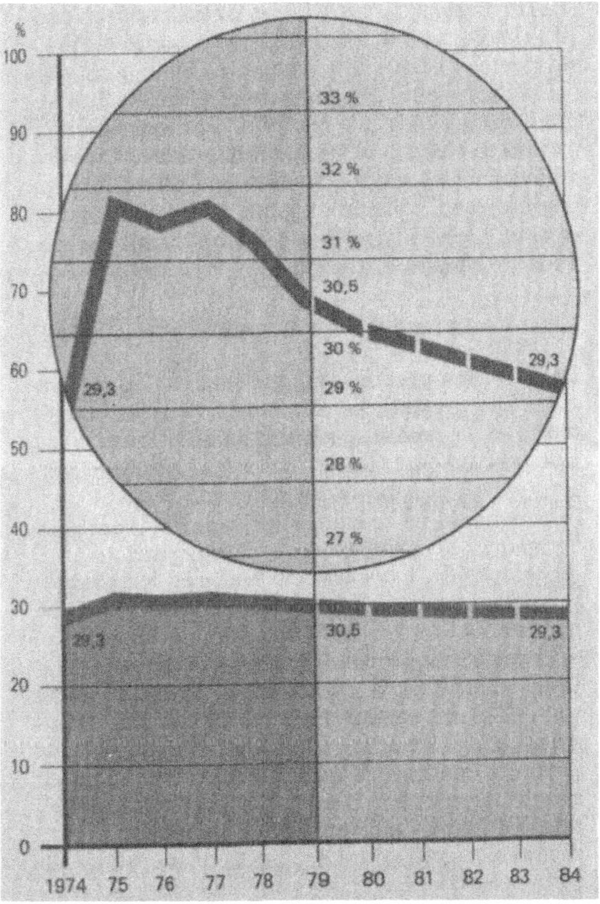

Quelle: Sozialbericht 1980

stellt. Die Abbildung 4 vermittelt einen Eindruck von dem Ausgabenumfang, der im Zeitraum von 1974 bis 1979 bewegt wurde bzw. von 1980 bis 1984 bewegt und bewältigt werden soll. Im Jahre 1979 verausgabte die gesetzliche Rentenversicherung rund 135 Milliarden DM; dies ist rund ein Drittel aller im Sozialbudget beschriebenen Leistungen und fast 10 % des Bruttosozialprodukts.

 Abb. 3: Sozialbudget 1980 nach Institutionen

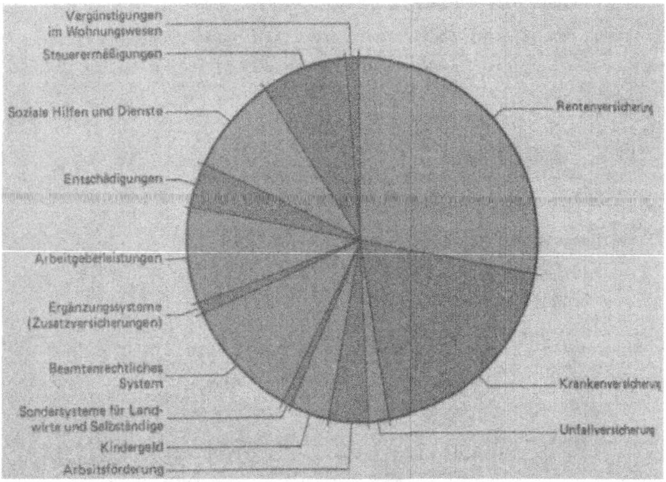

Abb. 4: Rentenversicherung 1974 bis 1984

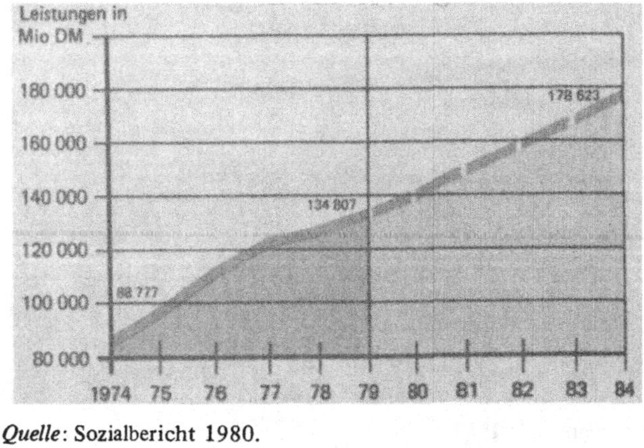

Quelle: Sozialbericht 1980.

Die Ausgaben für die soziale Sicherheit werden – wie bereits mehrfach erwähnt – finanziert durch Beiträge, den Bundeszuschuß zur gesetzlichen Rentenversicherung sowie die Zinseinnahmen der Sozialversicherung, die nie von besonderer Bedeutung waren. Die Beitragseinnahmen wurden in der Nachkriegszeit häufig durch Anhebung der Beitragssätze (siehe Tabelle 1) gesteigert. In der Abbildung 5 ist die Entwicklung der Einnahmenstruktur der

Sozialversicherung wiedergegeben, wobei die Zeitreihen die Entwicklung der Anteile der einzelnen Einnahmenarten an den gesamten Ausgaben zeigen. Während Arbeitgeber- als auch Arbeitnehmeranteile deutlich angestiegen sind, fällt die starke Abnahme des Anteils des Bundeszuschusses an den gesamten Ausgaben besonders auf. Das ist darauf zurückzuführen, daß die Höhe des Bundeszuschusses an die Entwicklung der allgemeinen Bemessungsgrundlage geknüpft ist. Da aber die tatsächlichen Ausgaben der Rentenversicherung seit 1957 weitaus stärker gestiegen sind als die allgemeine Bemessungsgrundlage, sank der Bundeszuschuß relativ immer stärker ab.

Abb. 5: Einnahmen der Sozialversicherung in % der Gesamtausgaben

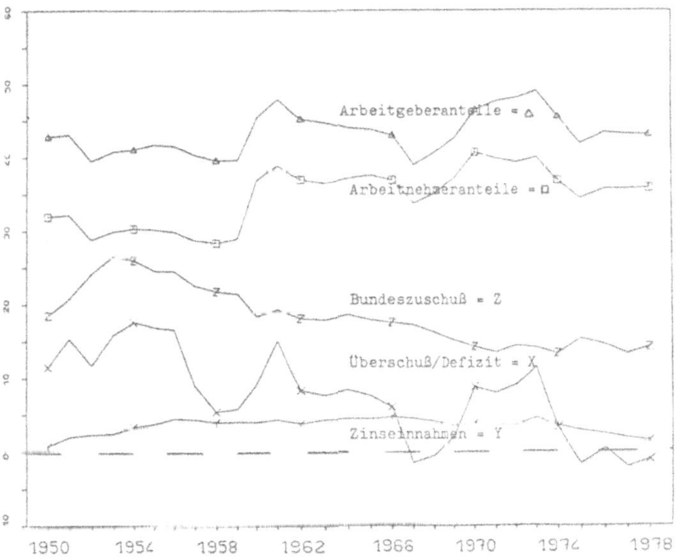

Quelle: Statistisches Bundesamt, eigene Berechnungen.

Wie die Abbildung 5 verdeutlicht, ist das Sozialversicherungssystem in der Nachkriegszeit zweimal ins Defizit geraten, einmal nach der Rezession 1966/67 und einmal nach der Rezession 1974/75. Während im ersten Fall die Probleme sich im folgenden Konjunkturaufschwung praktisch von selbst lösten, waren im zweiten Fall erhebliche Eingriffe erforderlich, um größere Defizite über längere Zeiträume zu verhindern. Woran liegt es nun, daß nach der schärfsten Rezession der Nachkriegszeit von 1974/75 sich die Probleme nicht quasi automatisch lösten? Bis in die 70er

Jahre hinein expandierte die Zahl der Versicherten in der gesetzlichen Rentenversicherung [vgl. *Lampert*]:

(1) Der Kreis der Versicherungspflichtigen wurde ständig erweitert; damit stiegen zunächst die Einnahmen, ohne daß gleichzeitig Ausgaben fällig wurden. Ausgaben entstehen gewöhnlich erst eine Generation später.

(2) Die Beitragsmessungsgrenzen wurden Schritt für Schritt angehoben; dadurch stiegen ebenfalls zunächst die Einnahmen, die höheren Ansprüche aber schlagen sich auf der Ausgabenseite auch erst nach einer zeitlichen Verzögerung nieder.

(3) Die Beitragssätze wurden wiederholt angehoben.

Zwischen den beiden Rezessionen lag außerdem 1972 noch eine Rentenreform, die sich bisher als ausgesprochen ausgabenintensiv erwies; zusammen mit der Rentenreform von 1957 erreicht die Rentenversicherung nun eine sehr hohe Ausgabendynamik, während die Beitragseinnahmen wegen der Arbeitslosigkeit infolge der Rezession 1974/75 stark rückläufig waren. Beispielsweise bedeutet ein Rückgang der Beschäftigtenzahl um 1 Million im Jahresdurchschnitt einen Beitragsausfall von rund 5 Milliarden DM[1]). Auch nach der Rezession war ein wesentlich höherer Sockel an Arbeitslosen festzustellen als je zuvor, so daß die Beitragsausfälle längerfristig bestehen blieben. Gleichzeitig sanken auch die Lohnzuwachsraten. 1 % weniger Lohnzuwachs pro Jahr bedeutet aber rund 1 Milliarde DM weniger Beitragseinnahmen für die Rentenversicherung. Auf der Ausgabenseite wirkte sich die Rezession ebenfalls aus: Aufgrund der 1972 eingeführten flexiblen Altersgrenze war es für die Arbeitgeber leichter, da weniger unsozial erscheinend, sich von älteren Arbeitnehmern auf Kosten der Sozialversicherung zu trennen. Gleichzeitig gingen wegen der ungünstigen Beschäftigungslage mehr Arbeitnehmer frühzeitig in Rente. So bedeuten beispielsweise 100.000 Rentner mehr für die Rentenversichung Mehrausgaben in Höhe von rund 1 Milliarde DM jährlich. Nimmt man alle Einnahmen- und Ausgabeneffekte zusammen, so wäre – jedenfalls Berechnungen des Bundesministeriums für Arbeit und Sozialordnung zur Folge – rechnerisch

---

[1]) Diese hohen Einnahmenausfälle durch Arbeitslosigkeit sind auch der Grund dafür, warum durch Gesetz vom 30.6.1977 die Arbeitslosenversicherung verpflichtet wurde, Beiträge für die Arbeitslosen an die Rentenversicherung zu zahlen. Damit werden die Finanzierungsprobleme allerdings nur auf andere Institutionen verlagert: Das heißt, die Arbeitslosenversicherung muß entweder ihre Beitragssätze erhöhen, oder der Bund muß die Mittel zu Verfügung stellen.

bis 1982 eine Finanzierungslücke in Höhe von ca. 32 Milliarden DM entstanden. Da man meinte, diese Lasten insbesondere nicht in einer ungünstigen Konjunkturlage allein den Erwerbstätigen (über eine Erhöhung des Bundeszuschusses, das heißt Erhöhung der Steuern, oder aber erhöhte Beitragssätze) anlasten zu können und alle Reserven binnen kurzer Zeit erschöpft waren, wurden die bereits bekannten Kürzungen vorgenommen. Welche Ausgabendynamik in das gesetzliche Rentenversicherungssystem eingebaut worden ist, zeigt sich auch daran, daß trotz Überschreiten des Gipfels des sogenannten **Rentenberges** im Jahre 1976 (siehe Abbildung 6), also bei abnehmender Belastungsquote (Anzahl der Renten zur Zahl der Pflichtversicherten), keine nachhaltige Dämpfung der Ausgabenentwicklung eintrat. Die sinkende Belastungsquote wurde durch gestiegene Ansprüche mehr als ausgeglichen.

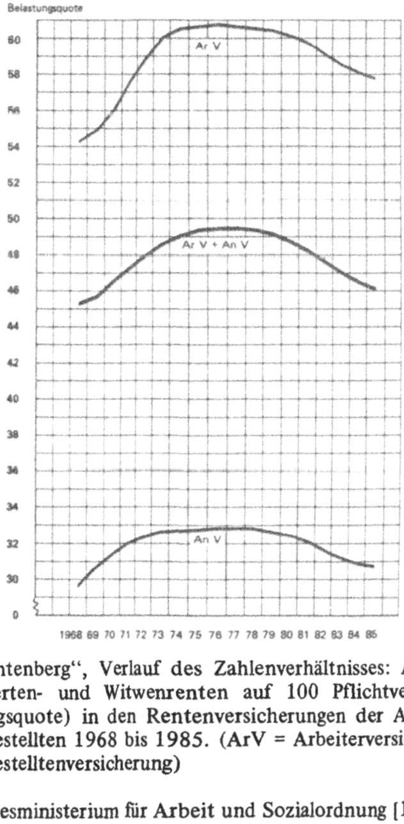

Abb. 6: „Rentenberg", Verlauf des Zahlenverhältnisses: Anzahl der Versicherten- und Witwenrenten auf 100 Pflichtversicherte (Belastungsquote) in den Rentenversicherungen der Arbeiter und der Angestellten 1968 bis 1985. (ArV = Arbeiterversicherung; AnV = Angestelltenversicherung)

Quelle: Bundesministerium für Arbeit und Sozialordnung [1977].

Die rigorosen Leistungskürzungen und das positive reale Wachstum im Jahre 1979 führten zu einer wesentlichen Verbesserung der finanziellen Situation. Wenn keine ernsthafte Rezession eintritt, was man angesichts der Prognosen für 1981 allerdings befürchten muß, wird die Schwankungsreserve der gesetzlichen Rentenversicherung von 16,9 Milliarden DM im Jahre 1980 auf 30,4 Milliarden DM im Jahre 1983 steigen, was einen Anstieg der Reserven von 1,9 auf 3,0 Monatsausgaben bedeutet [vgl. *Geyer/Genzke*]. Angesichts dieser günstigen Situation mehrten sich wieder die Stimmen, die beschlossene Anhebung des Beitragssatzes von 18 % auf 18,5 % zum 1.1.1981 auszusetzen. Das ist allerdings nicht geschehen. Und Heiner Geißler, der Generalsekretär der CDU, forderte – allerdings noch vor der Bundestagswahl – bereits 1981 wieder zum Bruttolohnbezug zurückzukehren.

Wie fragwürdig die mittelfristigen Prognosen hinsichtlich der Entwicklung von Ausgaben und Einnahmen der gesetzlichen Rentenversicherung sind, zeigt sich an den offiziellen Prognosen von 1971/72 besonders deutlich. Für das Jahr 1985 wurde ein Überschuß in der gesetzlichen Rentenversicherung in Höhe von 200 Milliarden DM vorhergesagt. Diese Prognose mag dann die Politiker im Jahre 1972 beeinflußt haben, in ihrem Reformeifer – nicht zuletzt im Blick auf eine anstehende Bundestagswahl –, diesen noch „ungebackenen Kuchen" unter das ältere Wahlvolk zu verteilen. Da aufgrund des Urteils des Bundesverfassungsgerichts über die Gleichbehandlung von Männern und Frauen in der Hinterbliebenenversorgung eine neue „Jahrhundertreform" ins Haus steht, kann man nur hoffen, daß dieser nicht wieder solch optimistische Prognosen zugrundegelegt werden. Für einen solchen Optimismus gibt es heute überhaupt keinen Anlaß.

2. Die Verteilung der Einkommen zwischen den Generationen

Wie bei der Diskussion des Umlageverfahrens deutlich geworden war, muß letztlich jede erwerbstätige Generation die Unterhaltskosten der beiden anderen Generationen, nämlich der noch nicht und der nicht mehr im erwerbsfähigen Alter stehenden Generation, tragen. Das Umlageverfahren bedeutet also nichts anderes, als daß von der erwerbstätigen Generation Einkommensteile auf die nicht mehr erwerbstätige Generation übertragen (transferiert) werden; die gesetzliche Rentenversicherung arbeitet aus dieser Sicht als Umverteilungsmechanismus zwischen den Generationen. Sieht man einmal vom Bundeszuschuß ab, dann folgt aus der Entscheidung über das Versorgungsniveau der Rentner unmittelbar auch die Höhe des Beitragssatzes.

Soll das Umlageverfahren aber auf Dauer funktionieren, muß auch die dritte Generation, die noch nicht erwerbstätigen Kinder, mit einbezogen werden. Denn nur wenn diese dritte Generation auch bereit und in der Lage ist, die Renten der nicht mehr erwerbstätigen Generation zu finanzieren, kann das heutige Rentenversicherungssystem reibungslos aufrechterhalten werden. Diese dritte Generation wird nicht nur in der Diskussion um die Probleme der Rentenversicherung häufig außer acht gelassen, sondern wurde auch in der deutschen Sozialpolitik nach Meinung vieler nahezu vergessen; dazu *Zeppernick* [1979]: „Bei den Kinderlasten herrscht die Philosophie, der Staat habe sich nur an einem Teil der anfallenden Kosten zu beteiligen, ansonsten seien dagegen die Kosten zu 'privatisieren', also individuell zu tragen. Bei den 'Vorteilen' hingegen, die die Kinder, sobald sie groß geworden sind, durch Beiträge an die Rentenversichung erbringen, wird eine weitgehende 'Sozialisierung' praktiziert." Während also die Sicherung der Alten zu einer selbstverständlichen öffentlichen Aufgabe geworden ist, was auch im **Anspruchsverhalten** und Anspruchsdenken vieler alter Menschen, insbesondere aber deren Interessenvertretern zum Ausdruck kommt, sieht das hinsichtlich der Kinder ganz anders aus. So führte beispielsweise die Bundesregierung in ihrem „Entwurf eines Dritten Steuerreformgesetzes" 1974 aus: „Die Abdeckung des vollen Unterhaltsbedarfs der Kinder erscheint für den Regelfall nicht erforderlich und im Hinblick auf die Vorrangigkeit der Eigenverantwortlichkeit der Eltern für ihre Kinder auch nicht wünschenswert". Wandelte man diesen Satz nur wie folgt ab: die Abdeckung des vollen Unterhaltsbedarfs der nicht mehr erwerbstätigen älteren Menschen erscheint für den Regelfall nicht erforderlich und im Hinblick auf die Vorrangigkeit der Eigenverantwortlichkeit der Alten (bzw. der Kinder für ihre Eltern) auch nicht wünschenswert, würde man damit nur Empörung hervorrufen.

Die Zerstörung der Großfamilie hat letztlich dazu geführt, daß viele ältere Menschen (und leider nicht nur diese) glauben, sie hätten verbriefte Ansprüche (im Sinne von Versicherungsansprüchen) gegenüber einem anonymen Staat. Aber sie vergessen dabei, daß dieser Staat schließlich durch ihre eigenen Kinder verkörpert wird. An die Eigenverantwortlichkeit bei der Alterssicherung zu erinnern, kommt einem Sakrileg gleich. Während der „Alterslastenausgleich" bei uns hoch entwickelt ist, findet ein „Kinderlastenausgleich" nur rudimentär statt. Vielleicht hat die bisherige getrennte Behandlung dieser beiden familienpolitischen Bereiche Reaktionen und Verhaltensanpassungen ausgelöst, die uns in Zukunft noch erhebliche Probleme bereiten werden. *Zeppernick* [1979] liefert hier eine politische Erklärung; „Das größte Handicap der Familien in der Vergangenheit, aber auch in der Zukunft ist, daß es für diesen Bereich keine durchsetzungsfähige Lobby gibt. Kinder sind (noch) keine Wähler! Umso wichtiger erscheint es, auf die verteilungsmäßigen Zusammenhänge zwischen Kinder- und Alterslastenausgleich hinzuweisen". Zur Unterstützung seiner Argumentation nur einige Zahlen:

Milliarden DM	1969	1975	1979
Leistungen für Kinder	15,1	25,9	29,7
Leistungen für Alte und Hinterbliebene	55,7	112,0	160,4

Die öffentlichen Leistungen für Kinder stiegen von 1969 bis 1975 um rund das eineinhalbfache, die für Alte und Hinterbliebene um das Doppelte. Dieses Mißverhältnis hat sich im Zeitraum 1969 – 1979 noch verstärkt: Die Leistungen für Kinder stiegen um etwa das Doppelte, während sich die Leistungen für Alte fast verdreifachten.

Die Verteilung der Einkommen zwischen der erwerbstätigen und nicht mehr erwerbstätigen Generation wird außerdem durch die unterschiedliche Behandlung der Einkünfte in der Einkommensbesteuerung und der gesetzlichen Krankenversicherung beeinflußt. Im Vergleich zu den Arbeitnehmern profitieren gerade die Rentner mit höheren Renten von der faktischen Einkommensteuerfreiheit ihrer Renten. Die Begünstigung der Rentnerhaushalte gegenüber den Arbeitnehmerhaushalten im Zusammenhang mit der gesetzlichen Krankenversicherung besteht darin, daß sie zwar keine Beiträge zahlen, aber wesentlich höhere Leistungen beziehen.

Darüber hinaus sind Rentner auch dann besser gegenüber Arbeitnehmern gestellt, wenn sie einer Nebenerwerbstätigkeit nachgehen. Für diese Einkünfte zahlen sie ebenfalls keine Krankenversicherungsbeiträge, solange ihre Einkünfte unter einer Grenze von ca. 400 DM monatlich liegen. Außerdem erhalten erwerbstätige Rentner (nach dem 65. Lebensjahr) im Rahmen der Einkommensteuer noch einen „Altersentlastungsbetrag" gewährt, demzufolge bis zu einer Grenze von 250 DM monatlich nur 40 % des zusätzlichen Nebenverdienstes versteuert wird, allerdings erst dann, wenn die entsprechenden Frei- und Pauschbeträge überschritten werden. Auch mit ihren anderen Einkünften (zum Beispiel aus Vermögen, also Zinseinkünften, Einkünften aus Vermietung und Verpachtung usw.) sind die Rentner bei gleich hohem Gesamteinkommen wie ein Arbeitnehmer besser gestellt, da sie aufgrund der Ertragsanteilsbesteuerung ihre Renteneinkünfte nur zu beispielsweise 20 % der Steuerbemessungsgrundlage zurechnen müssen, ihre Einkünfte aus Vermögen also mit wesentlich niedrigeren Steuersätzen belastet werden als vergleichbare Einkünfte der Arbeitnehmer, deren Bruttoentgelte zu 100 % der Steuerbemessungsgrundlage zuzurechnen sind. Die Umverteilung über das Umlageverfahren wird also noch durch eine Reihe steuerlicher und anderer Vergünstigungen ergänzt, die die Verteilungssituation der Rentner gegenüber den Erwerbstätigen weiter verbessert. Daß die Lage der Rentner insgesamt nicht so schlecht ist, wie einige Interessenvertreter häufig glauben machen wollen, wird auch daran deutlich, daß die Rentnergeneration häufig eine freiwillige Rückverteilung vornimmt, also ein „freiwilliger Familienlastenausgleich" innerhalb der Familie betrieben wird, bei dem die Rentner ihre Kinder oder Enkelkinder unterstützen.

3. Die Verteilung der Einkommen innerhalb der Generationen

Nachdem wir die Wirkungen des Alterssicherungssystems auf die Verteilung der Einkommen zwischen den Generationen diskutiert haben, wenden wir uns nun der Frage zu, wie das Alterssicherungssystem die Verteilung der Einkommen innerhalb der erwerbstätigen Generation über die Finanzierungsseite (also durch Steuern und Beiträge) und innerhalb der nicht mehr erwerbstätigen Generation beeinflußt.

Zunächst zur erwerbstätigen Generation: Hier führt das Nebeneinander verschiedener Sicherungssysteme und die jeweils sehr unterschiedliche Mitgliederstruktur zu Verteilungseffekten in bezug auf die Nettoeinkommen, die zum Teil gegenläufig sind. Hier kann eine präzise Antwort über die tatsächlichen Verteilungswirkungen heute nicht gegeben werden. Wir können also nur einzelne Tatbestände nennen, die sicherlich die Verteilung der Einkommen beeinflussen – also umverteilend wirken – aber wir können über den gesamten Effekt nur eine spekulative Antwort geben. Nun zu den einzelnen Tatbeständen:

(1) Wir hatten bereits bei der Analyse der steuerlichen Behandlung festgestellt, daß die Beiträge zur gesetzlichen Rentenversicherung überwiegend nicht der Einkommensbesteuerung unterliegen. Es gelten hier aber gewisse Höchstgrenzen, die

von dem Familienstand und der Kinderzahl abhängig sind. Werden diese Höchstgrenzen von der tatsächlichen Beitragszahlung überschritten, was insbesondere bei Ledigen mit höheren Einkommen der Fall ist, werden Teile der Beiträge zur gesetzlichen Rentenversicherung besteuert; bei Ehepaaren mit nur einem Verdiener ist ein solches Überschreiten nicht, bei einem Zweiverdienerehepaar allerdings möglich (insbesondere dann, wenn keine Kinder vorhanden sind). Hier treten also Umverteilungseffekte zugunsten der Alleinverdienerehepaare auf.

(2) Die Beamten zahlen keinen eigenen Beitrag zur Altersversorgung, aber ihre Einkommen sind nicht etwa in Höhe des Arbeitnehmeranteils zur gesetzlichen Rentenversicherung niedriger. Das hat kürlich sogar das Bundesverfassungsgericht festgestellt. Außerdem wird den Beamten noch die Vorsorgepauschale gewährt, so daß sie dadurch einkommensteuerlich entlastet werden. Die Beitragsfreiheit der Beamten zusammen mit ihren Steuervorteilen führt zu einer Umverteilung der Nettoeinkommen zugunsten der Beamten.

(3) Die Arbeiter und Angestellten des öffentlichen Dienstes sind in der VBL zusatzversichert, wobei die Beiträge allein vom öffentlichen Arbeitgeber getragen, somit aus allgemeinen Steuermitteln finanziert werden; hier findet also eine Umverteilung zugunsten der Arbeiter und Angestellten des öffentlichen Dienstes statt, die im Vergleich zu den Beamten geringer ist.

(4) Teile der deutschen Bevölkerung, die nicht in der gesetzlichen Rentenversicherung Mitglieder sind – also auch später keine Sozialrente erhalten – (beispielsweise Selbständige, aber auch Beamte), finanzieren über ihre Steuern den Bundeszuschuß mit. Es findet eine Umverteilung zulasten dieser Nichtmitglieder statt, so daß die äußerst günstige Verteilungssituation der Beamten zumindest etwas korrigiert wird.

(5) Der Bundeszuschuß, im wesentlichen finanziert aus allgemeinen Steuermitteln, hat demnach für die Gesamtheit der Steuerzahler dieselben Umverteilungswirkungen wie das gesamte Steuersystem, an dessen Aufkommen auch die Sozialrentner über die indirekten Steuern beteiligt sind. Im Bereich der Einkommensteuer kann man nach dem II. Weltkrieg abnehmende Umverteilungswirkungen feststellen, die darauf zurückzuführen sind, daß infolge der realen aber auch inflatorischen Einkommenserhöhungen immer mehr Bürger unterer und mittlerer Einkommensschichten in die Einkommen- bzw.

Lohnsteuerbelastung hineingewachsen sind, weil die Frei- und Pauschbeträge sowie der Steuertarif nicht den Einkommenserhöhungen (insbesondere aber nicht der Geldentwertung) angepaßt worden sind. Aufgrund der Ausgestaltung des deutschen Einkommensteuersystems verteilen sich die Lasten vor allem zuungunsten des mittleren Einkommensbereichs.

(6) Die Beitragssätze zur gesetzlichen Rentenversicherung sind unabhängig von der Zahl der Kinder, die der einzelne Beitragszahler aufzieht. In der Fachsprache heißt das, daß die „**Reproduktion**" (also die Erziehung von Kindern) im Beitragssystem der gesetzlichen Rentenversicherung nicht berücksichtigt worden ist. Zwar ist die Ehefrau – sofern nicht selbst berufstätig – beitragsfrei mitversichert, ob aber von dem Ehepaar selbst Kinder aufgezogen werden oder nicht, ist weder für die Beitragshöhe noch für die spätere Rentenzahlung relevant. Nun funktioniert das Umlageverfahren auf Dauer nur, wenn ausreichend Kinder nachwachsen, die den „**Generationenvertrag**" sichern können. Dieses Konzept kann also nur bei einer konstanten oder leicht wachsenden Bevölkerung funktionieren. Das Auf- und Erziehen von Kindern verursacht allerdings den Eltern erhebliche Kosten, die nur zum sehr geringen Teil von der Allgemeinheit (zum Beispiel über Kindergeld, BAföG, Wohngeld etc.) getragen werden; daneben entstehen den Familien mit Kinder noch sogenannte Alternativkosten, etwa dadurch, daß wegen der Kinderbetreuung ein Elternteil nicht erwerbstätig sein kann. Dadurch geht ein Einkommen und auch ein späterer Rentenanspruch ganz oder teilweise verloren. Es sei denn man ist Beamter/Beamtin, der/die zumindest heute noch halbtags arbeiten oder in gewissen Grenzen auch beurlaubt werden kann, ohne daß sich Auswirkungen auf die spätere Pensionshöhe ergeben. Allein aufgrund dieser Tatsache sind die Ehepaare ohne Kinder finanziell im Vorteil. Handelt es sich dabei um ein Einverdienerehepaar, ist die Ehefrau nicht nur beitragsfrei rentenversichert, sondern das Ehepaar kommt auch noch in den Genuß des sogenannten Splittingvorteils in der Lohn- und Einkommensteuer, der mit steigendem Einkommen zunimmt (rund 700 DM jährlich bei kleinem und rund 13.000DM jährlich bei hohem Einkommen). Ein Zweiverdienerehepaar hat – wenn beide ungefähr gleich hohe Einkommen beziehen – diesen Vorteil zwar nicht mehr, dafür erwerben aber beide Ehepartner durch eigene Beiträge Rentenansprüche. Ver-

gleicht man nun die Lebenseinkommen eines Ehepaars mit zwei Verdienern gegenüber einem ansonsten gleichgestellten Einverdienerehepaar mit mehreren Kindern, schneidet letzteres erheblich schlechter ab. Während der Phase der Kindererziehung fällt das Einkommen der Ehefrau fort, während gleichzeitig erhebliche Kosten für die Kinder anfallen. Sind die Kinder groß, wird die Ehefrau, in der Regel – nämlich aufgrund fehlender Berufspraxis – nur noch ein geringeres Einkommen erzielen können. Und im Alter ist dann noch – aufgrund fehlender Beitragsjahre – der Rentenanspruch geringer. Hierzu *Schmidt-Kaler* [1980]: „Die Eltern tragen (wegen der fehlenden oder verminderten Rente für die Mutter) Kinderkosten bis ans Lebensende!" Und das liegt nicht allein an den Kosten und Alternativkosten, sondern besonders daran, daß von staatlicher Seite durch die Faktoren in der Rentenformel und durch den unzureichenden Familienlastenausgleich die kinderlosen Ehepaare erheblich begünstigt werden. Hierzu *Zeppernick* [1979]: „Das heute bestehende Finanzierungssystem ist entgegen der Diskussion in der Öffentlichkeit *keine 'Versicherung' zwischen Beitragszahlern und Rentnern;* statt dessen dürfte es ein gewaltiger, in seinen Auswirkungen noch völlig unterschätzter *Umverteilungsmechanismus zwischen Familien mit und Familien ohne Kindern sein*". Ehepaare ohne Kinder verhalten sich also als sogenannte **Trittbrettfahrer** oder **Freifahrer**, da sie sich an den Kosten für Kinder nicht beteiligen, später aber durch die Rentenbeiträge dieser Kinder mit versorgt werden.

Die Verteilung der Einkommen innerhalb der nicht mehr erwerbstätigen Generation ist über die Art der praktizierten Renten- und Pensionsberechnung sowie der Anpassungsverfahren geknüpft an die Einkommensverteilung bzw. die relative Einkommensposition des einzelnen, die er während seiner aktiven Lebensphase inne hatte. Es gibt auch heute noch eine Vielzahl von Kleinstrenten, insbesondere im Bereich der Hinterbliebenenversorgung, deren Bezieher unterhalb des Existenzminimums der Sozialhilfe ihr Leben fristen. Hier hat die Einführung der Rente nach Mindesteinkommen nur zum Teil Abhilfe schaffen können. Auf der anderen Seite steigt aber zunehmend die Zahl der Rentner, die aufgrund langer Versicherungszeiten und Zusatzversorgungen aus anderen Bereichen von der Rentenkumulation profitieren und somit ein sehr hohes Versorgungsniveau erreichen. Die Spanne zwischen den niedrigsten und den höchsten Alterseinkommen dürfte außerordentlich groß sein. Es ist also nur mit allem Nachdruck zu betonen, daß eine Sozialpolitik, die davon ausgeht, daß alle Rentner arm sind, vom Grundsatz her völlig verfehlt ist. So erhalten Rentner heute, einfach aufgrund der Tatsache, daß sie Rentner sind, Vergünstigungen (verbilligte Eintrittspreise bei Veranstaltungen, günstigere Tarife bei öffentlichen Verkehrsmitteln usw.), die angesichts der Einkommenssituation einiger (und zwar nicht gerade weniger) Rentner nur als absurd zu bezeichnen sind.

Da die Renten und Pensionen aus verschiedenen Systemen fließen („Drei-Säulen-Konzept") und unterschiedliche Regelungen hinsichtlich der Bemessung der Rentenhöhe bestehen, resultieren hieraus natürlich auch Wirkungen auf die Verteilung der Alterseinkommen. Auch die unterschiedliche steuerliche Behandlung der Alterseinkommen führt zu Verteilungseffekten. Die Pensionäre unterliegen der Einkommensteuer, die Sozialrentner faktisch nicht. Also verändert sich die Verteilung der verfügbaren Einkommen (Nettoeinkommen) nach dem Ruhestand zugunsten der Sozialrentner, insbesondere zugunsten der ehemaligen Arbeiter und Angestellten des öffentlichen Dienstes, aber auch zugunsten derjenigen, die noch eine Betriebsrente erhalten (insbesondere dann, wenn diese der Ertragsanteilsbesteuerung unterliegt). Im Ruhestand erfolgt damit bei den Beamten eine zumindest teilweise Kompensation in dem Sinne, daß der für sie positive Umverteilungseffekt während der aktiven Lebensphase reduziert wird durch einen negativen Umverteilungseffekt während des Ruhestandes.

Versucht man einmal die Wirkungen der zum Teil gegenläufigen Umverteilungsprozesse zusammenzufassen, kann man vielleicht folgende Aussage wagen: Die Umverteilungswirkungen des deutschen Alterssicherungssystems begünstigen tendenziell die Bezieher kleinerer Renten und Pensionen, während die fehlende Koordination zwischen Alterssicherungssystem und Steuersystem dazu führt, daß hierdurch Bezieher hoher Alterseinkommen begünstigt werden, insbesondere wenn sie noch andere Einkünfte beziehen.

4. Die Ersparnis

Feldstein [1979] will aufgrund empirischer Untersuchungen für die Vereinigten Staaten festgestellt haben, daß nach dem Umlageverfahren arbeitende Sozialversicherungssysteme zu einer Verringerung der gesamtwirtschaftlichen **Ersparnis** beitragen. Mit der Einführung der Sozialversicherung habe also der Zwang zum privaten Vorsorgesparen abgenommen. In unserer Darstellung der historischen Entwicklung haben wir festgestellt, daß bereits im Rahmen der Großfamilie Alterssicherung durch private Übertragungen betrieben wurde. Die Masse der Bevölkerung war bereits vor der Industrialisierung über das Umlageverfahren aufgrund familiärer Übertragungen abgesichert. Diese Sicherung erwies sich allerdings mit den fortschreitenden Änderungen in Wirtschaft und Gesellschaft als nicht mehr tragfähig. Die soziale Alterssicherung trat also an die Stelle des traditionellen Sicherungsverfahrens, anfangs sogar dem Kapitaldeckungsverfahren folgend. An den Sicherungsprinzipien hat sich grundsätzlich nichts verändert, so daß sich deshalb die gesamtwirtschaftliche Ersparnis kaum verringert haben dürfte. Diejenigen, die negative Effekte auf die Ersparnis befürchten, propagieren die Rückkehr zum Kapitaldeckungsverfahren, obwohl bei diesem Verfahren zusätzliche Ersparnis auch nur in der Aufbauphase getätigt wird, während – wie bereits erwähnt – in der Phase rückläufiger Bevölkerung erheblich entspart werden muß.

Für das spezifisch deutsche Beispiel sind diese mehr oder weniger theoretischen Streitigkeiten ohne besonderen Belang. Ersparnis und Vermögensbildung wird aus einer Reihe von Motiven betrieben, von denen eines die Alterssicherung ist. Daher kann das von Feldstein beobachtete Absinken der Ersparnis nach der Einführung eines Alterssicherungssystems in den USA auch ganz andere Gründe haben. Gerade in Deutschland haben wir im internationalen Vergleich die längste Tradition mit dem System der Alterssicherung und auch relativ hohe Sozialbeiträge; trotzdem ist die deutsche Sparquote (also der Anteil des Volkseinkommens, der gespart wird) traditionell eine der höchsten. Und, was noch viel wichtiger ist, diese hohe Sparquote wird unter anderem dadurch ermöglicht, daß die nicht mehr erwerbstätige Generation insgesamt nicht etwa ihr angesammeltes Vermögen konsumiert, also „entspart", sondern noch spart.

Das Sparvermögen der Rentner und Pensionäre ist seit dem II. Weltkrieg ständig gewachsen, wie auch der Eigenheim- und Eigentumswohnungsbesitz stark zugenommen hat. Die durchschnittliche Sparleistung der Rentner ist von 200 DM in den Jahren 1960 bis 1966 über 750 DM im Jahr 1970 auf rund 1.500 DM im Jahre 1976 gestiegen [vgl. Deutsche Bundesbank]. Entsprechend nahm auch das ausgewiesene durchschnittliche Geldvermögen (Sparguthaben aller Art, Wertpapiere usw., aber ohne Forderungen an Versicherungen) je Rentnerhaushalt von 6.400 DM im Jahr 1966 auf fast 21.000 DM im Jahre 1976 zu und soll im Jahre 1980 fast 40.000 DM erreicht haben. Das Sparguthaben aller

Rentnerhaushalte belief sich 1976 auf rund 157 Milliarden DM; die Sparquote der Rentner (also der Anteil der Ersparnis an ihrem Jahreseinkommen) stieg von 2,4 % in der Periode 1960 bis 1966 auf 8,1 % in der Periode von 1970 bis 1976 (also um 237,5 %), während bei den Haushalten der Erwerbsbevölkerung die Sparquote von 11,4 % auf 16,3 % (also um lediglich 43 %) stieg. Die höhere Sparquote der Erwerbsbevölkerung ist dadurch begründet, daß neben dem Vorsorgesparen häufig noch Grundvermögen (Eigenheim, Eigentumswohnungen usw.) gebildet bzw. auf langlebige Konsumgüter (Wohnungseinrichtungen usw.) gespart wird. Die Rentner-Generation braucht ja nicht mehr für die (zusätzliche) Alterssicherung zu sparen. Natürlich ist bei den Geldvermögen zu berücksichtigen, daß ein erheblicher Teil noch in der aktiven Lebensphase gebildet worden sein dürfte, wegen der wachsenden Sparquote aber keineswegs nur während dieser [vgl. *Weise*, 1978]. In der Bundesrepublik Deutschland sind im Durchschnitt die Rentner nicht gezwungen, auf ihren Vermögensbestand zurückzugreifen; sie „entsparen" nicht, sondern erhöhen auch im Alter weiter ihren Vermögensbestand. Auf längere Sicht kommt diese Ersparnis dann auch wieder den Erwerbstätigen zugute, so daß sich hier vielleicht ein Gleichgewicht herausbilden mag: Sollte die erwerbstätige Generation wegen des sozialen Alterssicherungssystems tatsächlich weniger sparen – was für die Bundesrepublik unbewiesen ist – könnte das dadurch kompensiert werden, daß die alte Generation mehr spart.

5. Beschäftigung und Leistungsanreize

Aus gesamtwirtschaftlicher Sicht sind die von dem Alterssicherungssystem auf die Beschäftigung ausgehenden Wirkungen von größerer Bedeutung, besonders wenn man an das zukünftig schrumpfende Potential an Erwerbspersonen in der Bundesrepublik denkt. Wenig umstritten dürfte sein, daß bei einem sozialen Alterssicherungssystem mit festen Altersgrenzen und gutem Versorgungsniveau die älteren Erwerbstätigen eher in den Ruhestand gehen, als ohne ein solches System, da insbesondere im Alter das Arbeitleid im Durchschnitt wohl höher sein dürfte als die Arbeitsfreude, nicht zuletzt auch aufgrund der sich verschlechternden körperlichen Konstitution. Der davon ausgehende Anreiz zu einem früheren Ruhestandsbeginn hat sich bisher bei stark zunehmenden Erwerbstätigenzahlen nicht negativ ausgewirkt.

Die Einführung der flexiblen Altersgrenze im Jahre 1972 hat dazu geführt, daß im Durchschnitt der Ruhestandsbeginn noch früher eintritt und sich bei Männern und Frauen allmählich der frühest vorgesehenen Altersgrenze annähert. Das hat man bisher immer wegen der Entlastung des Arbeitsmarkts und der dadurch reduzierten Arbeitslosigkeit begrüßt, ohne allerdings auf die beträchtlichen Kosten zu achten. Praktisch hat man hier die Finanzierungsprobleme der Arbeitslosenversicherung nur auf die Rentenversicherung verlagert. In vielen Fällen wird über die flexible Altersgrenze hinaus – oft in Übereinstimmung zwischen Arbeitgeber und Arbeitnehmer – die Möglichkeit genutzt, ältere Arbeitnehmer mit 59 Jahren zu entlassen. Diese beziehen dann zwölf Monate Arbeitslosenunterstützung, die sich noch um Steuervorteile erhöht, wenn sich die Zeit der Arbeitslosigkeit über zwei Kalenderjahre erstreckt, da die Frei- und Pauschbeträge auf Jahresbasis fixiert sind, und die Arbeitslosenunterstützung selbst nicht der Einkommensbesteuerung unterliegt. Während dieser zwölf Monate beziehen dann die Arbeitnehmer mit der Unterstützung oft ein Vielfaches dessen, was sie selbst während ihres ganzen Lebens in die Arbeitslosenversicherung eingezahlt haben. Im Anschluß an eine einjährige Arbeitslosigkeit kann dann die Verrentung erfolgen. Durch diese Regelung verschiebt sich die Altersgrenze effektiv auf 59 Jahre. Besonders ausgenutzt wird diese Möglichkeit seit kurzem von älteren Erwerbstätigen, die mit 59 Jahren schon ein relativ hohes Versorgungsniveau erreicht haben (mit 55 Jahren erhält man von der gesetzlichen Rentenversicherung eine Berechnung seines Rentenanspruchs), insbesondere wenn sie noch Ansprüche auf eine Betriebsrente haben (siehe hierzu die Angaben der Durchschnittsrenten bei unterschiedlichem Ruhestandsbeginn in der Tabelle 4, oben). Diese kündigen dann aus eigenem Entschluß und leben anschließend bis zum 63. Lebensjahr (Beginn der flexiblen Altersgrenze) auf Kosten der Versichertengemeinschaft. Häufig beträgt die Summe dafür mehr als 100.000 DM. Auch hier ist die Frage erlaubt, ob eine solche Ausbeutung des Systems noch dem Sozialstaatsprinzip gemäß ist, zumal diejenigen, die sich einen früheren Ruhestandsbeginn leisten können, oft über ausreichend Privatvermögen verfügen, um sich diesen selbst zu finanzieren. Die Bundesregierung hat auf die exessive Ausnutzung dieser Regelung bereits reagiert und eine Überprüfung angekündigt.

Demgegenüber wird von der anderen Möglichkeit der flexiblen Altersgrenze, nämlich über das 65. Lebensjahr hinaus bis zur Vollendung des 67. Lebensjahrs zu arbeiten, kaum Gebrauch gemacht, obwohl hier Zuschläge gewährt werden, während es – wie zur Aufrechterhaltung einer gewissen Symmetrie notwendig – für den frühzeitigen Eintritt in den Ruhestand keine entsprechenden Abschläge gibt (sondern nur die Wirkung der geringeren Zahl der Versicherungsjahre). Über das 63. Lebensjahr hinaus arbeiten heute wohl überwiegend diejenigen weiter, die bis dahin noch keinen ausreichenden Anspruch auf Altersrente erworben haben. Das Motiv scheint also nicht pure Arbeitsfreude, sondern eine persönliche Notlage zu sein (siehe hierzu Tabelle 4, der man entnehmen kann, daß die Durchschnittsrenten bei Ruhestandsbeginn mit Vollendung des 67. Lebensjahres – trotz des Zuschlags – am niedrigsten sind).

An sich ist gerade die flexible Altersgrenze durchaus eine soziale Errungenschaft, könnte sie doch das von vielen als unangenehm empfundene plötzliche Ausscheiden aus dem Berufsleben etwas flexibler gestalten. Dazu benötigte man allerdings vernüftige Regelungen. Hierzu *Albers* [1977]: „Die Regelung ist ein Musterbeispiel dafür, wie eine im Prinzip begrüßenswerte Reform mit schweren Nachteilen beladen wird, weil der Gesetzgeber sich im Dickicht des Sozialrechts verirrt hat." Darüber hinaus sollte man bei solchen Regelungen niemals übersehen, daß all dies auch finanziert werden muß. Und damit kommen wir zur Problematik der **Leistungsanreize**.

Das wirtschaftliche Handeln ist in einem marktwirtschaftlichen System grundsätzlich vom Eigennutz geleitet und diese Triebfeder ist nach der Lehre Adam Smiths stark genug, jedem zu zeigen, was seinem persönlichen Wohlergehen am förderlichsten ist. Damit Leistungen in diesem System erbracht werden, müssen ausreichende Anreize vorhanden sein. Wir wollen uns das einmal am Beispiel einer nicht erwerbstätigen Ehefrau verdeutlichen, wobei wir unterstellen wollen, daß der Mann ein für einen normalen Lebensunterhalt ausreichendes Einkommen erzielt. Die Ehefrau wird nur dann bereit sein, ihre Arbeitskraft auf dem Arbeitsmarkt anzubieten, wenn sie ein ihr ausreichend erscheinendes Einkommen erzielen kann; denn schließlich opfert sie ja einen Teil der ihr sonst verbleibenden Freizeit. Nun wird ihr verfügbares Einkommen nicht nur bestimmt durch die Höhe des Lohnes, den ihr ein möglicher Arbeitgeber bietet, sondern auch durch die Höhe von Steuern und Sozialbeiträgen, die von ihrem Bruttolohn noch abgezogen werden. Da wir in der Bundesrepublik das Prinzip der Ehegattenbesteuerung haben, wird das Einkommen beider Ehegatten zusammen besteuert. Die durchschnittliche steuerliche Belastung steigt mit steigendem Einkommen (also: Steuerprogression). Wie hoch letztlich die Steuerbelastung des zusätzlichen Einkommens der Ehefrau ist, hängt also von der Höhe der Steuerbelastung des Einkommens des Ehemannes ab. Hinzu kommen noch die Sozialbeiträge. Ob eine Ehefrau also bereit ist, auf Teile ihrer Freizeit zu verzichten, hängt also auch von der Steuer- und Beitragsbelastung ihres erzielbaren Lohnes ab. Ist dieser nach Abzug von Steuern und Sozialbeiträgen nur gering, wird sie nicht bereit sein, ihre Arbeitskraft dem Arbeitsmarkt zur Verfügung zustellen. Immerhin profitiert das Ehepaar, wenn die Ehefrau nicht mitarbeitet, vom Splittingvorteil und der beitragsfreien Mitversicherung der Ehefrau in der Sozialversicherung, und zwar umso stärker, je höher das Einkommen des Mannes ist. Darüber hinaus existiert nicht nur der offizielle Arbeitsmarkt, bei dem die Löhne und Gehälter steuer- und abgabenbelastet sind. Es gibt noch zwei Möglichkeiten für die Ehefrau, das Familieneinkommen zu erhöhen, ohne daß Steuern und Beiträge zu entrichten sind: (1) Durch das sogenannte do-it-yourself kann beispielsweise die Ehefrau im Haus (zum Beispiel durch Einsparung einer Haushaltshilfe, die bei einer Erwerbstätigkeit der Ehefrau erforderlich wäre) oder durch eigene Produktion von Lebensmitteln („Schrebergärten") oder Bekleidungsstücken das Familieneinkommen erhöhen. (2) Neben dieser legalen Form gibt es noch die illegale Form, durch Angebot der Arbeitskraft auf dem „Schwarzen Arbeitsmarkt". Häufig ist es den betreffenden gar nicht bewußt, daß sie Schwarzarbeit leisten; beispielsweise die vielen „Tagesmütter", die Kinder anderer Leute gegen Entgelt in Pflege nehmen, arbeiten genauso „schwarz" wie viele Putzfrauen. Häufig ist gerade die Tätigkeit einer Tagesmutter finanziell viel attraktiver als eine außerhäusliche Beschäftigung, zumal nebenher noch die Hausarbeit erledigt werden kann und auch wesentliche Kosten (etwa Ausgaben für einen Zweitwagen bei ungünstiger Lage der alternativen Beschäftigungsstelle) nicht anfallen. Je höher also die Steuer- und Abgabenbelastung ist und je höher die mit der offiziellen Beschäftigung verbundenen Kosten sind, desto weniger Leistungsanreize sind gegeben, und desto eher wird die Schwarzarbeit bevorzugt. Eine entsprechende Argumentationskette läßt sich auch für die Bereitschaft der Ehemänner aufbauen, Überstunden zu leisten oder eine reguläre Nebentätigkeit aufzunehmen. Je höher die Belastung des zusätzlich verdienten Lohnes mit Steuern und Sozialabgaben ist, desto weniger wird der Erwerbstätige geneigt sein, seine Arbeit auf dem offiziellen Arbeitsmarkt anzubieten.

Wie sieht es nun mit der steuerlichen Belastung solch zusätzlicher Einkommensteile in der Bundesrepublik aus? Als Beispiel wollen wir die Gehälterskala der Angestellten des öffentlichen

Dienstes (BAT = Bundesangestelltentarifvertrag) betrachten. Die Tabelle 9 zeigt die Bruttoentgelte der Angestellten des öffentlichen Dienstes von der niedrigsten Vergütungsgruppe BAT X bis zur höchsten Vergütungsgruppe BAT I (Stand 1979). Von den Jahresbruttolöhnen werden die Lohnsteuer sowie die Arbeitnehmerbeiträge zur gesetzlichen Rentenversicherung (9 % der Jahresbruttovergütung), zur gesetzlichen Krankenversicherung (6,5 % der Jahresbruttovergütung) und zur Arbeitslosenversicherung (1,5 % der Jahresbruttovergütung) abgezogen. Nach Abzug dieser Beträge resultiert das Jahresnettoeinkommen. In den jeweiligen Vergütungsgruppen wurden dann die einzelnen Belastungssätze ausgerechnet; $\bar{t}$ stellt die gesamte durchschnittliche Abgabenbelastung dar, ausgedrückt als Verhältnis der jährlichen Abgabenbelastung zum Bruttojahresentgelt, $\bar{t}_{LSt}$ stellt den **Durchschnittssteuersatz** der Lohnsteuer dar, berechnet aus der Jahreslohnsteuer zum Bruttojahresentgelt und $\bar{t}_{Soz}$ stellt den analog berechneten Durchschnittssozialabgabensatz dar. Alle diese Durchschnittssätze geben an, wie im Durchschnitt eine Mark des Bruttoeinkommens mit Abgaben belastet ist.

Für die Entscheidung, zusätzliche Arbeit zu leisten – sei es, daß die Ehefrau eine Erwerbstätigkeit aufnimmt, sei es, daß eine zusätzliche steuer- und sozialabgabenpflichtige Nebentätigkeit übernommen wird – ist nun nicht allein die Durchschnittsbelastung des Einkommens entscheidend, sondern vor allem die Belastung des zusätzlich verdienten Grenzeinkommens. Über die Belastung zusätzlich verdienten Einkommens gibt der **Grenzsteuersatz** Auskunft, der – etwas vereinfacht ausgedrückt – die Steuerbelastung der letzten verdienten bzw. der ersten hinzuverdienten Mark angibt. Dieser Grenzssteuersatz ist bei einem progressiven Einkommensteuersystem immer höher als der Durchschnittssteuersatz, das heißt jede hinzuverdiente Mark unterliegt also einem höheren Steuersatz als das Einkommen im Ganzen. Der Tabelle 9 können auch die Grenzbelastungssätze entnommen werden: t^g stellt den Grenzbelastungssatz aus Lohnsteuer und Sozialabgaben, t^g_{LSt} den Grenzsteuersatz der Lohnsteuer und t^g_{Soz} den Grenzbelastungssatz der Sozialbeiträge dar. Bei den Ledigen der Lohnsteuerklasse I steigt der Durchschnittsbelastungssatz $\bar{t}$ kontinuierlich von 28,7 % in BAT X auf 44,2 % in BAT I an; entsprechendes gilt auch für den Durchschnittssteuersatz der Lohnsteuer $\bar{t}_{LSt}$ (von 12,8 % auf 33,7 %). Ein anderes Bild bietet hier der Durchschnittsbeitragssatz der Sozialabgaben $\bar{t}_{Soz}$: Er ist bis BAT IVb relativ konstant und beginnt dann zu sinken. Der Grenzbelastungssatz t^g beginnt in BAT X mit 39 %, steigt dann bis BAT IVb auf 58,7 % an, sinkt dann plötzlich in BAT IVa auf 55,4 %, steigt dann wieder bis BAT IIa an (58,1 %), um dann stark zu sinken. Der Grenzsteuersatz hingegen beginnt in BAT X mit 22 % (dem Eingangssteuersatz des Einkommensteuertarifs 1979) und steigt dann kontinuierlich bis auf 51,1 % in BAT I an. Die diskontinuierliche Entwicklung der gesamten Grenzbelastung ist also allein auf den Grenzbeitragssatz der Sozialversicherung t^g_{Soz} zurückzuführen. Der Grenzbeitragssatz ist von BAT X bis BAT IVb konstant; in BAT IVa wird die Beitragsbemessungsgrenze der gesetzlichen Krankenversicherung erreicht (1979: 3.000 DM monatlich), so daß jenseits dieser Grenze das zusätzliche Einkommen nicht mehr mit Krankenversicherungsbeiträgen belastet ist (es entfallen also 6,5 % an Grenzbelastung). Da jetzt der Krankenversicherungsbeitrag konstant bleibt, das Einkommen aber steigt, fällt der Durchschnittsbeitragssatz $\bar{t}_{Soz}$; in der Fachsprache nennt man dieses Phänomen die Regressionswirkung der Beiträge zur Sozialversicherung. Der Grenzbeitragssatz t^g_{Soz} ist dann von BAT IVa bis BAT IIa mit 10,5 % konstant. In BAT Ib wird nun wiederum die Beitragsbemessungsgrenze zur gesetzlichen Rentenversicherung erreicht, der weitere Grenzbeitragssatz wird Null, wodurch der Durchschnittsbeitragssatz $\bar{t}_{Soz}$ noch beschleunigt absinkt. Eine ähnliche Entwicklung läßt sich für einen verheirateten Alleinverdiener beobachten (siehe Tabelle 9, Lohnsteuerklasse III/0), nur daß hier die Lohnsteuersätze aufgrund des Splittingvorteils wesentlich niedriger liegen.

Gehen wir im folgenden Beispiel von einem Alleinverdienerehepaar aus, das sich Gedanken darüber macht, ob die Ehefrau eine steuer- und sozialabgabenbelastete Berufstätigkeit aufnehmen sollte. Das Nettoeinkommen der Frau ist abhängig von der Grenzsteuerbelastung, der das Einkommen des Mannes unterliegt. Beträgt diese zum Beispiel 22 % – wie es in den untersten BAT-Vergütungsgruppen der Fall ist –, beläuft sich die Abgabenbelastung des Bruttoeinkommens der Ehefrau (unterstellt sie hat ein niedrigeres Bruttoeinkommen als der Mann) unter 39 %, da noch einige zusätzliche Frei- und Pauschbeträge geltend gemacht werden können. In den höheren Vergütungsgruppen steigt die Abgabenbelastung des Bruttoeinkommens der Frau an. In den oberen Vergütungsgruppen wird die durchschnittliche Abgabenbelastung die 50 %-Grenze erreichen und übersteigen, vorausgesetzt, daß das Bruttoeinkommen der Frau unter der Beitragsbemessungsgrenze der gesetzlichen Krankenversicherung liegt. Netto verbleiben dann

	Lohnsteuerklasse I							
Verg.-Gruppe	Brutto-Vergütung	Netto-Vergütung	$\bar{t}$	$\bar{t}_{LSt}$	$\bar{t}_{Soz}$	t^g	t^g_{LSt}	t^g_{Soz}
I	70.167,87	39.143,87	0,442	0,337	0,105	0,511	0,511	–
Ia	61.596,58	34.902,58	0,433	0,314	0,119	0,497	0,497	–
Ib	57.018,24	32.599,24	0,428	0,299	0,129	0,487	0,487	–
IIa	51.700,22	29.811,22	0,423	0,281	0,142	0,581	0,476	0,105
IIb	47.080,13	27.774,85	0,410	0,262	0,148	0,567	0,462	0,105
III	46.826,76	27.670,68	0,409	0,261	0,148	0,566	0,461	0,105
IVa	43.339,51	26.116,99	0,397	0,245	0,152	0,554	0,449	0,105
IVb	37.942,95	23,642,35	0,377	0,217	0,160	0,587	0,417	0,170
Va	34.845,18	22.305,38	0,360	0,201	0,159	0,565	0,395	0,170
Vb	33.814,15	21.836,55	0,354	0,195	0,159	0,555	0,385	0,170
Vc	30.930,36	20.502,80	0,337	0,178	0,159	0,526	0,356	0,170
VIa	30.404,38	20.244,58	0,334	0,175	0,159	0,522	0,352	0,170
VIb	28.670,44	19.387,08	0,324	0,165	0,159	0,502	0,332	0,170
VII	25.906,55	17.882,95	0,310	0,150	0,160	0,463	0,293	0,170
VIII	23.620,98	16.609,58	0,297	0,140	0,157	0,429	0,259	0,170
IXa	22.883,75	16.158,59	0,294	0,135	0,159	0,415	0,245	0,170
IXb	22.083,21	15.669,61	0,290	0,131	0,159	0,401	0,231	0,170
X	21.213,90	15.130,10	0,287	0,128	0,159	0,390	0,220	0,170

Quelle: Petersen [1979].

	Lohnsteuerklasse III/0							
Verg.-Gruppe	Brutto-Vergütung	Netto-Vergütung	$\bar{t}$	$\bar{t}_{LSt}$	$\bar{t}_{Soz}$	t^g	t^g_{LSt}	t^g_{Soz}
I	71.519,61	48.805,61	0,318	0,214	0,104	0,408	0,408	–
Ia	62.948,32	43.566,32	0,308	0,190	0,118	0,371	0,371	–
Ib	58.369,98	40.467,98	0,304	0,177	0,127	0,346	0,346	–
IIa	53.201,96	37.289,96	0,299	0,162	0,137	0,315	0,315	–
IIb	49.227,34	34.570,86	0,298	0,157	0,141	0,391	0,286	0,105
III	48.178,50	33.897,94	0,296	0,148	0,148	0,382	0,277	0,105
IVa	44.691,25	31.607,13	0,293	0,141	0,152	0,355	0,250	0,105
IVb	39.294,69	27.915,37	0,290	0,131	0,159	0,325	0,220	0,105
Va	36.196,92	25.883,76	0,285	0,125	0,160	0,390	0,220	0,170
Vb	35.534,44	25.463,44	0,283	0,123	0,160	0,390	0,220	0,170
Vc	32.217,88	23.356,32	0,275	0,116	0,159	0,390	0,220	0,170
VIa	31.691,80	23.015,84	0,274	0,114	0,160	0,390	0,220	0,170
VIb	29.957,96	21.920,56	0,268	0,109	0,159	0,390	0,220	0,170
VII	27.494,07	20.342,47	0,260	0,101	0,159	0,390	0,220	0,170
VIII	24.908,50	18.683,94	0,250	0,091	0,159	0,390	0,220	0,170
IXa	24.171,27	18.183,11	0,248	0,087	0,161	0,390	0,220	0,170
IXb	23.370,73	17.709,77	0,242	0,083	0,159	0,390	0,220	0,170
X	22.501,42	17.100,46	0,240	0,080	0,160	0,390	0,220	0,170

zum Teil weniger als 50 %, abgesehen von den weiteren Kosten, die eine Berufstätigkeit noch mit sich bringen kann. Oft wird es bei derartigen Abgabenbelastungen lukrative alternative Beschäftigungsmöglichkeiten auf dem „schwarzen Arbeitsmarkt" geben, zumal die nicht erwerbstätige Ehefrau von der beitragsfreien Mitversicherung in der Sozialversicherung sowie vom Splittingsvorteil profitiert, der mit zunehmendem Bruttoeinkommen der Frau geringer wird.

Wie sieht es nun mit dem Anreiz für einen Ledigen aus, bei der heute vorhandenen Grenzbelastung mit Lohnsteuern und Sozialabgaben steuer- und abgabenpflichtige Überstunden zu leisten bzw. eine derartige Nebentätigkeit aufzunehmen? Für die Beantwortung dieser Frage ist nicht nur die Grenzbelastung mit Lohnsteuern und Sozialabgaben entscheidend; daneben gibt es eine Reihe von Steuern, die noch die Grenzbelastung erhöhen: (1) Sofern Kirchensteuer bezahlt wird hat diese Grenzsteuersätze von 2 % für niedrige Einkommen bis 5 % für höhere Einkommen und (2) der Grenzsteuersatz für die sogenannten indirekten Steuern (Mehrwertsteuer und Verbrauchsteuern) liegt zwischen 8 % für niedrige und 1 % für höhere Einkommen; an diesem sinkenden Grenzsteuersatz wird die sogenannte Regressionswirkung der indirekten Steuern besonders deutlich [vgl. Rheinisch-Westfälisches Institut für Wirtschaftsforschung]. Addiert man diese Belastungssätze zu denen in Tabelle 9, dann beträgt die Eingangsgrenzbelastung in BAT X bereits 49 %; das heißt, von jeder hinzuverdienten Mark gehen bereits 49 % an Lohnsteuer, Sozialbeiträgen, Kirchensteuer und indirekten Steuern ab. Die höchste Grenzbelastung kann in BAT IVb beobachtet werden; hier belaufen sich die Grenzbelastungssätze im einzelnen auf:

(1) Lohnsteuer	41,7 %,
(2) Sozialbeiträge (Arbeitnehmeranteil)	17,0 %,
(3) Kirchensteuer	3,8 %,
(4) indirekte Steuern	7,0 %.

Macht ein alleinstehender Steuerpflichtiger mit mittlerem Einkommen Überstunden oder erzielt Einkünfte aus einer Nebentätigkeit, muß er 70 % an Abgaben leisten, so daß ihm nur noch 30 % von seinem zusätzlichen Einkommen verbleiben. Rechnet man den Arbeitgeberbeitrag, der ja nichts anderes als ein Lohnbestandteil ist, dem Bruttolohn hinzu, wird die Aussage von Albers plausibel, daß der Arbeitgeberanteil eigentlich nur den Sinn hat, die tatsächliche Belastung der Bruttoeinkommen (einschließlich des Arbeitgeberanteils) zu verschleiern: Bei Hinzurechnung des Arbeitgeberanteils steigt die Grenzbelastung des Bruttolohnes auf über 80 %.

Ob auf solche Belastungssätze die Arbeitnehmer mit einer Einschränkung ihres Arbeitsangebots auf dem offiziellen Arbeitsmarkt reagieren oder nicht, ist in der deutschen wissenschaftlichen Literatur noch umstritten. Für andere Länder liegen aber heute Arbeiten vor, in denen beachtliche Reaktionen festgestellt werden. Für die USA will *Feige* [1981] beobachtet haben, daß immer mehr Bürger in die **Untergrundwirtschaft** (er nennt sie „unobserved sector") abgewandert sind, da ihnen unter anderem die Steuerbelastung auf dem offiziellen Arbeitsmarkt zu hoch war. Diese Entwicklung soll Ende der 70er Jahre ein so bedeutendes Ausmaß angenommen haben, daß nach groben Schätzungen die Untergrundökonomie fast ebenso groß ist, wie die offizielle Wirtschaft. Ähnliche und vielleicht noch stärker ausgeprägte Tendenzen will man in Großbritannien festgestellt haben, wobei hier die Grenzsteuersätze der Einkommensteuer in der Vor-Thatcher-Aera bis zu 98 % gingen. Und Italien ist ein Beispiel dafür, daß auch eine hohe indirekte Besteuerung (Verbrauchsteuern) die Entwicklung der Untergrundökonomie beschleunigen kann, indem hiervon Anreize zur Eigenproduktion bzw. zu direkten Tauschgeschäften (Ware gegen Ware) ausgehen. Zwar führte man in den 70er Jahren eine moderne Einkommensteuer ein, die auch hohe Grenzsteuersätze aufweist, aber von diesen wird kaum einer getroffen, weil insbesondere auch die Staatsbediensteten alle ihren „zweiten Job" auf dem schwarzen Arbeitsmarkt haben, der selbstverständlich nicht der Einkommensteuer und Sozialabgabenbelastung unterliegt. Deshalb war man gezwungen, die indirekten Steuern zu erhöhen, mit der Folge, daß nun auch diese verstärkt hinterzogen werden. Jedem Italientouristen wird bekannt sein, daß er die von der Finanzverwaltung registrierten Restaurantrechnungen deswegen mitnehmen muß, damit die Steuerfahnder vor dem Restaurant prüfen können, ob die Mehrwertsteuer auch abgeführt worden ist.

Diese internationalen Erfahrungen zeigen, daß je höher die Grenzbelastung aus Steuern und Sozialbeiträgen ist, desto mehr werden Arbeitskräfte (1) in den Schwarzmarkt abwandern, (2) in ihrer Freizeit legales do-it-yourself (vom Gemüseanbau bis zum Hausbau) betreiben oder (3) sich einfach mehr Freizeit nehmen, da diese bei hoher Steuerbelastung gegenüber der Arbeit „billiger" wird, das heißt, das Arbeitsleid größer wird als der Arbeitsertrag.

Die voranstehenden Ausführungen scheinen nur indirekt etwas mit der Problematik des Buches zu tun zu haben; dieser Zusammenhang wird aber sehr deutlich werden, wenn wir beurteilen müssen, ob man der erwerbstätigen Generation noch höhere Steuer- und insbesondere Sozialbeitragsbelastungen zumuten kann.

6. Konjunktur und Wachstum

Die konjunkturelle Entwicklung wird dadurch beeinflußt, daß zwischen der Entwicklung der Löhne und der Gehälter sowie der Sozialrenten eine zeitliche Verzögerung besteht. So berechnet sich die für die Anpassung der Sozialrenten entscheidende „allgemeine Bemessungsgrundlage" nach Einschaltung eines „Blindjahres" aus den Durchschnittseinkommen der drei Vorjahre. Dieser Zeitverzug füht also dazu, daß die Entwicklung der Sozialrenten der Entwicklung der Löhne und Gehältern nachläuft. In der Bundesrepublik beträgt die zeitliche Verzögerung zwischen Renten sowie Löhnen und Gehältern drei Jahre. Die durchschnittliche Länge eines Konjunkturzyklus – ausgehend von der Talsohle (Rezession), über Aufschwungphase, Boomphase (Hochkonjunktur), Abschwungphase wieder zur Talsohle – betrug in der Bundesrepublik bis in die 70er Jahre hinein traditionell zwischen vier und fünf Jahren. Überwiegend gab es die höchsten Zuwachsraten bei den Löhnen und Gehältern immer dann, wenn die Zuwachsraten der Sozialrenten gerade niedrig waren und die höchsten Zuwachsraten der Sozialrenten gerade dann, wenn die Zuwachsraten der Löhne niedrig waren (siehe Abbildung 7). Die Zuwachsraten der Löhne und Gehälter verliefen im großen und ganzen etwa parallel zum oben grob umrissenen Konjunkturzyklus: In Boomphasen waren die Lohnzuwachsraten im allgemeinen hoch, so daß von ihnen weitere Anstöße zu einer Erhöhung der gesamtwirtschaftlichen Nachfrage ausgingen; da die Rentenentwicklung nur mit einer zeitlichen Verzögerung folgte, waren die Zuwachsraten der Renten in Boomphasen gering, so daß von den Renten eher eine dämpfende Wirkung auf die gesamtwirtschaftliche Nachfrage ausging. In den Rezessionsphasen konnten umgekehrte Effekte beobachtet werden: Die niedrigeren Lohnzuwachsraten wirkten auf die Nachfrage dämpfend, während von der Sozialrentenentwicklung nun nachfrageerhöhende Effekte ausgingen. Insgesamt wirkte die gegenläufige Entwicklung also stabilisierend auf die gesamtwirtschaftliche Nachfrage. Diese stabilisierende Wirkung der zeitlichen Verzögerung zwischen Rentenentwicklung sowie Lohn- und Gehaltsentwicklung wird in jüngerer Zeit allerdings zunehmend bezweifelt. Seit der letzten und stärksten Nachkriegsrezession in den Jahren 1974/75 treten diese

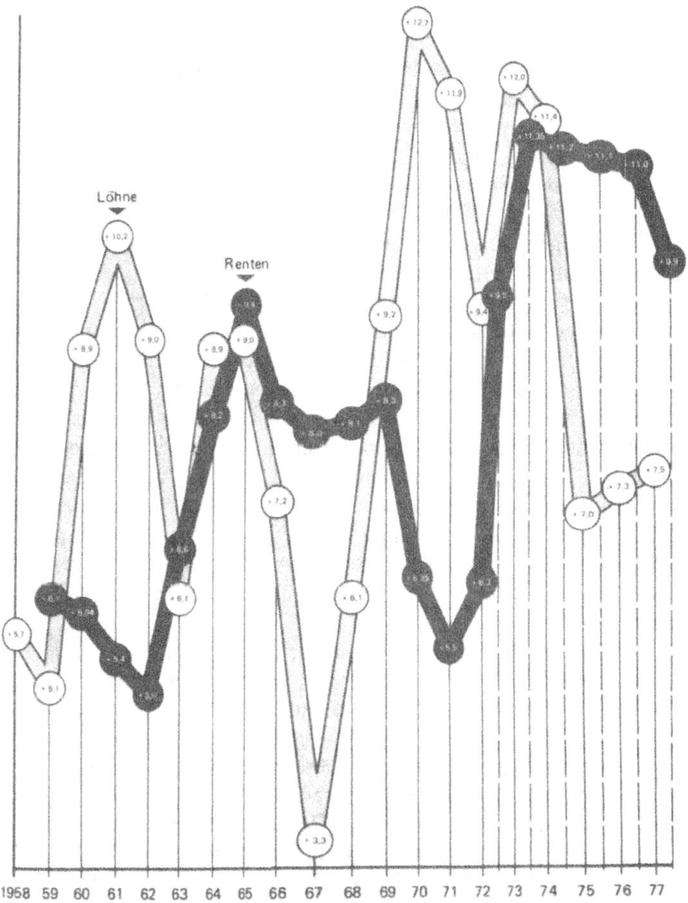

Quelle: Bundesministerium für Arbeit und Sozialordnung [1977].

ausgeprägten Konjunkturzyklen der Nachkriegszeit nicht mehr auf, die zeitliche Länge der Zyklen scheint sich auszudehnen. So könnte es also passieren, daß die Entwicklung von Sozialrenten sowie Löhnen und Gehältern nicht mehr entgegengesetzt verläuft, und demgemäß die zeitliche Verzögerung dann auch nicht mehr stabilisierend wirkt. Deshalb wurde auch vorgeschlagen, diese zeitliche Verzögerung so weit wie möglich zu beseitigen, also die Sozialrenten an das Durchschnittseinkommen der Vorperiode zu binden. Wir werden unten noch zeigen, daß mit der Durchführung eines solchen Vorschlags die Lösung der Zukunftsprobleme der gesetzlichen Rentenversicherung noch erheblich erschwert würde.

Die Auswirkungen des Alterssicherungssystems auf das wirtschaftliche Wachstum – gemessen am Zuwachs des realen Bruttosozialprodukts pro Kopf der Bevölkerung – sind wiederum mit einer Reihe von Problemen verbunden, die wir bereits an anderer Stelle mehr oder weniger ausführlich behandelt haben. So wird betont, daß das Kapitaldeckungsverfahren die Ersparnis erhöht, damit höhere Investitionen der Unternehmer ermöglicht, die wiederum zu mehr wirtschaftlichem Wachstum beitragen. An dieser Argumentationskette ist leider jedes Glied zu bezweifeln. Daß das Kapitaldeckungsverfahren die Ersparnis nicht immer erhöht – insbesondere dann nicht, wenn die Aufbauphase einer Versicherung abgeschlossen ist und schon gar nicht bei sinkenden Versichertenzahlen –, haben wir bereits ausführlich diskutiert. Daß dann zusätzliche Ersparnis allein nicht gleichzeitig die Unternehmer veranlaßt, auch mehr zu investieren, hat wiederum die Entwicklung in der Bundesrepublik während der letzten Jahre gezeigt: Trotz hoher Sparquote wurde weniger investiert, das Wachstum war gering. Hier müssen also noch andere Faktoren von größerer Bedeutung sein, auf die wir aber hier nicht eingehen können.

Wenn die Sozialversicherung das Risikoverhalten der Bürger beeinträchtigen würde (im Sinne einer zunehmenden Risikoscheu), wären auch wachstumshemmende Wirkungen vorstellbar. Verbreitet sich aufgrund einer – in den Augen vieler Kritiker – zu weitgehenden sozialen Absicherung der Bürger eine allgemeine Risikoscheu, dann finden sich zu wenige Unternehmerpersönlichkeiten, die bereit sind, hohe Risiken einzugehen, die andererseits wiederum hohe Gewinnchancen (neben den Verlustmöglichkeiten) bieten. Unternehmerpersönlichkeiten, die bereit sind, neue Produktionstechniken anzuwenden oder neue Produkte herzustellen, waren immer die Triebkräfte des marktwirtschaftlichen Systems. Ob nun heute eine solche wachstumshemmende Risikoscheu herrscht, bedürfte eingehender soziologischer und psychologischer Untersuchungen. Auch wenn eine Risikoscheu tatsächlich konstatiert würde, bliebe immer noch die Frage nach ihren Ursachen. In einem Wohlfahrtsstaat, der die Bürger lediglich gegen größere persönliche Unglücksfälle absichert, wäre es sogar vorstellbar, daß die Risikobereitschaft auf andere Bereiche – zum Beispiel den unternehmerischen – übertragen werden kann. Immerhin war die Entwicklung zum Wohlfahrtsstaat begleitet von einem in der Geschichte nahezu einmaligen Wachstumsprozeß.

Weitaus schwerwiegender scheint die angesprochene Beeinträchtigung der Leistungsbereitschaft der Bürger durch hohe Steuer- und Sozialbeitragsbelastungen zu sein. Wird aufgrund der hohen Grenzbelastung weniger Arbeitskraft angeboten, also mehr Freizeit nachgefragt, führt das eventuell zu einer Beeinträchtigung des wirtschaftlichen Wachstums, insbesondere dann, wenn gleichzeitig die Zahl der Erwerbstätigen stark abnimmt und nicht in allen Bereichen entsprechende **Rationalisierungsinvestitionen** (das heißt, daß zum Beispiel im Industriebereich durch vermehrten Einsatz von hochentwickelten Produktionsverfahren, beispielsweise unter Verwendung der Mikroprozessoren, die menschliche Arbeitskraft ersetzt wird) vorgenommen werden können. In einem solchen Fall, der in Zukunft aufgrund der sinkenden Bevölkerungszahl immerhin möglich erscheint, wäre dann das wirtschaftliche Wachstum begrenzt durch ein zu geringes Angebot an Arbeitskraft. Wir können nicht mit Sicherheit die Frage beantworten, ob bereits heute in der Bundesrepublik von der erreichten Grenzbelastung erhebliche negative Wirkungen auf die Leistungsanreize der Masse der Erwerbstätigen ausgehen, bei weiter steigenden Grenzbelastungen sollten wir das allerdings nicht mehr ausschließen.

Würde mehr Freizeit nachgefragt, diese aber gleichzeitig zu vermehrten do-it-yourself oder auch Schwarzarbeit genutzt, würde zwar das „offizielle", am Sozialprodukt gemessene Wachstum rückläufig sein, die gesamte Wohlfahrt einschließlich des Wachstums der Untergrundökonomie aber noch zunehmen. Hier stellt sich nun die Frage, wer effizienter arbeitet: die Marktwirtschaft oder die Untergrundwirtschaft? Wie wir im historischen Teil deutlich gemacht haben, hat gerade die Marktwirtschaft aufgrund der zunehmenden Arbeitsteilung im Industrialisierungsprozeß dazu beitragen, den technischen Fortschritt erheblich schneller umzusetzen, also auch dazu, das wirtschaftliche Wachstum und die Wohlfahrtsentwicklung zu beschleunigen. In der Untergrundwirtschaft vollzieht sich hingegen eine Umkehrung der Entwicklung: Man kehrt wieder zurück zu den historischen Produktionsweisen in der geschlossenen Hauswirtschaft („Eigenproduktion"). Diese sind im allgemeinen aber aufgrund der mangelnden Technisierbarkeit der Produktionsmethoden weniger effizient. Die Entwicklung einer parallelen Untergrundwirtschaft beeinträchtigt unser zukünftiges Wachstumspotential und damit unsere Chancen, die

 Zukunftsprobleme im Bereich der gesetzlichen Rentenversicherung zu lösen. Aber wir wollen nicht unerwähnt lassen, daß in der Untergrundwirtschaft die heute so häufig erwähnte „Entfremdung am Arbeitsplatz" weniger auftritt, und die dort angewandten Produktionsmethoden auch der Zielsetzung einer „Humanisierung der Arbeitswelt" dienen.

7. Die Bevölkerungsentwicklung

Im Vordergrund der öffentlichen Diskussion steht die Frage, wie sich die Bevölkerungsentwicklung auf die Finanzierungsseite der gesetzlichen Rentenversicherung auswirkt. Die Auswirkungen des Systems der Alterssicherung auf die Bevölkerungsentwicklung werden dabei häufig übersehen, stellen allerdings auch das umstrittenste unter den hier diskutierten Problemen dar. In diesem Bereich forschen Bevölkerungswissenschaftler, Soziologen, Psychologen, Politikwissenschaftler und in jüngerer Zeit auch zunehmend Wirtschaftswissenschaftler. Nun neigt der Wirtschaftswissenschaftler überwiegend dazu, den Menschen in erster Linie als „homo oeconomicus" zu sehen, was ihm häufig die Kritik der Wissenschaftler aus den anderen Forschungsbereichen einbringt. Bei der Erklärung der Bevölkerungsentwicklung kommt den ökonomischen Faktoren – und dazu gehört auch die Ausgestaltung der Alterssicherung – ein gewisses Gewicht zu, selbst wenn man bei der Abschätzung ihres Einflusses weitgehend auf Spekulationen angewiesen ist. Bestimmt aber kann die Ökonomie etwas zur Versachlichung der Diskussion beitragen, die oft doch recht emotionsgeladen abläuft. Wir müssen uns hier auf einige wesentliche Aspekte beschränken, da die Diskussion der Problematik der Bevölkerungsentwicklung allein schon einen solchen Band füllen könnte.

Den Übergang von einer mehr agrarisch orientierten Gesellschaft auf eine Industriegesellschaft bezeichnet man in der Bevölkerungswissenschaft („**Demographie**") auch als den „demographischen Übergang". Nach Abschluß dieses Übergangs wurde erwartet, daß sich dann über die einzeleheliche Geburtenbegrenzung eine neue stabile Bevölkerung einstellen werde. Insbesondere im Ausbau des Sozialstaates sah man auch die Gewißheit für den einzelnen, „mit Vernunft und Anstand Kinder haben zu können" [*Mackenroth*, 1953].

Was kann die Wirtschaftswissenschaft nun zur Erklärung beitragen, daß seit Mitte der 60er Jahre ein Geburtenrückgang einsetzte, der nicht zu einer mehr oder weniger konstanten Bevölkerung, sondern zu einer stark schrumpfenden Bevölkerung führte? Wir hatten bereits angemerkt, daß mit der Auflösung der Großfamilie das Bewußtsein gelitten haben mag, daß zur Alterssicherung der Eltern auch eine ausreichende Kinderzahl notwendig ist. Die große Zahl der Kinder in der Großfamilie kam unmittelbar den Eltern zugute, während die Kleinfamilie die Versorgung der Eltern direkt nicht mehr gewährleistete. Hier sorgte die staatliche Sozialpolitik für einen solidarischen Ausgleich in der Gesamtgesellschaft. Von diesem Ausgleich profitieren jetzt aber auch Ledige und kinderlose Ehepaare, die später die öffentliche Alterssicherung durch die Kinder anderer in Anspruch nehmen, obwohl sie an deren Kosten nicht bzw. nur gering beteiligt waren. Ein sogenanntes Freifahrerverhalten wurde möglich, da die Kosten der Kinder weitgehend privatisiert, ihre Erträge aber sozialisiert worden sind. Mackenroth hatte wohl eine solche Entwicklung befürchtet und auch gefordert, „mit einer planmäßigen auf – natürlich vernünftig begrenzte – bevölkerungspolitische Ziele ausgerichteten Wirtschafts- und Sozialpolitik fortzufahren". Die Ausführungen über die Ausgestaltung des Alterssicherungssystems sowie des Steuersystems dürften deutlich gemacht haben, daß man weder planmäßig verfahren ist, noch vernünftige bevölkerungspolitische Ziele überhaupt artikuliert hat, geschweige denn verfolgt.

Aber zurück zum ökonomischen Erklärungsansatz; zunächst einmal bringt die allgemeine Wohlstandsentwicklung auch ein steigendes Maß an Alternativen für den einzelnen mit sich: Er kann Reisen machen, er kann vermehrt langlebige Konsumgüter erwerben; beides ist nur möglich bei ausreichend hohem Einkommen. Bezieht ein Ehepartner ein nicht ausreichend hohes Einkommen, kann das durch die Erwerbstätigkeit des anderen Ehepartners aufgestockt werden, so daß man sich auch diejenigen angenehmen Dinge leisten kann, die sich früher nur sehr Wohlhabende leisten konnten. Mit den möglichen Reisen und Konsumgüterkäufen „konkurriert" heute das Kind; denn während es früher in der Agrargesellschaft – in der vielen etwas materialistisch anmutenden Ausdrucksweise der Ökonomie – Produktionsfaktor war, ist das Kind heute Kostenfaktor, der mögliche Handlungsspielräume einengt, insbesondere wenn aufgrund der Kindererziehung Teile des Einkommens oder sogar das ganze Einkommen der Ehefrau verloren gehen. Gerade für Familien mit mittleren Einkommen, das gemeinsam von beiden Ehepartner verdient wird, bedeutet ein Kind heute häufig sozialen Abstieg.

Diesen Problemstellungen widmet sich auch die „ökonomische

 Fruchtbarkeitstheorie" von *Leibenstein*. Er vertrat die Ansicht, daß Ehepaare die gewählte Zahl ihrer Kinder aufgrund von ungefähren Nutzen-Kosten-Erwägungen bestimmen, wobei er unter „Kosten" sowohl die Geldkosten als auch die psychischen Lasten der Kindererziehung und unter dem „Nutzen" den Gewinn der Eltern an Freude über die Kinder, sozialem Ansehen und eventuellem zusätzlichen Einkommen und sozialer Sicherheit verstand. Die gesamte Nutzenfunktion eines Ehepaares enthält aber auch noch andere Faktoren. Kinder gelten in diesem Zusammenhang als eine Art „dauerhaftes Gut", das mit anderen Gütern konkurriert, die Nutzen in Form von Befriedigung bestimmter Bedürfnisse, Gewinn an Ansehen, wirtschaftlicher und sozialer Sicherheit usw. versprechen. Somit „konkurrieren" Kinder mit anderen dauerhaften Gütern bei der Entscheidung über die Verwendung des Familieneinkommens. Man sagt: Bei gegebenem Angebot von Gütern, gegebenen Preisen und Präferenzen sowie bei gemeinsamer Nutzenfunktion bestimmt sich die Zahl der Kinder aus der Kosten-Nutzenbilanz der Kinder im Verhältnis zur Kosten-Nutzenbilanz der Güter.

Ist die Ehefrau erwerbstätig, treten neben die dargestellten Kostenelemente noch die Alternativkosten, die häufig nach dem entgangenen Verdienst der Mutter auf dem Arbeitsmarkt bemessen werden. Diese Alternativkosten haben sich natürlich mit dem in den letzten Jahrzehnten ständig zunehmenden Ausbildungsniveau der Frauen wesentlich erhöht. Die Alternativkosten mögen bei einem Kind noch gering sein, weil die Erwerbstätigkeit aufrechterhalten werden kann, steigen dann aber stark mit zunehmender Kinderzahl; häufig erscheint schon bei zwei Kindern für viele Frauen eine zusätzliche Erwerbstätigkeit unzumutbar.

Diese Theorie hat dazu beigetragen, die Entscheidungen der Haushalte hinsichtlich der gewünschten Kinderzahl transparent zu machen. In der Realität konkurrieren sicherlich die Kinder mit den anderen Konsumwünschen der Eltern, die natürlich mit steigendem Angebot solcher Güter, aber auch aufgrund des sogenannten Nachbarschaftseffektes an Bedeutung gewonnen haben. Demzufolge besteht der verständliche Wunsch, auch das zu besitzen, was der Nachbar hat, ohne daß man heute konkret weiß, welcher sozialen Stellung (oder noch wichtiger: welcher Einkommensklasse) der Nachbar eigentlich angehört. Steigende Konsumansprüche auf der einen Seite und die steigende Erwerbstätigkeit der Frau auf der anderen Seite haben also die gewünschte Zahl der Kinder je Ehe reduziert. Auch die zunehmende Erkenntnis, daß aufgrund der hohen Kinderausbildungskosten eine hohe Kinderzahl im allgemeinen auf Kosten der Ausbildungsqualität der Kinder geht, mag dazu beigetragen haben, daß die Zahl der gewünschten Kinder je Ehe gesunken ist.

Auch hierzu einige Beispielzahlen aus der Praxis: Nach Berechnungen des Wissenschaftlichen Beirats für Familienfragen beim Bundesministerium für Jugend, Familie und Gesundheit lag 1971 das Lebensniveau in Familien mit drei Kindern, verglichen mit dem Lebensniveau eines kinderlosen Ehepaars der gleichen Einkommensstufe, um nahezu die Hälfte niedriger. Die wirtschaftlichen Belastungen der Familien mit Kindern sind beachtlich [vgl. *Lampert*]: Wenn man unterstellt, daß eine Familie mit drei Kindern ohne eine Erwerbstätigkeit der Mutter gegenüber einem kinderlosen Ehepaar mit Berufstätigkeit der Frau netto über 1.500 DM monatlich weniger verfügt, dann errechnet sich für einen Zeitraum von 18 Jahren ein Einkommensverlust von rund 325.000 DM (ohne Zinsen). In einem kürzlich erschienen Gutachten des Wissenschaftlichen Beirats für Familienfragen wird der finanzielle Aufwand pro Jahr und Kind – ohne Einberechnung des elterlichen Zeitaufwandes – für 1974 mit 9.000 DM, monatlich also mit fast 750 DM, ermittelt. Bei 18 Sorgejahren ergibt sich dann ein finanzieller Gesamtaufwand von 162.000 DM je Kind. Zusammen mit den Alternativkosten ergibt sich eine finanzielle Einbuße der Familie mit drei Kindern in Höhe von rund 810.000 DM.

Allein schon die Nutzen-Kosten-Erwägungen mögen also mit eine Erklärung für das veränderte „generative Verhalten“ bilden. Berücksichtigt man dann noch die vielen Nachteile, die für Ehepaare mit Kindern in unser System der sozialen Sicherheit – hier inbesondere die gesetzliche Rentenversicherung auf der einen und unserem Steuersystem auf der anderen Seite eingeflossen sind, wird deutlich, daß dadurch die Problematik noch verschärft wird: Wenn Zeppernick tatsächlich recht hat – und es spricht nur wenig dagegen –, daß „durch staatliche Eingriffe eine *sozialpolitisch nicht gerechtfertigte, erhebliche Begünstigung der kinderlosen Ehepaare bzw. Benachteiligung der Familien mit Kindern*“ eingetreten ist, hat der Staat selbst diese Bevölkerungsentwicklung mit verursacht. Wir stark allein die wirtschaftlichen Einflüsse sind, können wir heute nicht sagen; daß diese wirtschaftlichen Einflüsse aber einfach vernachlässigt werden können, wäre eine fahrlässige Schlußfolgerung.

Literaturempfehlungen zum IV. Kapitel

1) Zu den gesamtwirtschaftlichen Auswirkungen: *Jüttemeier/Petersen* [1981].

2) Zur Bevölkerungsentwicklung: Ursachen des Geburtenrückgangs – Aussagen, Theorien und Forschungsansätze zum generativen Verhalten. Schriftenreihe des Bundesministeriums für Jugend, Familie und Gesundheit, Bd. 63, Stuttgart–Berlin–Köln–Mainz 1979. Konsequenzen des Geburtenrückgangs für ausgewählte Politikbereiche. Schriftenreihe des Bundesministeriums für Jugend, Familie und Gesundheit, Bd. 58, Stuttgart–Berlin–Köln–Mainz 1978.

3) Zur Lage der Familien: Bundesministerium für Jugend, Familie und Gesundheit [1971, 1979]; Deutscher Bundestag (Dritter Familienbericht) [1979].

V. Zukunftsprobleme im Bereich der Altersversorgung

Die Zukunft der gesetzlichen Rentenversicherung ist besonders durch drei Probleme belastet: (1) Für 1982 ist die Rückkehr zur bruttolohnbezogenen Rentenanpassung vorgesehen, die bereits in mittelfristiger Sicht – vor allem wenn nachhaltige Rezessionen auftreten – zu Finanzierungsproblemen führen könnte. (2) Das Bundesverfassungsgericht hat in seinem Urteil vom 12. März 1975 dem Gesetzgeber zur Aufgabe gemacht, bis 1984 die bisherige zwischen Witwen und Witwern differenzierende Regelung der Hinterbliebenenrente (bisher: Witwerrente nur, wenn die verstorbene Ehefrau überwiegend zum Lebensunterhalt beigetragen hat) durch eine geschlechtsneutrale zu ersetzen. Diese Auflage des Bundesverfassungsgerichts soll gleichzeitig genutzt werden, die Versorgung der Witwen besserzustellen, was sozialpolitisch durchaus sinnvoll sein mag, wahrscheinlich aber ohne zusätzliche Belastungen für die Rentenversicherung nicht zu bewerkstelligen ist. (3) Erhebliche Probleme kommen um die Jahrtausendwende auf die Rentenversicherung zu, wenn zunehmend geburtenstarke Jahrgänge ins Rentenalter kommen, sich dann aber gleichzeitig der seit 1966 anhaltende Geburtenrückgang auf die Erwerbstätigenzahlen auswirkt. Diese drei Probleme sollen anschließend diskutiert werden.

1. Die Rentenfinanzen bis 1990

Das 21. Rentenanpassungsgesetz hatte mit rigorosen Maßnahmen dafür gesorgt, daß im Zeitraum von 1979 bis 1981 Einnahmen und Ausgaben der Rentenversicherung weitgehend im Gleichgewicht blieben, ja sogar leichte Überschüsse gebildet werden konnten. Unter der Voraussetzung, daß keine ernsthafte Rezession eintritt, wird auch die Schwankungsreserve von 16,9 Milliarden DM im Jahre 1980 auf 30,4 Milliarden DM im Jahre 1983 zunehmen. Diese etwas günstigere Perspektive verleitete viele Politiker dazu, nun an die endgültig gelungene Sanierung der Rentenfinanzen zu glauben und deshalb auch die mit dem 21. Rentenanpassungsgesetz beschlossene Beitragserhöhung auszusetzen. Glücklicherweise konnten diese Bestrebungen erfolgreich abgewehrt werden. Viele, die sich gegen eine Aussetzung der Beitragserhöhung aussprachen, hoffen nun, mit den erhöhten Beitragseinnahmen bis 1984 ein finanzielles Polster bilden zu können, um dann die geplante Reform der Hinterbliebenenversorgung finanzieren zu können. Nun bedeutet eine Erhöhung des Beitragssatzes um 0,5 % (von 18 % auf 18,5 % zum 1.1.1981) eine Erhöhung der Beitragseinnahmen um rund 3 Milliarden DM jährlich. Bis 1984 könnte dann ein weiteres Finanzpolster von rund 10 Milliarden DM ohne Berücksichtigung möglicher Zinseinnahmen gebildet werden, vorausgesetzt die Ausgaben steigen nicht stärker als bisher in den Berechnungen vorgesehen[1]).

Die weitere Verbesserung der Finanzlage sowie die Bildung eines Finanzpolsters für 1984 sind also von zwei Faktoren abhängig: (1) Von der konjunkturellen Entwicklung, und (2) von den Ausgaben der Rentenversicherung. Eine günstige konjunkturelle Entwicklung ist in Anbetracht der jüngsten Gutachten der fünf wichtigsten deutschen Wirtschaftsforschungsinstitute[2]) und des Jahresgutachtens 1980/81 des Sachverständigenrats zur Begutachtung der gesamtwirtschaftlichen Entwicklung (die „Fünf Weisen") höchst zweifelhaft. Für 1981 wird zumindest eine starke Abschwächung der Konjunktur, wenn nicht sogar eine ausgeprägte Rezession vorausgesagt. Die prognostizierten Wachstumsraten des realen Bruttosozialprodukts liegen zwischen + 0,5 % und – 1,5 %; die Lohnzuwachsraten sollten nach den Vorstellungen der Wirtschaftsforscher zwischen 2,5 % und 3 % liegen, während

[1]) Die Mehreinnahmen des Jahres 1981 stehen für die Bildung eines Finanzpolsters der Rentenversicherung bereits nicht mehr zur Verfügung, da mit Beschluß der Bundesregierung im Jahre 1981 der Bundeszuschuß um 3,5 Milliarden DM (also um einen um 0,5 Milliarden höheren Betrag als die Mehreinnahmen) gekürzt wurde. Dieser Betrag wurde der Arbeitslosenversicherung zur Lösung ihrer Finanzierungsprobleme zur Verfügung gestellt. Diesmal verlagert man – anders als 1977 (siehe oben S. 92) – die Finanzierungsprobleme der Arbeitslosenversicherung auf die Rentenversicherung.

[2]) Deutsches Institut für Wirtschaftsforschung, Berlin; Rheinisch-Westfälisches Institut für Wirtschaftsforschung, Essen; HWWA-Institut für Wirtschaftsforschung, Hamburg; Institut für Weltwirtschaft, Kiel; Ifo-Institut für Wirtschaftsforschung, München.

die Zahl der Arbeitslosen auf deutlich über 1 Million steigen dürfte. Diese Faktoren berühren die Einnahmenseite der gesetzlichen Rentenversicherung. Gehen wir von den pessimistischeren Prognosen aus, ist im Jahresdurchschnitt 1981 mit einer Arbeitslosenzahl zu rechnen, die etwa um 400.000 über der Arbeitslosenzahl im Jahresdurchschnitt 1980 liegen könnte. Tritt eine solche zusätzliche Arbeitslosigkeit ein, bedeutet allein dieser Tatbestand einen Beitragsausfall von rund 2 Milliarden DM. Bleibt auch die Lohnzuwachsrate um 2 % hinter dem angenommenen Wert zurück, bedeutet das noch einmal einen Beitragsausfall von ca. 2 Milliarden DM. Ob diese Beitragsausfälle sich nur auf das Jahr 1981 beschränken, hängt davon ab, ob es gelingt, relativ schnell wieder aus der Talsohle herauszukommen. Dies wiederum hängt – wie auch 1974/75 – nicht allein von den Gegebenheiten in der Bunderepublik, sondern auch von der weltwirtschaftlichen Lage ab. Nach den Erfahrungen aus der letzten Rezession müssen wir auch zukünftig mit einer längeren Rezessionsdauer rechnen (1974/75 dauerte die Überwindung der Talsohle wesentlich länger als bei früheren Rezessionen). In diesem Fall wären die drohenden Beitragsausfälle bereits größer als die Beitragsmehreinnahmen aus der Erhöhung des Beitragssatzes.

Wie werden sich demgegenüber die weiteren Ausgaben entwickeln? Die Zahl der Rentner bleibt in der ersten Hälfte der 80er Jahre, nachdem der „Rentenberg" aus den 70er Jahren überschritten ist (siehe Abbildung 6), relativ konstant. Diese Zahl ist zwar wesentlich von den Veränderungen im Bestand der älteren Bevölkerung abhängig, doch daneben spielen auch versicherungsrechtliche Aspekte eine Rolle. In der Vergangenheit hat die Zahl der Renten an Versicherte im Alter von 60 und mehr Jahren erheblich stärker zugenommen als die Bevölkerung in diesem Alter. Dies wurde besonders durch die Einführung der flexiblen Altersgrenze verursacht. Auch in den nächsten Jahren dürfte – trotz der relativen Konstanz der Bevölkerung im Alter von 60 und mehr Jahren – unter status quo Bedingungen damit zu rechnen sein, daß die Zahl der Rentenfälle weiter zunehmen wird, allerdings verglichen mit der bisherigen Entwicklung stark verlangsamt. Außer der bis 1990 nur leichten Zunahme der Rentenfälle wirkt aber die absehbare Erhöhung der durchschnittlichen Renten ausgesprochen ausgabenexpansiv. In den zukünftigen Rentenansprüchen spiegelt sich zum einen die normalisierte, das heißt längere und weniger häufig unterbrochene (zum Beispiel infolge der Kriegs- und Nachkriegswirren) Dauer des Arbeitslebens wieder, zum anderen kommt in ihnen aber auch die in der Nachkriegszeit zur Überwindung kurzfristiger finanzieller Engpässe betriebene Politik der Ausdehnung der Versicherungspflicht auf besser verdienende Bevölkerungsschichten zum Ausdruck. Denn zukünftig werden die Rentenansprüche jener Beitragszahler fällig, die vor 30, 20 und 15 Jahren unter Anhebung der früheren Versicherungspflichtgrenze und der Beitragsbemessungsgrenze in die gesetzliche Rentenversicherung integriert wurden. Es bestehen zumindest einige Zweifel, daß diese Entwicklungen in den Ausgabenprognosen der gesetzlichen Rentenversicherung ausreichende Berücksichtigung gefunden haben, so daß bereits in der ersten Hälfte dieses Jahrzehnts die Ausgaben wesentlich schneller steigen werden als in der Vergangenheit („Tornado-Effekt" in der gesetzlichen Rentenversicherung?). Dabei sind gleichzeitig geringere Lohnzuwachsraten als in den vergangenen 30 Jahren zu erwarten, so daß ein geringeres Wachstum der Beitragseinnahmen eintreten dürfte.

Beurteilt man zusammenfassend die Entwicklung der Rentenfinanzen bis 1984, so könnte man schon froh sein, wenn keine erheblichen Defizite auftreten. Die Bildung eines finanziellen Polsters erscheint angesichts der jüngsten Konjunkturentwicklung zumindest zweifelhaft. Vom theoretischen Gesichtspunkt wären in einer Rezession sinkende Beitragseinnahmen und steigende Rentenausgaben – sogar bis hin zum Defizit – eigentlich nicht sonderlich aufregend, im Gegenteil sie paßten sogar in die konjunkturpolitische Landschaft. Vielmehr noch als bei der Diskussion um die Staatsverschuldung ist allerdings daraufhinzuweisen, daß die **Defizite** in der gesetzlichen Rentenversicherung nur vordergründig konjunkturell bedingt sind; vielmehr sind sie durch die oben beschriebene Diskrepanz zwischen zukünftiger Beitragseinnahmen- und Rentenausgabenentwicklung **strukturell** bedingt, so daß jeder Konjunktureinbruch nicht etwa relativ schmerzlos aus den Überschüssen vergangener Jahre finanziert werden kann, sondern jedesmal ein solches Defizit verursacht, daß den Rentenfinanzen der Kollaps droht. Da wir auch in der zweiten Hälfte der 80er Jahre, unterstellt man die heute etwas längere Phase des Konjunkturzyklus von ca. 6 bis 7 Jahren, wieder mit einer Rezession rechnen müssen, wird die Lage der Rentenversicherung bis 1990 aus der tagespolitischen Diskussion nicht verschwinden, wobei die Auswirkungen der 84er-Reform noch gar nicht berücksichtigt sind. Die Hoffnungen, solche Rezessionen würden nicht eintreten bzw. sich durch entsprechende wirtschaftspolitische Gegenmaßnahmen vermeiden lassen, haben sich in der Vergangenheit nicht erfüllt. So müssen wir auch in Zukunft mit Rezessionen rechnen, obwohl die Anwendung der modernen Wirtschaftstheorie in der praktischen Wirtschaftspolitik seit Ende des II. Weltkriegs immerhin dazu beigetragen hat, daß sich die Katastrophen der Weimarer Zeit nicht wiederholt haben. Die platte Behauptung von *Bäcker/Elsner* [1979], daß die „Krise des kapitalistischen Wirtschaftssystems . . . die eigentliche Ursache der Probleme der Sozialpolitik" sei, geht so ziemlich an jeder Realität vorbei. Mit der Krise des Kapitalismus leben wir seit seinem Anbeginn. Mit der sozialpolitischen Orientierung ist es immerhin gelungen, trotz der harten Auseinandersetzungen zwischen Kapitalinteressen und Arbeitnehmerinteressen in der Bundesrepublik Deutschland einen solchen sozialen Konsensus herbeizuführen, daß die überwältigende Mehrheit der Bevölkerung dieses „krisengeschüttelte" System der sozialen Marktwirtschaft akzeptiert. Und diese überwältigende Mehrheit will sicherlich auch lieber weitere 100 Jahre am Krankenbett des Kapitalismus sitzen als unter der derzeitig einzigen in der Welt vorhandenen Alternative – dem real existierenden Sozialismus – zu leben. Mit Klassenkampfparolen lösen wir unsere Zukunftsprobleme jedenfalls nicht.

2. Die Neuregelung der Hinterbliebenenversorgung

Die Neuregelung der Hinterbliebenenversorgung wird derzeit in der Öffentlichkeit heftig diskutiert. Deshalb müssen wir auf diese Problematik etwas ausführlicher eingehen. Mit dem Urteil des Bundesverfassungsgerichts vom 12. März 1975 wurde eine Gleichbehandlung von Männern und Frauen in der Hinterbliebenenversorgung gefordert und dem Gesetzgeber die Neuregelung „bis zum Ende der übernächsten Legislaturperiode" (das ist das Jahr 1984) vorgeschrieben. In dem zitierten Urteil hat sich das Bundesverfassungsgericht mit den im heutigen Rentenrecht enthaltenen unterschiedlichen Voraussetzungen für die Witwenrente und die Witwerrente befaßt. Während heute der Frau nach dem Tode des versicherten Mannes prinzipiell immer eine Witwenrente zusteht, erhält der Mann eine solche nur unter der Voraussetzung, daß die Verstorbene den Unterhalt der Familie überwiegend bestritten hat[1]). Zur Unterstützung bei der Erarbeitung einer Gesamtkonzeption hat die Bundesregierung eine Sachverständigenkommission berufen, die eine Problem-

[1]) Im Jahr 1979 wurden 3,8 Millionen Renten an Witwen und Witwer gezahlt; sie gingen zu 99,8 % an Witwen. In nur 8.000 Fällen wurde Witwern eine Hinterbliebenenrente gewährt [Sachverständigenkommission].

analyse durchführen und Lösungsvorschläge erarbeiten sollte, um

(1) die bis 1984 geforderte Gleichbehandlung von Mann und Frau in der Hinterbliebenenversorgung zu verwirklichen,
(2) eine Neuordnung der sozialen Sicherung der Frau zum Ausbau eigener Sicherungsansprüche für Alter und Invalidität zu erreichen und
(3) hierbei unter dem Gesichtspunkt der Beitragsäquivalenz soziale Ungerechtigkeiten zu korrigieren.

Die Mitglieder der „Sachverständigenkommission für die soziale Sicherung der Frau und der Hinterbliebenen" wurden im Oktober 1977 berufen. Die Sachverständigenkommission legte im Mai 1979 ihr Gutachten „Vorschläge zur sozialen Sicherung der Frau und der Hinterbliebenen" vor.

Grundsätzlich werden Männer und Frauen in der gesetzlichen Rentenversicherung rechtlich gleichbehandelt, allerdings gibt es zwei Ausnahmen: (1) Die vom Bundesverfassungsgericht für nicht verfassungskonform (da gegen den Gleichheitsgrundsatz des Grundgesetzes verstoßend) gehaltenen unterschiedlichen Voraussetzungen für die Renten an Witwen und an Witwer, die nach Auflage des Bundesverfassungsgerichts zu einer Neuregelung der Hinterbliebenenversorgung zwingt. (2) Für die Rentenberechnung bedeutsame Zeiten werden bei Männern und Frauen nach geltendem Recht unterschiedlich bewertet. Dies gilt für die Bewertung der ersten fünf Jahre einer Pflichtversicherung und bestimmte Ausbildungszeiten, die bei den Frauen mit niedrigeren Werten erfolgt, so daß auch ihre Rentenansprüche geringer sind. Über die Verfassungsmäßigkeit dieser Ungleichbehandlung wird das Bundesverfassungsgericht demnächst zu entscheiden haben.

Wenn auch die Rentenversicherung, einmal abgesehen von den beiden Ausnahmen, grundsätzlich Männer und Frauen rechtlich gleichbehandelt, bedeutet das noch nicht, daß die soziale Sicherung der Frauen tatsächlich der der Männer gleicht, sei es, daß sie als Hausfrau keine eigenen Rentenansprüche erworben haben – also nur einen abgeleiteten aus den Rentenansprüchen des Mannes –, sei es aufgrund ihrer auch heute noch häufig vorhandenen Benachteiligung (vor allem in Form von niedrigen Löhnen) im Erwerbsleben, sei es wegen ihrer meist nicht kontinuierlichen Erwerbstätigkeit durch Unterbrechungen für Zeiten der Kindererziehung. So betrug beispielsweise im Januar 1979 die durchschnittliche Höhe der Versichertenrenten für Männer in der Rentenversicherung für Arbeiter 1.014 DM monatlich und für Frauen 364 DM monatlich (das sind ca. 36 % der Durchschnittsrente der

Männer); in der Rentenversicherung für Angestellte sind die Unterschiede nicht ganz so krass. Die Durchschnittsrente der Männer beläuft sich hier auf 1.417 DM monatlich und die der Frauen auf 670 DM monatlich (das sind rund 47 % der Durchschnittsrente der Männer) [vgl. Sachverständigenkommission]. Das DIW stellte in einem Gutachten fest, daß die Ursachen für die niedrigeren Renten an Frauen sowohl in deren geringeren persönlichen Bemessungsgrundlage (die nur 50 % in der Rentenversicherung der Arbeiter bzw. 60 % in der Rentenversicherung der Angestellten der Bemessungsgrundlage der Männer beträgt) als auch in deren geringeren Zahl von Versicherungsjahren (die anrechnungsfähigen Versicherungsjahre sind durchschnittlich in der Rentenversicherung der Arbeiter um ein Drittel und in der Rentenversicherung der Angestellten um ein Viertel bei Frauen niedriger als bei Männern) begründet liegen, wobei ersteres von quantitativ größerer Bedeutung für die Rentenhöhe als letzteres ist [vgl. *Kirner*]. Vor allem wegen dieser heute unzureichenden Sicherung der Frau, die zum Beispiel auch darin zum Ausdruck kommt, daß die Rente nach Mindesteinkommen zu über 90 % den Frauen zugute kommt, soll die 84er-Reform zumindest gewisse Verbesserungen schaffen.

Bevor wir im einzelnen auf die von der Sachverständigenkommission aufgezeigten Lösungsmöglichkeiten eingehen wollen, müssen noch zwei grundsätzliche Fragen geklärt werden, die zur Beurteilung der aufgezeigten Alternativen wesentlich sind: (1) Soll bei der Alterssicherung das Individualprinzip oder das Haushaltsprinzip verwirklicht werden, und (2) soll die Sicherung der Frau partnerschaftlich oder patriarchalisch orientiert sein [vgl. *Albers*, 1980]? Im Falle der Anwendung des **Individualprinzips** erhält jeder Versicherte eine seinen eigenen Beiträgen entsprechende Rente, die Ehefrau hätte also eine völlig eigenständige Sicherung, unabhängig von Scheidung oder Tod des Ehemannes. Für die Ehefrau wären also Beiträge zur gesetzlichen Rentenversicherung zu entrichten, wie es bei erwerbstätigen Ehefrauen heute auch geschieht. Bei Einverdienerehen tritt dann das Problem der Aufbringung dieser Beiträge auf.

Das **Haushaltsprinzip** ist gegenüber dem Individualprinzip komplizierter; bei diesem Prinzip richten sich die Ansprüche nach dem Familienstand (Ehegatte und Kinder). Hier müßten die Beiträge bei konsequenter Anwendung dieses Prinzips nicht mehr nach dem Einkommen des einzelnen Familienmitglieds, sondern nach dem Haushaltseinkommen (aller Familienmitglieder) bemessen werden. Soll eine beitragsbezogene Rentenleistung erfolgen, müßten also auch bei diesem Prinzip Beiträge für die nicht erwerbstätige Ehefrau gezahlt werden; wird darauf verzichtet, muß festgelegt werden, wer die sich dann ergebende Umverteilung zugunsten der Einverdienerfamilien finanzieren soll. Ferner bedarf es für die Hinterbliebenenversorgung einiger Sonderregelungen.

In der Bundesrepublik ist – wie bei den meisten Prinzipien – weder das eine noch das andere Prinzip in reiner Form verwirklicht: Die Beiträge werden ausschließlich nach dem Individualprinzip gestaltet, während bei den Rentenleistungen teilweise, nämlich bei der Hinterbliebenenversorgung, das Haushaltsprinzip Anwendung findet. Das hat zwei negative Folgen: (1) Überschreitet das gesamte Einkommen der Familie die Beitragsbemessungsgrenze, ergeben sich daraus für Ein- und Zweiverdienerfamilien unterschiedlich hohe Beiträge, je nachdem wie sich das Einkommen in der Zweiverdienerfamilie auf die Ehepartner aufteilt. (2) Auf der Leistungsseite ergibt sich aufgrund der Mischung beider Prinzipien die Möglichkeit, daß Versichertenrenten (wenn die Ehefrau eigene Ansprüche während einer Erwerbstätigkeit begründet hat) und Hinterbliebenenrenten zusammentreffen können, was einerseits eine etwa bestehende Unterversorgung der Ehefrau beseitigen, aber andererseits auch eine Überversorgung der Ehefrau bedeuten kann.

In der Vergangenheit herrschte eindeutig die **patriarchalisch** orientierte Sicherung der Ehefrau vor, da überwiegend der Mann allein das Familieneinkommen erzielte. So erhielt also auch die Frau im Falle des Todes des Ehemannes eine aus den Ansprüchen des Ehemannes abgeleitete Rente. Zunehmende eigene Erwerbstätigkeit der Frauen führt nun dazu, daß diese Konzeption immer weniger mit der Realität übereinstimmte, was oft zur bereits angesprochenen Rentenkumulation führte. Parallel mit der zunehmenden Erwerbstätigkeit der Frau wandelte sich auch das Bild der Ehe von einem patriarchalischen zu einem eher **partnerschaftlichen** Zusammenleben, so daß verstärkt die Forderung nach einer eigenständigen Sicherung der Frau laut wurde. Diesem mehr partnerschaftlichen Verhältnis hat bekanntlich auch das neue Ehe- und Scheidungsrecht Rechnung getragen. Auch in der Hinterbliebenenversorgung muß diesem Bewußtseinswandel Rechnung getragen werden.

Soweit zu den grundsätzlichen Fragen, nun zu den Vorschlägen der Sachverständigenkommission. Diese sieht vier mögliche Grundformen für die Neuordnung der Hinterbliebenenversorgung:

(1) Neugestaltung der Witwen- und Witwerrenten – Sie hat die Gleichstellung der Hinterbliebenenversorgung von Witwen

und Witwern zum Inhalt, hält also im wesentlichen am abgeleiteten Anspruch fest, da Maßnahmen zum Ausbau eigener Sicherungsansprüche der Frau nicht vorgesehen werden. Auch ein Witwer wird dann im Falle einer **Bedarfssituation** einen abgeleisteten Anspruch auf Hinterbliebenenrente haben, und dieser Anspruch sollte bei Witwen und Witwern 75 % (bzw. 70 %) der Rente des (der) Verstorbenen betragen, sonstiges Einkommen einschließlich Renten aus eigener Versicherung werden angerechnet.

(2) **Teilhabe** des überlebenden Ehegatten an der Gesamtversorgung aus der Ehe – In dieser Grundform verbinden sich Elemente der eigenen sozialen Sicherung der Frau mit Elementen der abgeleiteten Sicherung. Die hier vorgesehene Regelung wird erst nach dem Tode eines Ehegatten wirksam und führt in jedem Falle zu einer eigenen Rente der Witwe oder des Witwers, nämlich durch Teilhabe an den von den Ehegatten in der Ehe erworbenen Rentenansprüchen (Gesamtversorgung). Die Rente wird gewährt, wenn der Ehegatte invalide ist oder die Altersgrenze erreicht hat und berechnet sich aus 75 % (bzw. 70 %) der von beiden Ehegatten während der Ehe erworbenen Rentenanwartschaften zuzüglich der eigenen – außerhalb der Ehe erworbenen – Rentenansprüche. Auch hier ist die vorzeitige Gewährung in Bedarfssituationen vorgesehen.

(3) Laufendes **Splitting von Rentenanwartschaften** während der bestehenden Ehe – Diese Grundform führt bereits zu Lebzeiten beider Ehegatten zu einer eigenen sozialen Sicherung der Frau dadurch, daß die in der Ehe erworbenen Ansprüche laufend gegenseitig je zur Hälfte geteilt werden (Splitting); beide Ehegatten erwerben also während der Ehe gleich hohe Rentenansprüche (dieses Splittingverfahren wird zum Beispiel im neuen Scheidungsrecht angewendet).

(4) Mitversicherung für den haushaltsführenden Ehegatten – Der Ehegatte eines Pflichtversicherten, der den Haushalt führt und nicht erwerbstätig ist, wird ebenfalls pflichtversichert. Für den nicht erwerbstätigen Ehegatten sind Beiträge aus dem Familieneinkommen auf der Grundlage von 30 % (bzw. 50 %) des Einkommens des anderen Ehegatten zu entrichten, wobei für Zeiten der Kindererziehung besondere Regelungen getroffen werden können. Zu Lebzeiten beider Ehegatten werden eigene Rentenansprüche im Verhältnis zu den Beiträgen erworben. Nach dem Tod eines Ehegatten erhält der überlebende Ehegatte eigene Rentenleistungen (aufgrund

von Alter oder Invalidität), die sich aus 75 % der Gesamtversorgung aus der Ehe zuzüglich den eigenen – außerhalb der Ehe erworbenen – Rentenansprüchen berechnet.

Die Sachverständigenkommission lehnt die Grundformen 1, 3 und 4 ab, wobei im folgenden nur knapp die negativen Begründungen dargestellt werden können. Die Grundform 1 stellt demnach eine Minimallösung dar, und sie bietet keine Ansatzpunkte für eine eigenständige Sicherung der Frau (Aufrechterhaltung der patriarchalisch orientierten Sicherung). Faktisch wirkt sich dieser Vorschlag überwiegend zugunsten der Männer aus, da die **Garantie der eigenen Ansprüche** beider Partner für die Ehefrauen im allgemeinen gegenstandslos ist. Darüber hinaus führt diese Garantie dazu, daß der Verheiratete bei gleichen Beiträgen wie ein Lediger nicht nur die gleiche Rente, sondern darüber hinaus auch noch einen Anspruch auf Hinterbliebenenversorgung erhält (wobei doch „unter dem Gesichtspunkt der Beitragsäquivalenz" verfahren werden sollte). Ferner wird die Anrechnungsvorschrift kritisiert, ohne die diese Reform nicht finanzierbar und auch sozialpolitisch nicht sinnvoll wäre (denn es gäbe nun außerdem das Problem der „jungen Witwer").

Die Durchführung der Grundform 3 sorgt zwar für eine völlige Gleichbehandlung (folgt also dem Individualprinzip), führt aber zu erheblichen sozialen Härten. Das reine Splitting führt immer dann zu einer erheblichen Minderung des Versorgungsniveaus, wenn nach dem Tod eines Ehegatten der Versicherungsfall eintritt (dann erhielte der Hinterbliebene nur 50 % statt heute 60 % der Hinterbliebenenrente). Gegen die Grundform 4 (die am Haushaltsprinzip orientiert ist) spricht sich die Kommission im wesentlichen deshalb aus, weil sie in der zusätzlichen Beitragsbelastung für den haushaltsführenden Ehegatten eine untragbare finanzielle Belastung für die Einverdienerfamilie sieht. Diese zusätzliche finanzielle Belastung in der Erwerbsphase führt zu einer Überversorgung im Alter, wenn beide Ehegatten Rentenbezieher sind.

Damit entspricht der Lösungsvorschlag der Kommission der Grundform 2, also der sogenannten Teilhaberente. Während der Lebzeit der Ehegatten bleibt es bei dem alten Recht, die Neuregelung wird also erst nach dem Tode eines Ehegatten wirksam und führt zur Teilhabe des hinterbliebenen Ehegatten bei Invalidität und Alter an den Versicherungsansprüchen beider Ehegatten (Teilhabe an der Gesamtversorgung). Die Rente wird für Witwe und Witwer nach gleichen Maßstäben berechnet, wobei die Auffassungen der Kommission über die Höhe der Ansprüche auseinander gehen. So werden drei verschiedene Varianten präsentiert, wobei diese jeweils von einer der drei Gruppen in der Kommission bevorzugt werden.

In der Variante 1 erhält der hinterbliebene Ehegatte 75 % der von beiden Ehegatten in der Ehe erworbenen Rentenanwartschaften zuzüglich 100 % der eigenen, außerhalb der Ehe erworbenen Ansprüche. Die Variante 2 sieht vor, daß der hinterbliebene Ehegatte eine Rente entsprechend 75 % der von beiden in und vor der Ehe erworbenen Rentenanwartschaften erhält. Die Variante 3 verbindet einen entsprechenden Rentenanspruch wie in der Variante 2 (allerdings mit einem geringeren Prozentsatz von 70 %) mit einer Garantie des selbsterworbenen Rentenanspruchs des überlebenden Ehegatten in Höhe von 100 %.

Drei Beispielsfälle hat das Bundesministerium für Arbeit und Sozialordnung veröffentlicht. Für das Rechenbeispiel wird von folgenden Rentenansprüchen ausgegangen:

	vor der Ehe	in der Ehe	insgesamt
Ansprüche des Mannes:	300	700	1000
Ansprüche der Frau:	240	360	600
	540	1060	1600

Dann sehen die drei Varianten wie folgt aus:

Variante 1

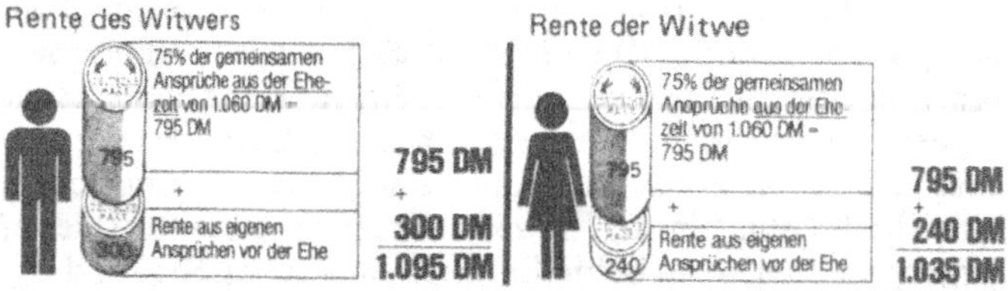

Variante 2

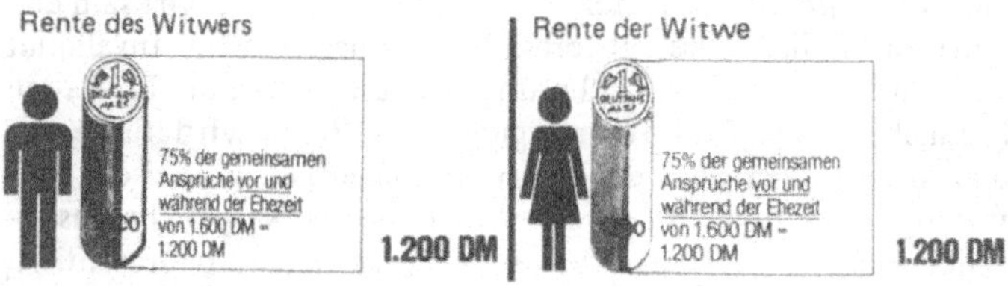

Einheitlich für alle Varianten ist, daß der hinterbliebene Ehegatte auch in besonderen Bedarfssituationen eine Rente erhalten soll, und zwar wenn er Kinder im Alter bis zu 18 (bzw. 15) Jahren erzieht, oder wenn er beim Wegfall einer Rente wegen Kindererziehung oder Invalidität bereits 45 (bzw. 50 oder auch 55) Jahre alt ist und kein ausreichendes Einkommen hat. In jedem Falle soll der hinterbliebene Ehegatte eine Übergangsrente für zwei oder drei Jahre erhalten.

Unabhängig davon, ob während der Kindererziehungszeiten eine Erwerbstätigkeit ausgeübt wurde, sollen **Zeiten der Erziehung** von Kindern in der Rentenversicherung angerechnet werden, wobei sie wie Zeiten mit Pflichtbeiträgen zu behandeln sind. Die Anrechnung sollte sich bis zum 3. Lebensjahr des Kindes erstrecken, wobei die Zeiten dem überwiegend erziehenden Elternteil gutgeschrieben werden. Die Zeiten sollen einheitlich mit einem Prozentsatz des Durchschnittsentgelts aller Versicherten – mindestens 75 % oder sogar 100 % – bewertet werden, wobei erst die Zeiten der Kindererziehung ab Inkrafttreten der Neuregelungen erfaßt werden sollen. Die Kosten dieser Neuregelung sollen vom Bund (über eine Erhöhung des Bundeszuschusses) übernommen werden.

Die unterschiedliche Bewertung für Mann und Frau während der ersten fünf Jahre der Pflichtversicherung entfällt, genauso wie die heutige Regelung über die Hinterbliebenenrenten an Witwen und Witwer bei solchen Versicherungsfällen, bei denen die Eheschließung nach Inkrafttreten der Neuregelung erfolgt. Bei Versicherten, deren Eheschließung und deren Eintritt des Versicherungsfalles vor Inkrafttreten der Neuregelung liegen, gelten Übergangsbestimmungen. Unter anderem sollen hierbei Zeiten der Erziehung von Kindern nicht angerechnet werden. Bei Versicherten, deren Eheschließung vor, aber deren Eintritt des Versicherungsfalles nach Inkrafttreten der Neuregelung liegt, gelten ebenfalls Sonderregelungen. Unter anderem sollen hier die Zeiten der Erziehung von Kindern pauschal mit einem sogenannten **Baby-Jahr** berücksichtigt werden, dessen Kosten der Bund zu tragen hätte.

Die Sachverständigenkommission ist der Auffassung, daß bei der Teilhaberente die Vorteile ihre Nachteile bei weitem überwiegen, denn Mann und Frau nehmen bei ihr gleichberechtigt an dem Ergebnis ihrer Lebensleistung teil, das auch in den erworbenen Versorgungsansprüchen seinen Niederschlag findet. Diese Regelung wird auch dem neuen Eherecht (partnerschaftliche Rente) gerecht, das davon ausgeht, daß beide Ehegatten gleichermaßen zum Familienunterhalt beitragen, unabhängig von der im Einzelfall vereinbarten Arbeitsteilung. Die Berücksichtigung der Zeiten der Kindererziehung schafft für die Witwen eigene Rentenansprüche, so daß auch ein Ausbau der eigenständigen sozialen Sicherung der Frau erfolgt. Ferner werden Witwen und Witwer nur eine Rentenleistung erhalten, wenn sie sich in einer bestimmten Bedarfssituation befinden. Liegt eine solche nicht vor und können Witwen und Witwer ihren Lebensunterhalt selbst bestreiten, ist eine Hinterbliebenenrente sozialpolitisch nicht erforderlich (Hinwendung zur finalen Orientierung).

In den Varianten 1 und 2 wird es für gerechtfertigt gehalten, daß die vom versicherten Ehegatten erworbenen Rentenansprüche im Falle seines Überlebens gegebenenfalls niedriger sind als die eines vergleichbaren Ledigen (denn auch der Ehegatte, hat er allein die Versorgungsansprüche erworben, erhält nach dem Tode der Ehefrau nur 70 % bzw. 75 % der gemeinsamen Rente), da sich die gemeinsame Rente auch aus den gemeinsam erworbenen Ansprüchen zusammensetzt. Einige Kommissionsmitglieder, die für die Variante 1 und 2 plädieren, sind allerdings der Meinung, daß Rentenminderungen, die bei Witwern auftreten können, deren Frauen nicht erwerbstätig gewesen sind, durch eine Hinterbliebenenzusatzversicherung aufgefangen werden sollten. Die Kommissionsmitglieder, die die Variante 3 vertreten, halten es hingegen für nicht gerechtfertigt, die Neuordnung der Hinterbliebenenversorgung auf Kosten der selbsterworbenen Anwartschaften eines Versicherten zu finanzieren; sie wollen daher die selbsterworbenen Anwartschaften garantieren.

Wir hatten bereits erwähnt, daß die Variante 3 faktisch wieder die Ehemänner begünstigt, da sie überwiegend die Anwartschaften erwerben, und die Gleichbehandlung in den Varianten 1 und

2 ihnen häufig 25 % bis 30 % der Anwartschaften kosten würde. Die Verfechter der Variante 3 haben sich hier vermutlich dem gefürchteten Entrüstungssturm der verheirateten Männer im voraus gebeugt, die sicherlich daraus eine Kampagne zur Rettung ihrer „wohlerworbenen" Anwartschaften machen würden. Wie es um diese Anwartschaft tatsächlich steht soll noch diskutiert werden. Es kann nicht verwundern, daß auch in den Reformvorstellungen aller drei im Bundestag vertretenen Parteien nur die Variante 3 auftaucht (siehe Tabelle 13). So ist es sehr wahrscheinlich, daß diese Variante bis 1984 auch gesetzlich verabschiedet wird.

Die Variante 3 führt also zu keiner völligen Gleichberechtigung von Mann und Frau, da faktisch der Mann eine höhere Hinterbliebenenrente erhalten wird als die Frau; der wesentliche Unterschied zur geltenden Regelung liegt hier in der Erhöhung der Witwenrente von 60 % auf 70 % bzw. 75 %. Darüber hinaus erfolgt durch diese Aufstockung eine Umverteilung der Lasten zu ungunsten der erwerbstätigen Frauen in Zweiverdienerehen. „Wird z.B. an Witwen eine Rente in Höhe von 70 – 75 % vH der Rente eines Alleinstehenden gezahlt, ohne daß für sie kostendeckende oder überhaupt zusätzliche Beiträge in der Ehe gezahlt worden sind, weil sie nicht erwerbstätig waren, wird die früher erwerbstätige Witwe diskriminiert, weil sie ihre Altersrente zu einem großen Teil mit eigenen Beiträgen finanziert hat. Ebenso unbefriedigend ist es, wenn die Rente von zwei Ehepaaren gleich hoch ist, wobei in dem einen Fall die früher erwerbstätige Frau die gegenüber dem Alleinstehenden höhere Rente durch eigene Beiträge finanziert hat, während in dem zweiten Fall in einer Ehe mit einer früher nicht erwerbstätigen Ehefrau die erhöhte Rente für das Ehepaar im Wege der Umverteilung durch die Gesamtheit der Versicherten finanziert wird. Dabei wird dann auch die alleinstehende, früher erwerbstätige Frau zur Finanzierung der Renten früher nicht erwerbstätiger Ehefrauen mit herangezogen" [*Albers*, 1980]. Auch mit der Variante 3 bleiben viele Ungereimtheiten der gegenwärtigen Regelungen erhalten, ja sie werden zum Teil sogar noch verschärft. Der Gesichtspunkt der Beitragsäquivalenz wird hier zumindest nicht hinreichend berücksichtigt. An diesen Vorschlägen wird deutlich, daß man letztlich keine Sozialreform machen kann, ohne jemanden „weh zu tun", auch wenn man sich noch so sehr bemüht. Die Ungereimtheiten und die erhebliche Komplizierung kommen in das Rentenrecht hinein, weil man eine Mischung aus Individual- und Haushaltsprinzip anwendet. Hier stellt sich die Frage, ob mit einer grundsätzlichen Umstellung des Alterssicherungssystems hin zum

Individualprinzip nicht einerseits die zum Teil gegenläufigen Umverteilungseffekte vermieden, und andererseits die Regelungen für die einzelnen Versicherten überhaupt wieder durchschaubar würden (siehe hierzu unten). Eine Vereinfachung, die auch das Vertrauen der Versicherten in die Rentenversicherung wieder erhöhen könnte, wird mit der 84er-Reform sicherlich nicht verbunden sein. Zu begrüßen ist allerdings, daß bei der Hinterbliebenenversorgung jüngerer, kinderloser Witwen das Kausalprinzip aufgegeben werden soll, und eine Hinwendung zum Finalprinzip erfolgt.

Von besonderer Bedeutung sind die finanziellen Auswirkungen, die die 84er-Reform wahrscheinlich haben wird. Natürlich handelt es sich hierbei nur um Schätzungen, die mit sehr großer Unsicherheit belegt sind. Sie sind auch von der weiteren Bevölkerungsentwicklung und besonders der Entwicklung der Erwerbstätigkeit der Frauen abhängig. Diese Schätzungen sind grobe Richtungsangaben, die im Vergleich zu den status quo Bedingungen gemacht werden. Gehen wir von der sich im politischen Raum abzeichnenden Lösungsalternative – Variante 3 – aus, so werden während der Übergangsphase nach Einführung dieser Neuregelung die Mehrausgaben gegenüber dem geltenden Recht ständig zunehmen, bis die letzte nach altem Recht bzw. Übergangsrecht berechnete Rente ausgelaufen ist (dieser sogenannte Beharrungszustand dürfte etwa nach der Jahrtausendwende eintreten). In diesem Beharrungszustand ergeben sich dann Mehrausgaben – gehen wir einmal von der pessimistischen Alternative aus, da die Praxis im Bereich der Rentenversicherung häufig erwiesen hat, daß die Prognosen nicht einmal pessimistisch genug waren – von maximal 6,8 % (in der Variante 1 ergäben sich Minderausgaben von maximal 6,1 %, in der Variante 2 Mehrausgaben von maximal 4,5 %). Hinzu kommen noch die Ausgaben für die Anrechnung von Zeiten der Kindererziehung bis zum vollendeten 3. Lebensjahr, die um die Jahrtausendwende zu einer Mehrbelastung von rund 7,6 Milliarden DM pro Jahr bei einer Bewertung mit 100 % des Durchschnittsentgelts aller Versicherten bzw. 5,7 Milliarden DM pro Jahr bei einer Bewertung mit 75 % führen. Darüber hinaus verursacht des „Baby-Jahr" für alle Frauen, die Kinder geboren haben und noch keine Rente beziehen (bei einer Bewertung mit 75 %) im Anfangsjahr 100 Millionen DM, und nach rund 15 Jahren rund 1,9 Milliarden DM an zusätzlichen Ausgaben [vgl. Sachverständigenkommission]. Ein „Baby-Jahr" auch für Frauen, die bereits Rente beziehen, würde sofort zu Mehraufwendungen von rund 3,5 Milliarden DM jährlich führen. Die Kosten für die

Berücksichtigung von Zeiten der Kindererziehung hätte nach den Vorstellungen der Kommission der Bund zu übernehmen (Erhöhung des Bundeszuschusses).

3. Die Bevölkerungsentwicklung bis 2030

Im folgenden wollen wir uns mit Modellrechnungen über die Bevölkerungsentwicklung bis zum Jahre 2030 und später befassen. Selbstverständlich sind diese Modellrechnungen mit wesentlich höheren Unsicherheitsfaktoren verbunden als beispielsweise die Bevölkerungsvorausschätzungen des Statistischen Bundesamtes, die im allgemeinen nur über einen Zeitraum von 15 Jahren gehen. Da sich aber eine Bevölkerung nur sehr langsam verändert, die Auswirkungen bestimmter Entwicklungen (zum Beispiel der gegenwärtigen Geburtenentwicklung) sich erst nach 30 Jahren bzw. noch viel deutlicher nach einigen weiteren Jahrzehnten zeigen, sind Modellrechnungen über sehr lange Zeiträume unerläßlich. Ein einmal eingeschlagener Trend läuft außerdem mit großem Beharrungsvermögen weiter. So wirkt ein starker Geburtenjahrgang nicht nur durch seine eigene Stärke über einen Zeitraum von fast 100 Jahren auf die Bevölkerungsentwicklung, sondern auch auf die nächsten Generationen. Eine entsprechende Entwicklung stellt sich dann auch für geburtenschwache Jahrgänge ein, wie wir sie gerade zur Zeit beobachten. Dieser Geburtenrückgang wird häufig begleitet von emotionsgeladenen Schlagzeilen wie „Sterben die Deutschen aus?" oder „Ein Volk von Greisen". Geburtenrückgang ist keine rein deutsche Eigenart, sondern läßt sich in allen hochentwickelten Industrieländern feststellen. Allerdings bildet die Bundesrepublik im internationalen Vergleich hier den Spitzenreiter. Da durch frühere geburtenstarke und geburtenschwache Jahrgänge die Geburtenzahlen stärker schwanken, wird dann, wenn ein geburtenstarker Jahrgang ins gebärfähige Alter kommt, häufig auf die steigenden Geburtenzahlen hingewiesen, die auf eine Trendwende hindeuten können. Diese Schwankungen resultieren aber allein aus der **Altersstruktur**. Um nun bei unterschiedlicher Altersstruktur und unterschiedlicher Bevölkerungsgröße auch Vergleiche durchführen zu können, hat man eine Maßzahl entwickelt, die derartige Einflüsse ausschaltet: Diese sogenannte **Nettoreproduktionsrate** sagt aus, ob eine Bevölkerung sich – unter Berücksichtigung der herrschenden Sterblichkeitsrate – noch in ihrem Bestand erhält („reproduziert") oder nicht. Eine Nettoreproduktionsrate von 1 bedeutet, daß die Tochtergeneration gerade so groß ist wie die Muttergeneration, die Größe der Bevölkerung sich also nicht verändert. Bei einer Nettoreproduktionsrate von 1,1 wächst die Bevölkerung um 10 %, bei einem Wert von 0,9 schrumpft sie hingegen um 10 %.

Diese Nettoreproduktionsrate ist in der Bundesrepublik seit 1966 stark abgefallen. 1966 betrug sie noch ca. 1,17, erreichte 1968 den Wert 1 und 1977 den Wert 0,66. Damit lag die Bundesrepublik, zusammen mit der DDR, die einen etwas höheren Wert auswies, im internationalen Vergleich an der Spitze der Schrumpfungsentwicklung. Aber selbst das früher so geburtenfreudige Frankreich hatte 1977 einen Wert von 0,9. Gegenwärtig weist die Nettoreproduktionsrate etwa einen Wert von 0,63 auf, wobei noch nicht ganz sicher zu sein scheint, ob damit der Tiefpunkt erreicht ist, um den herum sich diese niedrige Rate einpendeln könnte. Es gibt keine schlüssige Antwort, welche Faktoren im Bereich der Familie oder der Umwelt diese grundsätzliche Veränderung des generativen Verhaltens – und zwar gleichgerichtet in sämtlichen entwickelten Industrienationen einschließlich Japans – bewirkt haben. Einige Faktoren aus dem ökonomischen Bereich könnten hier zumindest Erklärungsansätze bieten.

Die Modellrechnungen des Statistischen Bundesamts sind nun nicht etwa Prognosen, so daß die Ergebnisse mit Sicherheit oder doch zumindest einer sehr hohen Wahrscheinlichkeit eintreten werden. Es sind vielmehr Entwicklungsmodelle, deren Ergebnisse nur dann eintreten, wenn die in diesen Modellen gemachten Annahmen auch tatsächlich zutreffen. Beispielsweise geht man in diesen Modellen von konstanten Nettoreproduktionsraten aus, die im weiteren Verlauf der Entwicklung durchaus unrealistisch sein könnten, wenn sich das generative Verhalten wieder ändert. In der Sprache der Ökonomen ausgedrückt könnten Kinder zu einem knappen Gut und damit Statussymbol werden, so daß wieder mehr Kinder „nachgefragt" würden. Andererseits könnten auch Sättigungserscheinungen in den Bereichen Reisen und dauerhafter Konsumgüter wieder den Wunsch nach Kindern verstärken. Aber in bezug auf die Rentenversicherung ist eines bereits heute gewiß: Die in den Jahren 1960 bis 1970 geborenen Kinder werden in den Jahren 2020 bis 2030 ins Rentenalter kommen, und die seit 1970 nicht geborenen Kinder werden dann als Beitragszahler fehlen. Insofern tragen solche Modellberechnungen zwar spekulativen Charakter, was die weitere Entwicklung der Nettoreproduktionsrate angeht, aber die zukünftigen Rentnerzahlen stehen jedoch heute bereits fest.

Das Statistische Bundesamt hat vier Bevölkerungsmodelle berechnet, die sich hinsichtlich der Höhe und der Entwicklung der

Nettoreproduktionsrate unterscheiden. Dabei ist unterstellt, daß keine Zu- und Abwanderungen stattfinden. Im Modell a wurde unterstellt, daß die Nettoreproduktionsrate bis 1977 auf 0,65 sinkt und dann gleichbleibt, bei Modell b sinkt sie bis 1985 auf 0,5 und bleibt dann konstant, im Modell c steigt sie bis 1985 auf 1,0 und bei Modell d steigt sie bis 1985 auf 1,15. „Die Modelle c und d erscheinen unwahrscheinlich; es spricht nichts dafür, daß in den nächsten 5 bis 10 Jahren wieder ein Anstieg der Geburtenraten zu erwarten ist“ [*Schubnell*]. Diese Vermutung scheint sich zu bestätigen, denn gegenüber 1977 ist die Nettoreproduktionsrate sogar noch weiter abgesunken, so daß sich die tatsächliche Entwicklung sogar noch unterhalb der des Modells a abspielt. Der Tabelle 10 sind die Ergebnisse der Modellrechnung a zu entnehmen, die für die wahrscheinlichste Alternative gehalten und auch überwiegend in der Presse zitiert wird. Dieser Modellberechnung zufolge sinkt also die deutsche Bevölkerung von 57,9 Millionen im Jahre 1975 zunächst langsam auf 52,2 Millionen im Jahre 2000, und dann beschleunigt auf 39,4 Millionen im Jahre 2030. Das bedeutet gegenüber 1975 eine Abnahme der deutschen Bevölkerung um rund 32 %. Damit wird die deutsche Bevölkerung auf dem Bundesgebiet den Stand des Jahres 1925 erreichen.

Tab. 10: Ergebnisse der Modellrechnung a. Basis: Deutsche Bevölkerung am 1.1.1975 – Sterblichkeit: Variation bis 1980 (Trendextrapolation) – Wanderungen: keine

	Ergebnisse 1975	Modell a Nettoreproduktionsrate bis 1977 auf 0,65			
		1985	2000	2015	2030
Bevölkerungsstand (in Mio)	57,9	55,7	52,2	46,3	39,4
Bevölkerungsstand wenn 1975 = 100	100	96	90	80	68
Lebendgeborene (in 1000)	523	601	439	387	289
Geburtenüberschuß (+) bzw. -defizit (–) (in 1000)	–214	–197	–344	–422	–496

Quelle: Höhn [1979]

Dieser Bevölkerungsrückgang, der den einen vielleicht erschreckt, den anderen hingegen erfreut, ist weniger bedeutsam als die Veränderungen in der Altersstruktur: Während wir im Jahre 1926 eine realtiv intakte Bevölkerungspyramide hatten (siehe

 Abbildung 8) – mit Ausnahme der Geburtenausfälle des I. Weltkriegs –, steht die **Bevölkerungspyramide** des Jahres 2030 (siehe Abbildung 9) „auf dem Kopf", immer unterstellt, es würde sich an der Nettoreproduktionsrate von 0,65 bis zum Jahre 2030 nichts verändern. Wir haben bereits oben mehrfach erwähnt, daß die er-

Abb. 8: Altersaufbau der deutschen Bevölkerung im Bundesgebiet

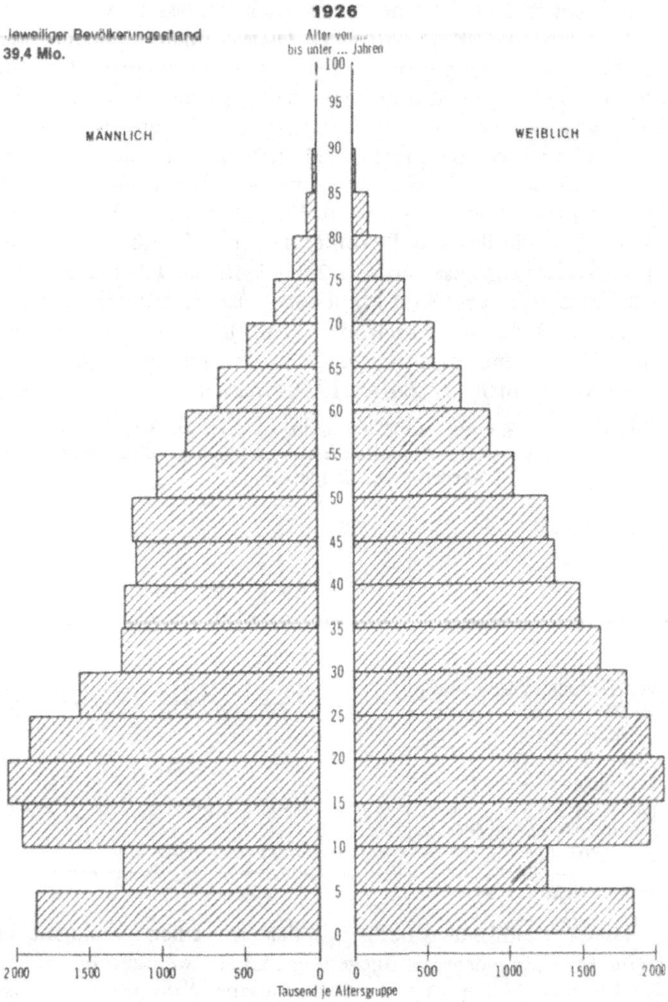

Quelle: Höhn [1979].

Abb. 9: Altersaufbau der deutschen Bevölkerung im Bundesgebiet

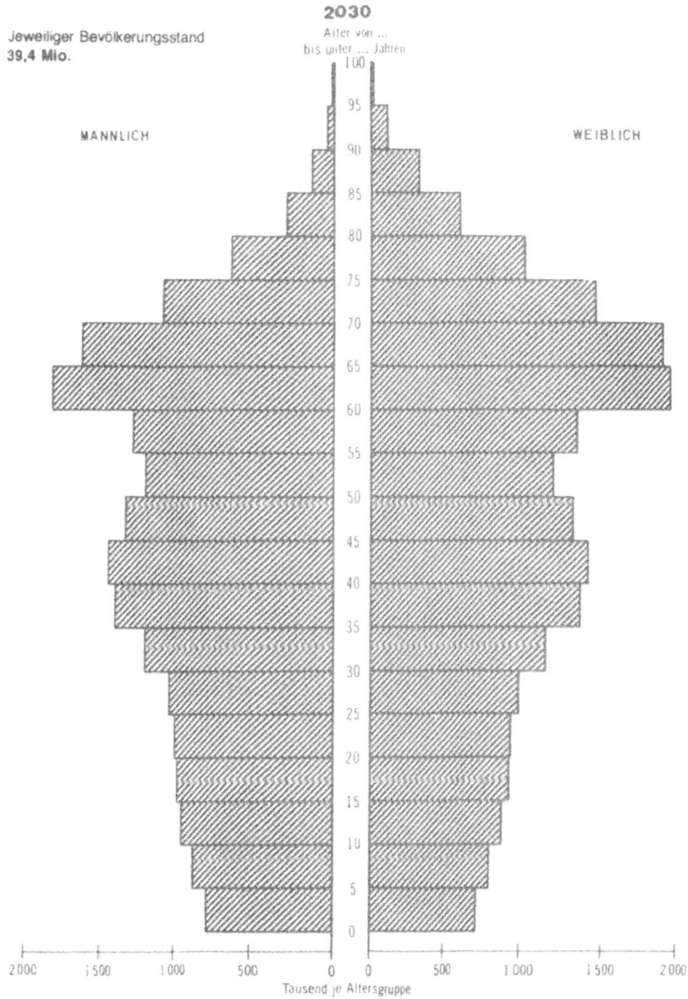

Quelle: Höhn [1979].

werbstätige Generation immer die beiden anderen, die noch nicht und die nicht mehr erwerbstätige Generation, unterhalten muß. Zählen wir der Einfachheit halber einmal alle die älter als 15 Jahre aber jünger als 60 Jahre sind, zum Kreis der Erwerbstätigen, dann können wir hier zwei verschiedene Maßzahlen, den „**Kinderlastquotienten**“ und den „**Alterslastquotienten**“ berechnen. Dabei ist der Begriff „Last“ völlig wertneutral zu sehen (siehe Abbildung 10). Es handelt sich nur um Verhältniszahlen, die nicht etwa bereits die unterschiedlichen Kostenbelastungen zum Ausdruck bringen.

Abb. 10: Kinderlastquotient, Alterslastquotient und Gesamtlastquotient für die Bevölkerung des Bundesgebietes 1960 bis 2050

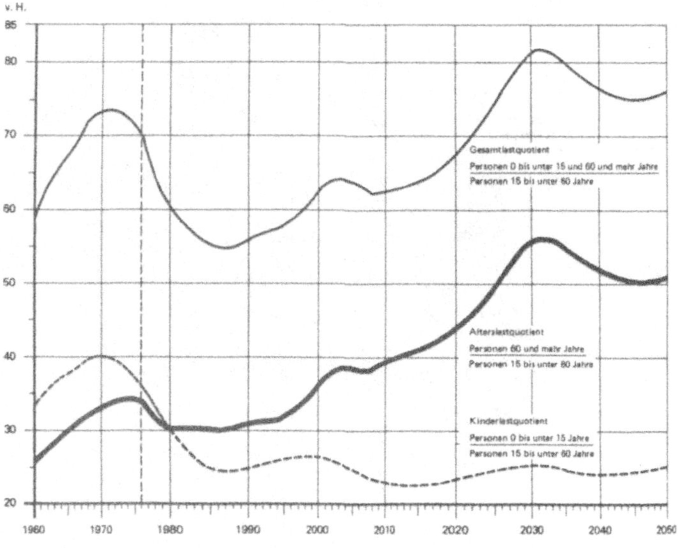

Quelle: Löwe [1978].

Zunächst zum Alterslastquotienten: Nach der Überwindung des Rentenberges in den 70er Jahren (siehe Abbildung 6) bleibt dieser Quotient bis 1990 etwa konstant. Im Jahre 1990 befinden wir uns dann am Fuß eines neuen Rentenberges, der den der 70er Jahre an Höhe weit übertrifft. Sein Gipfel wird etwa im Jahre 2030 erreicht sein. Die Altersgruppe „60 und mehr Jahre“, die den Zähler des Alterlastquotienten bildet, verändert sich nach 1975 nur wenig. Die ausgeprägte Steigerung des Alterslastquotienten ist hauptsächlich auf die zahlenmäßige Entwicklung der Altersgruppe „15 bis unter 60 Jahre“, die im Nenner des Alterslastquotienten erscheint – also auf die jüngste Geburtenentwicklung –, zurückzuführen. Je höher dieser Alterslastquotient ist, desto höher wird auch die finanzielle Belastung der gesetzlichen Rentenversicherung, aber auch der anderen Alterssicherungssysteme sein (betriebliche Altersversorgungseinrichtungen und private Lebensversicherungen). Es sei nochmals betont, daß mit jeder günstiger verlaufenden demographischen Entwicklung als in dieser Modellrechnung angenommen sich die Lage verbessern würde bzw. mit jeder ungünstigeren Entwicklung die Lage verschlechtern würde.

Betrachten wir den Kinderlastquotienten in der Abbildung 10, hat dieser von 1960 bis 1970 zugenommen. Infolge des Geburtenrückgangs erkennt man ab 1970 einen jähen Abfall der Kurve bis etwa 1985, danach verändert sich der Kinderlastquotient nur noch gering. Ermittelt man nun den **Gesamtlastquotienten** aus den beiden Lastquotienten, läßt sich aus der Abbildung 10 entnehmen, daß dieser von 1970 bis 1985 wegen des Rückgangs des Kinderlastquotienten stark abnimmt. Nach 1985 steigt der Gesamtlastquotient besonders stark an, während der Kinderlastquotient relativ konstant bleibt. Die Entwicklung des Gesamtlastquotienten wird somit durch die Entwicklung des Alterslastquotienten wesentlich bestimmt.

Häufig wird argumentiert, daß mit der demographischen Entwicklung zunächst eine Kostenentlastung verbunden ist, da die Aufwendungen der Familien und der Gesellschaft für die junge Generation größer seien als für die alte. Diese Art der Betrachtung vernachlässigt allerdings die Realität in der heutigen Lastenverteilung, nach der die Kosten der Kinder überwiegend von den einzelnen Familien, die Kosten für die Alten aber überwiegend von der Gesellschaft getragen werden. Die Bereitschaft, Lasten für eigene Kinder zu tragen, wird fraglos größer sein als die Bereitschaft, die Lasten fremder älterer Menschen zu tragen, insbesondere wenn diese keine eigenen Kinder haben (somit also den „Generationenvertrag“ nicht erfüllen). Darüber hinaus muß man dieses Pauschalergebnis bezweifeln, denn bisher zeichnen sich Entlastungen noch nicht ab[1]). Zum einen ist nämlich die Kultusbürokratie und der Lehrkörper bereits aufgebaut – beide bestehen größtenteils aus Lebenszeitbeamten –, und der Bildungssektor scheint auch in der Lage zu sein, zumindest das gegenwärtig erreichte Ausgabenniveau zu halten, zumal noch Schülerberge in der Sekundarstufe II und Studentenberge an den Universitäten bevorstehen;

[1]) Das mag auch daran liegen, daß das heutige Angebot an Leistungen für Kinder gerade der Nachfrage entspricht. So scheint zum Beispiel die Zahl der Kindergartenplätze zunehmend auszureichen, während vor 10 Jahren – infolge der höheren Geburtenzahlen – ein ungeheurer Mangel herrschte.

zum anderen könnte die rückläufige Geburtenzahl auch das produzieren, was wir lange angestrebt, aber nie erreicht haben: kleinere Klassen, volle Unterrichtsstundenzahlen und höhere Unterrichtseffizienz. Gerade wegen schrumpfender Bevölkerung ist eine qualitativ hochwertige Ausbildung der Kinder erforderlich. Zur Aufrechterhaltung wissensmäßiger und technologischer Vorsprünge, von denen gerade die Bundesrepublik lebt, müssen dann auch die letzten Bildungsreserven mobilisiert werden – mangelnde Quantität ist also durch zunehmende Qualität aufzufangen. Das wird man sicherlich nicht mit abnehmendem Mitteleinsatz erreichen können. Mit Sicherheit werden die zweifelhaften Kostenentlastungen im Bereich der jungen Generation dann nicht mehr wirksam sein, wenn wir uns dem Jahre 2000 nähern, uns also auf den langen Aufstieg zum Gipfel des Gesamtlastquotienten befinden.

Der Alterslastquotient ist nun nur ein sehr grobes Maß, weil durch ihn die zahlenmäßige Entwicklung des Rentenbestandes nicht genau erfaßt wird. *Kaltenbach* [1979] hat versucht, die Entwicklung des Verhältnisses der Renten zu den Erwerbspersonen – also den sogenannten Rentenlastquotienten – zu schätzen (siehe Tabelle 11). Der Rentenlastquotient steigt demnach vom Jahre 1975 bis zum Jahre 2030 beständig an und wird sich mehr als verdoppeln. Da im Rentenbestand unter anderem keine Waisen-

Tab. 11: Verhältnis der Renten zu den deutschen Erwerbspersonen (Rentenlastquotient) am Jahresanfang

Jahr	Deutsche Erwerbspersonen in Mill.	Anzahl der Renten in Mill	Rentenlastquotient Sp. 3 i.v.H. Sp. 2
1	2	3	4
1975	24,5	10,2	41,6
1980	24,7	11,3	45,7
1985	25,2	11,7	46,4
1990	25,5	12,1	47,5
1995	24,9	12,6	50,6
2000	24,1	13,2	54,8
2005	23,3	14,0	60,1
2010	22,5	14,4	64,0
2015	21,4	14,5	67,8
2020	20,0	14,6	73,0
2025	18,3	14,7	80,3
2030	16,7	14,9	89,2

Quelle: Kaltenbach [1979].

renten enthalten sind, liegt der wirkliche Rentenlastquotient um 3 bis 5 Prozentpunkte höher als in der Tabelle 11 ausgewiesen. Zählt man diese hinzu, könnte der Rentenlastquotient im Jahre 2030 rund 94 % betragen, so daß praktisch auf eine deutsche Erwerbsperson eine Rente käme. Eigenartigerweise findet man in der Literatur kaum Aussagen über die Entwicklung der Beamtenpensionszahlen. Wahrscheinlich wird bei Hinzurechnung des „Pensionslastquotienten" zum Rentenlastquotienten der sich ergebende Gesamtlastquotient höher als 100 % sein, wobei man auch hier den spekulativen Charakter solcher Zahlen nicht verkennen sollte.

4. Modellrechnungen für die Rentenfinanzen bis 2030

Bei den Modellrechnungen zur Entwicklung der Lage der Rentenfinanzen bis zum Jahre 2030 handelt es sich – genau wie bei den Modellrechnungen zur Bevölkerungsentwicklung – nicht um Vorhersagen, sondern lediglich um Spekulationen, wie sich die Lage entwickeln würde, wenn sich am gegenwärtigen Rechtsstand im Bereich der gesetzlichen Rentenversicherung und an der angenommenen Nettoreproduktionsrate von 0,65 nichts ändert (status quo Bedingungen). Solche Berechnungen haben trotz allem ihre besondere Bedeutung, denn immerhin kann man nicht ausschließen, daß die Entwicklung tatsächlich noch ungünstiger verläuft. So sollten vor allem die Politiker, die in der 84er-Reform die Chance für wesentliche Leistungsverbesserungen – sprich Ausgabensteigerungen – sehen, die immerhin mögliche Entwicklung nicht aus den Augen verlieren. Denn eine weitere ausgabenexpansive Reform könnte später erforderlich werdende Anpassungsmaßnahmen noch erschweren, wenn nicht ganz unmöglich machen.

Durch die heute geltende Rentenformel sind die Renten an die Entwicklung der Löhne und Gehälter gekoppelt. Infolge der steigendenen Zahl von Rentnern kommt es zu steigenden Ausgaben, während die sinkende Zahl der Beitragpflichtigen gleichzeitig Einnahmenausfälle in der gesetzlichen Rentenversicherung verursacht. Das Gleichgewicht zwischen Ausgaben und Einnahmen kann bei konstantem Versorgungsniveau nur über eine Erhöhung der Beitragssätze wiederhergestellt werden.

Auf solchen einfachen Annahmen beruhen im Prinzip auch die Modellrechnungen, die über die Entwicklung der finanziellen Lage der Rentenversicherung bis 2030 und später durchgeführt wurden [vgl. *Glaab/Rosenberg*]. Grundlage dieser Berechnungen ist die

Modellrechnung a des Statistischen Bundesamts über die Bevölkerungsentwicklung, auf der auch die Schätzung der voraussichtlichen Entwicklung des Erwerbspersonenpotentials – also der Zahl der Erwerbstätigen – basiert, die das Institut für Arbeitsmarkt- und Berufsforschung in Nürnberg vorgenommen hat. Das Erwerbspersonenpotential ist unter zwei Gesichtspunkten von Bedeutung: Einerseits bestimmt es neben anderen wichtigen Faktoren die Wachstumschancen einer Volkswirtschaft und andererseits gibt es Anhaltspunkte für die Zahl der Beitragszahler in der gesetzlichen Rentenversicherung. Schätzungen zufolge wird das Erwerbspersonenpotential bis 1990 noch geringfügig ansteigen und sinkt dann langsam und später beschleunigt ab. Das deutsche Erwerbspersonenpotential sinkt im Zeitraum von 1975 bis 2000 um 2,9 % und im Zeitraum von 2000 bis 2030 um 30,7 %. *Rosenberg* geht in seinen Modellrechnungen von einer leichten Zunahme der ausländischen Bevölkerung in der Bundesrepublik und damit auch von einer leichten Zunahme des ausländischen Erwerbspersonenpotentials aus, so daß das gesamte Erwerbspersonenpotential im Jahre 2000 lediglich um 1 % unter dem des Jahres 1975 liegt, von 2000 bis 2030 dann allerdings um 27 % abnimmt. Das hat zur Folge, daß sich das Verhältnis Rentner zu Beitragszahler um 78,7 Prozentpunkte verschlechtert.

Die Folge wird eine zunehmend defizitäre Entwicklung im Haushalt der gesetzlichen Rentenversicherung sein, die immer wieder durch eine Erhöhung des Beitragssatzes aufgefangen werden soll[1]). Die notwendige Beitragserhöhung ist auch davon abhängig, wie hoch die zukünftige Wachstumsrate des realen Bruttosozialprodukts ausfällt. Je höher die zukünftige Wachstumsrate ist, desto geringer ist das Defizit und desto geringere Beitragserhöhungen werden nötig sein (zum Beweis siehe unten). Rosenberg schätzt das Wachstumspotential bis zum Jahre 2000 mit einer durchschnittlichen jährlichen Wachstumsrate des Bruttosozialprodukts von 3,5 %, vom Jahre 2000 bis zum Jahre 2030 mit 2,4 % ein. Die Annahmen bis zum Jahre 2000 sind in Anbetracht der realen Wachstumsraten der letzten Jahre als durchaus optimistisch zu beurteilen. Unter diesen Annahmen könnte der Beitragssatz bis 1990 auf 18,5 % gehalten werden und würde

[1]) In der Praxis könnte selbstverständlich auch der Bundeszuschuß erhöht werden, womit zwangsläufig Steuererhöhungen verbunden wären; je mehr Erwerbstätige aber bereits pflichtversichert sind, desto geringer wird – sieht man einmal vom Progressionseffekt ab – der Unterschied zwischen der notwendigen Anhebung der Beitragssätze bzw. der Steuersätze sein.

dann über 20 % im Jahre 1995, 21,5 % im Jahre 2000 auf rund 32 % im Jahre 2030 steigen. Bei einer durchschnittlichen realen Wachstumsrate von 2,5 % jährlich würde im Jahre 2030 ein Beitragssatz von 36 % resultieren.

Diese Modellberechnungen gelten – wie mehrfach betont – unter status quo Bedingungen. Bleiben die Annahmen hinsichtlich der Bevölkerungsentwicklung unverändert, berücksichtigt man aber die Mehrausgaben, die die 84er-Reform im Falle der Verwirklichung der Variante 3 sowie der Berücksichtigung von Zeiten der Kindererziehung und des „Baby-Jahres" mit sich bringt, müßte wahrscheinlich schon vorzeitig der Beitragssatz erhöht und im Jahre 2000 ein Satz erreicht werden, der noch um einige Prozentpunkte über den oben genannten Werten liegen könnte. Treten außerdem bis zum Jahre 2000 mehrfach Rezessionen auf, wird deutlich, daß uns die Lage der Rentenfinanzen dauernd beschäftigen wird, es sei denn, grundsätzliche Systemänderungen würden vorgenommen.

5. Auswirkungen auf die gesamte Abgabenbelastung

Wir hatten uns bereits oben mit der heutigen Abgabenbelastung – und zwar sowohl mit der Durchschnitts- als auch der Grenzbelastung – der Einkommen befaßt, und wir hatten festgestellt, daß der sinkende Kinderlastquotient wahrscheinlich zu keiner erheblichen Reduzierung der insbesondere staatlichen Ausgaben für Kinder und Jugendliche führen kann. Auch in den übrigen Ausgabenbereichen der öffentlichen Haushalte zeichnet sich zur Zeit keine Entwicklung ab, die eine starke Ausgabensenkung mit sich bringen könnte. Im Gegenteil sind im Bereich der Verteidigungsausgaben eher zusätzliche Belastungen zu erwarten. Darüber hinaus entstehen zu Gunsten der älteren Generation nicht nur Ausgaben für die Alterssicherung, sondern auch andere sogenannte Infrastrukturausgaben zum Beispiel für altengerechte Wohnungen, Einrichtungen für die medizinische Versorgung und Pflege usw. Mit steigendem Rentenniveau könnten diese zwar zunehmend von den einzelnen Rentnern selbst als von der Allgemeinheit finanziert werden, aber hiergegen dürfte sich der Druck der starken Interessengruppen und -verbände wenden. Wenn man auch der jungen Generation ohne weiteres zumutet, in überfüllten Klassen und Hörsälen ausgebildet zu werden, dürfte die Empfehlung, Einzelzimmer in Rentnerwohnheimen zukünftig doppelt zu belegen, einen Sturm der Entrüstung hervorrufen. Während zweifellos berechtigte Forderungen der Studenten in der Öffentlichkeit überwiegend auf Unverständnis stoßen („Die sollen erst einmal was leisten!"), haben die Politiker für die ältere Generation („Die haben was geleistet!") zunehmend offene Ohren, stellt diese Generation zukünftig doch das größte Wählerpotential dar. Das Bedenkliche an dieser Situation ist lediglich, daß diejenigen, die noch nichts geleistet haben ausreichend zur Leistung motiviert werden müssen, um diejenigen, die bereits etwas geleistet haben, auch unterhalten zu können. Aber abgesehen davon dürfte die politische Konstellation zunächst einmal dazu führen, daß für die alte Generation weiterhin öffentlich Investitionsmittel bereitgestellt werden müssen und darüber hinaus auch ein zunehmend größerer Teil der Erwerbspersonen die zweifellos notwendige und sozialpolitisch auch gebotene Betreuung der älteren Personen übernimmt. Dabei stellt sich nur die Frage, ob man hier immer nach dem Staat rufen sollte, oder ob es nicht besser wäre, sich auf die alte Tradition der familiären Einbindung zu besinnen.

Insgesamt erscheint die Möglichkeit, die Ausgaben des Staates außerhalb des sozialen Bereichs zurückdrängen zu können, als wenig wahrscheinlich. Auch die Sozialausgaben selbst werden – so lange keine grundsätzlichen Änderungen in unserem System der sozialen Sicherheit vorgenommen werden – weiterhin steigen. Realistischerweise kann man also davon ausgehen, daß deshalb auch die Abgabenbelastung – sei es durch indirekte Steuern, Einkommensteuer oder Sozialbeiträge – steigen wird.

Betrachten wir einmal, wie sich die Grenzbelastung in Zukunft entwickeln könnte. Unterstellen wir, daß die Grenzsteuersätze der Lohn- und Einkommensteuer auf dem heutigen Niveau festgeschrieben würden, eine Annahme, die in Anbetracht der bisherigen Entwicklung nicht allzu realistisch ist, da allein aufgrund des Wachstums- und Inflationsprozesses und der Steuerprogression die Steuerpflichtigen in Bereiche mit immer höheren Grenzsteuersätzen hineingeraten. So wären auch weiterhin zur Erhaltung der derzeitigen Belastungssituation häufigere Senkungen der Grenzsteuersätze bei der Einkommensteuer erforderlich. Eine Verlagerung der Steuerstruktur mehr auf die indirekten Steuern kann diese Entwicklung ebenfalls nicht aufhalten, da dann die Grenzsteuersätze im Bereich der indirekten Steuern steigen. Wir gehen also im weiteren davon aus, daß die Grenzbelastung eines mittleren Einkommens mit Einkommensteuer, Kirchensteuer und indirekten Steuern mit 52,5 % konstant bleibt. Hinzu kommen nach heutigem Stand (jeweils Arbeitnehmerbeiträge) der Beitrag zur gesetzlichen Rentenversicherung in Höhe von 9,25 %, der Beitrag zur gesetzlichen Krankenversicherung in Höhe von 6,5 % und der Beitrag zur Arbeitslosenversicherung in Höhe von 1,5 % des Bruttoentgelts. Die gesamte Grenzbelastung beläuft sich dann auf 69,75 %. Bis zum Jahr 2000 wird der Beitragssatz zur gesetzlichen Rentenversicherung (bei einer angenommenen realen Wachstumsrate des Bruttosozialprodukts von 2,5 %) 12 % erreichen. Die Steigerung im Bereich der gesetzlichen Krankenversicherung dürfte wahrscheinlich noch höher ausfallen, da auch hier ein Umlagesystem angewendet wird, aber die Ausgabenerhöhung ohne zeitliche Verzögerung eintritt, während die Rentenausgaben den Entgelten bekanntlich mit einer dreijährigen Verzögerung folgen. Hier werden Erhöhungen der Beitragssätze bis auf über 10 % für möglich gehalten. Demgegenüber dürfte bis zum Jahre 2000 sich der Beitragssatz zur Arbeitslosenversicherung kaum erhöhen, da sich bis dahin die heutigen Probleme auf dem Arbeitsmarkt mit den geburtenstarken Jahrgängen erledigt haben, und Arbeitskräfte eher knapp werden. Addieren wir die Grenzbelastung, ergibt sich dann eine gesamte Grenzbelastung von 76 % im Jahre 2000 gegenüber 69,5 % im Jahre 1979. Unter Einschluß der Arbeitgeberbeiträge ergäbe sich im Jahre 2000 eine Grenzbelastung von weit über 90 % (im Jahre 1979 von über 80 %). Diese Grenzbelastungen würden bis zum Jahre 2030 weiter kräftig ansteigen: Die Beiträge in der gesetzlichen Rentenversicherung auf 18 % und in der gesetzlichen Krankenversicherung auf 13 %. Mittlere Einkommen unterlägen dann einer Grenzbelastung von 85 % und unter Einrechnung der Arbeitgeberanteile von über 100 %. Das hieße also, daß die Erwerbstätigen von einer zusätzlichen verdienten Mark nur sehr wenig oder auch nichts mehr übrig behielten. Mit anderen Worten würden die Erwerbstätigen nicht mehr an dem Wachstum beteiligt sein, das sie selbst erst ermöglicht haben. Sicherlich haben sich in der Vergangenheit die Erwerbstätigen immer wieder an höhere Belastungen gewöhnt, ob man hier allerdings die **Belastungsgrenze** austesten sollte, ist eine Frage, die letztlich die Politiker zu beantworten haben. Aufgrund bereits vorhandener Erfahrungen, so unsicher diese auch gegenwärtig noch sein mögen, sollte man vor solchen Experimenten warnen. Das international zu beobachtende Wachstum der Untergrundökonomie sollte hier alamierend wirken. Je mehr wir die Grenzbelastung auf dem offiziellen Arbeitsmarkt anziehen, desto mehr droht die Abwanderung in den schwarzen Arbeitsmarkt (es sei denn, man ist als Beamter von der Entwicklung der Sozialbeiträge weitgehend verschont). Desto mehr verlagert sich auch das Wachstum von dem marktwirtschaftlichen Bereich in den Untergrundbereich, so daß dadurch die Problemlösung für die Sozialversicherung noch erheblich erschwert wird.

Literaturempfehlungen zum V. Kapitel

1) Zur Neuregelung der Hinterbliebenenversorgung: Sachverständigenkommission [1979] und Anlagebände; zu beziehen durch: Bundesministerium für Arbeit und Sozialordnung, Postfach, 5300 Bonn.
2) Zur Bevölkerungsentwicklung: siehe unter 2) der Literaturempfehlungen zum IV. Kapitel. *Silkenbaum* [1979].
3) Modellberechnungen zur finanziellen Lage der gesetzlichen Rentenversicherung: *Rosenberg* [1979].

VI. Vorschläge zur Problemlösung im Bereich der Alterssicherung

Zur Lösung der gegenwärtigen und zukünftigen Probleme im Bereich der Alterssicherung gibt es einen ganzen Katalog von verschiedenartigen Vorschlägen, die von partiellen Veränderungen im gegenwärtigen Sozialrecht bis hin zu grundsätzlichen Systemänderungen gehen. Dabei spielen die Fragen eine Rolle, wie in Zukunft die Rentenanpassung zu erfolgen hätte, ob Veränderungen auf der Finanzierungsseite vorzunehmen wären, oder aber ob der Übergang zum Kapitaldeckungsverfahren, verbunden mit einer „Reprivatisierung" der Sozialversicherung erfolgen sollte. Ferner gibt es zur Berücksichtigung des „Reproduktionsaspektes" sowohl auf der Beitragsseite als auf der Leistungsseite verschiedene Vorschläge, deren extremster – die „Bevölkerungsdynamische Rente" – eine Hinwendung zu einer aktiven Bevölkerungspolitik mit verstärkten materiellen Anreizen bedeutet. Da wir ein Nebeneinander verschiedener Sicherungssysteme haben, die jeweils unterschiedlich von der zukünftigen Entwicklung betroffen sind, wird die Frage zu stellen sein, ob derartige Unterschiede auch in Zukunft noch tolerierbar sein werden? Gerade diejenigen, die im Auftrag der Politiker unpopuläre Gesetze zu formulieren und dann durchzuführen hätten, wären vielleicht kaum berührt, was bei den letztlich Betroffenen sicherlich Reaktionen auslösen dürfte. Wir werden uns dann der Frage zuwenden, inwieweit Inflation und Wachstum zur Problemlösung beitragen bzw. nicht beitragen können und schließlich überlegen, ob nicht eine grundsätzliche Reform im Bereich der Alterssicherung durchgeführt werden sollte, wobei auch die Frage nach der politischen Durchsetzbarkeit zu beachten sein wird.

Gemäß dem 21. Rentenanpassungsgesetz ist für 1982 die Rückkehr zur bruttolohnbezogenen Rente vorgesehen. Allerdings bezweifeln sehr viele, ob eine solche Rückkehr überhaupt möglich und wenn möglich, ob sie dann von Dauer sein wird. Bleibt es bei der bruttolohnbezogenen Rente, wird sich der Beitragssatz so verändern müssen, wie in den Modellrechnungen des Vorkapitals aufgezeigt worden ist. Dabei wird dann auch aufgrund der faktischen Einkommensteuerbefreiung für die Sozialrenten die Entwicklung der Nettoeinkommen der Erwerbstätigen und der Nettoeinkommen der Rentner immer weiter auseinanderklaffen. Die Zukunftsbelastungen würden allein von der erwerbstätigen Generation getragen. Weil eine solche Entwicklung nicht sinnvoll sein kann und weil dies unser derzeitiges Wirtschafts- und Sozialsystem gefährden kann, werden Vorschläge diskutiert, die Veränderungen am Rentenanpassungsverfahren vornehmen wollen, um dieses Auseinanderklaffen zu verhindern.

a) Alternative Bruttomodelle

Die bruttolohnbezogene Rente führt bei gleichzeitiger faktischer Einkommensteuerfreiheit dazu, daß die jährliche Rentenanpassung voll dem verfügbaren Einkommen der Rentner zugute kommt, während die Arbeitnehmer von ihrer Bruttolohn- oder Bruttogehaltssteigerung noch Lohnsteuer und Sozialbeiträge zu entrichten haben. Um bei einer Rückkehr zur bruttolohnbezogenen Rentenanpassung ein weiteres Öffnen dieser Schere zu verhindern und gleichzeitig die Finanzierungsprobleme im Bereich der gesetzlichen Rentenversicherung zu beseitigen, wird vorgeschlagen, die Rückkehr zur Bruttolohnbezogenheit (1) mit einer Besteuerung der Renten zu verbinden, (2) einen individuellen Krankenversicherungsbeitrag für Rentner zu erheben und (3) sowohl eine Besteuerung als auch einen Krankenversicherungsbeitrag für Rentner einzuführen:

(1) Wir hatten bereits dargestellt, daß im derzeitigen Einkommensteuerrecht Arbeitnehmereinkünfte, Renten und Pensionen extrem unterschiedlich behandelt werden. Dem Prinzip der Gleichmäßigkeit der Besteuerung folgend sollen aber Einkünfte, die der Höhe nach gleich sind, auch einer gleichen Steuerbelastung unterliegen, unabhängig davon, aus welcher Quelle sie geflossen sind. Dabei sollen dem **Leistungsfähigkeitsprinzip** zufolge höhere Einkommen einer höheren durchschnittlichen Steuerbelastung unterliegen als niedrige Einkommen („Progression“).

Darüber hinaus wird angestrebt, daß das gesamte Lebenseinkommen eines Steuerpflichtigen einmal der Besteuerung unterliegt. Zur Verwirklichung dieser Prinzipien wird vorgeschlagen, die **Besteuerung der Alterseinkünfte** (Renten aus der gesetzlichen Rentenversicherung, Betriebsrenten und Pensionen) zu harmonisieren. Um dem Prinzip der einmaligen Besteuerung des Lebenseinkommens gerecht zu werden, ist es dann erforderlich, daß die Beiträge zur gesetzlichen Rentenversicherung in ihrer vollen Höhe von den Bruttolöhnen und gehältern abgezogen werden, und daß dann die Renten nach Abschaffung der Ertragsanteilsregelung auch der Einkommensbesteuerung unterliegen. Hinsichtlich der Besteuerung der Renten gibt es wieder zwei Modelle: (1a) Die Besteuerung der Renten in Anlehnung an die Besteuerung der Arbeitnehmereinkünfte und (1b) die Besteuerung der Renten in Anlehnung an die Pensionsbesteuerung.

(1a) Die Besteuerung der Renten in Anlehnung an die Arbeitnehmerbesteuerung würde bedeuten, daß den Rentner derselbe Betrag an Frei- und Pauschbeträgen zustehen würde wie den Arbeitnehmern (siehe Tabelle 6, S. 78). Es wird nun häufig argumentiert, daß eine solche Steuerbelastung den Rentnern nicht zugemutet werden kann, da sie ihre Rente doch aus eigenen Beiträgen finanziert haben. Hierzu ist einerseits festzustellen, daß die Beiträge überwiegend steuerbefreit waren (aufgrund der Vorsorgepauschale und vor 1975 aufgrund der Sonderausgabenregelung) und andererseits, daß der Anteil der Rente, der tatsächlich durch eigene Beiträge finanziert worden ist, wesentlich geringer ist, als gemeinhin angenommen wird. Nach allerdings nicht unumstrittenen Berechnungen im Gutachten der „Treuarbeit" [1976] finanzierte der damalige Durchschnittsrentner seine Rente nur zu 10 % aus eigenen Beiträgen, der Rest wurde finanziert aus der Umverteilung über das Umlageverfahren (insbesondere aufgrund der Bruttoanpassung). Dieser Anteil ist zwar zwischenzeitlich gestiegen; für einen Rentner, der 1974 nach 45 Versicherungsjahren im Alter von 65 Jahren in Rente ging, errechnet man (nach versicherungsmathematischen Gesichtspunkten) eine Eigenfinanzierung von nicht mehr als 27 % [vgl. *Schmidt-Kaler*]. Hier muß die Frage erlaubt sein, warum man einem Arbeitnehmer mit geringem Einkommen nicht nur eine Belastung mit Sozialbeiträgen in Höhe von 17 %, sondern zusätzlich noch eine Lohnsteuerbelastung zumuten kann – ganz abgesehen von etwaigen Kinderlasten –, aber einem einkommensmäßig gleichgestellten Rentner nicht einmal eine Steuerbelastung. Die relativ hohe Belastung der niedrigen Arbeitnehmereinkommen mit Sozialabgaben und Lohnsteuer führt häufig dazu, daß junge Arbeitnehmerfamilien mit Kindern nur Nettoeinkommen beziehen, die in der Nähe des Sozialhilfeniveaus liegen. So mag sich für manchen, der schwer arbeitet, auch die Frage stellen, ob es nicht gleich bequemer ist, Sozialhilfe zu beziehen. Das Bild vom „armen" Rentner scheint sich hier inbesondere bei den Politikern so tief eingeprägt zu haben, daß sie darüber den „armen" Arbeitnehmer aus ihrem Gesichtsfeld verdrängt haben. Die Furcht vor dem Verlust der Wählerstimmen der Rentner bestimmt hier die Politik. Es sei nur am Rande erwähnt, daß die Ertragsanteilsbesteuerung der Renten gegenüber einer Besteuerung der Renten in Anlehnung an die Arbeitnehmerbesteuerung im Jahre 1977 zu Steuerausfällen geführt hat, die auf 11 bis 15 Milliarden DM geschätzt werden.

(1b) Einen Kompromiß, der insbesondere im politischen Bereich von einigen bevorzugt wird, stellt die Besteuerung der Renten in Anlehnung an die Pensionen dar; das heißt, den Rentnern würden dann der gleiche Gesamtbetrag an Frei- und Pauschbeträgen zustehen wie einem Pensionär (siehe Tabelle 6) bei entsprechender steuerlicher Belastung (siehe Tabelle 7). Eine solche Annäherung zwischen Renten- und Pensionsbesteuerung dürfte auch aufgrund des Beschlusses des Bundesverfassungsgerichts vom 26.3.1980 zur Frage der steuerlichen Behandlung von Renten und Pensionen zukünftig geboten sein. Mit einer solchen Annäherung würde allerdings keine Gleichstellung mit den Arbeitnehmern erreicht. Außerdem müßten dann die Beamten zunächst auf Teile ihrer Privilegien, die sie während ihrer aktiven Dienstzeit genießen, verzichten, damit zwischen Arbeitern und Angestellten des öffentlichen Dienstes auf der einen Seite und den Beamten auf der anderen Seite es nicht zu erheblichen Unterschieden in den Lebenseinkommen bei vergleichbaren Vergütungs- und Besoldungsgruppen kommt.

Die Besteuerung der Renten hätte gegenüber dem jetzigen Verfahren einige Vorteile. Die Einkommensteuer berücksichtigt eine Vielzahl von persönlichen Gegebenheiten, zum Beispiel Familienstand, Höhe der Rente und der sonstigen Einkünfte usw. Durch die Besteuerung des Gesamteinkommens eines Rentners würde dann die Kumulation der Leistungen aus verschiedenen Alterssicherungssystemen zumindest steuerlich erfaßt, so daß bestehende Überversorgungen beseitigt würden. Auch die Schere zwischen den Nettoeinkommen der Arbeitnehmer und der Rentner würde sich um die jeweiligen Steuerbeträge verengen; sie würde sich allerdings nicht gänzlich schließen, da die Arbeitnehmer außerdem Beiträge zur Sozialversicherung zu entrichten haben.

 Werden diese allerdings zukünftig konstant gehalten, entwickeln sich die Nettoeinkommen von Rentnern und Arbeitnehmern mehr oder weniger im Gleichschritt (je nachdem, ob das Arbeitnehmermodell oder das Beamtenmodell bei einer künftigen Besteuerung angewendet wird). Selbstverständlich werden auch in Zukunft Beitragserhöhungen die Verteilung der Einkommen zugunsten der Rentner verschieben. Zu überdenken wäre deshalb, ob man nicht Reformmaßnahmen (wie zum Beispiel den Ausbau der Rente nach Mindesteinkommen, das „Baby-Jahr" und wesentliche Teile der 84er-Reform), die das Umverteilungselement in der gesetzlichen Rentenversicherung noch verstärken, über den Bundeszuschuß – also über Steuern – finanziert, an deren Aufbringung dann auch die wohlhabenderen Rentner beteiligt wären.

Gegen die Besteuerung werden überwiegend verwaltungsmäßige Argumente ins Feld geführt, nämlich daß es zu vermehrten Einkommensteuerveranlagungen und Jahresausgleichsverfahren käme. Ein gewisser Mehraufwand ist nicht zu verleugnen, der allerdings durch entsprechend ausgestalteter Verfahren wie im Bereich der Lohnsteuer durchaus zu bewältigen wäre. Vergessen wird dabei im übrigen, daß heute bereits eine Vielzahl von Rentnern einkommensteuerpflichtig ist, wenn sie entweder Einkünfte aus Kapitalvermögen haben (die allerdings überwiegend – sei es bewußt oder unbewußt – dem Finanzamt nicht zur Kenntnis gebracht werden, was den Tatbestand der Steuerhinterziehung erfüllt), oder aber Einkünfte aus Vermietung und Verpachtung vorliegen (das ist bereits der Fall, wenn der Rentner ein Eigenheim oder eine Eigentumswohnung besitzt). Im übrigen ist die Zahl der Rentner mit Nebeneinkünften ständig im Steigen begriffen. Ein weiteres Argument gegen die Besteuerung stammt aus dem Bereich des sogenannten Finanzausgleichs: Die Einnahmen aus der Einkommensteuer stehen gemeinsam (nach einem bestimmten Verteilungsschlüssel) Bund, Ländern und Gemeinden zu. An den Mehreinnahmen aus der Rentenbesteuerung wären also Länder und Gemeinden beteiligt, so daß Neuverhandlungen über die Steuerverteilung notwendig würden, damit der Bund die Mittel erhielte, um sie im Bereich der Alterssicherung verwenden zu können.

(2) Als Alternative zur Rentenbesteuerung wird häufig ein individueller **Krankenversicherungsbeitrag** der Rentner vorgeschlagen. Der individuelle Krankenversicherungsbeitrag soll also den pauschalen Beitrag (ganz oder teilweise) ersetzen, den heute die gesetzliche Rentenversicherung in Höhe von 11 % der Rentenzahlungen an die Krankenversicherung abführt. Auch hier sind wie-

derum zwei Varianten in der Diskussion:
(2a) Künftig werden alle Renten – entsprechend dem bisherigen Pauschalbetrag – um 11 % erhöht, und der einzelne Rentner wird beitragspflichtig. In der Bemessungsgrundlage des Beitrags werden auch sonstige, den Renten vergleichbare Einkommen (wie zum Beispiel Beamtenpensionen und Betriebsrenten) berücksichtigt. Effektiv belastet würden wegen der vorgesehenen Rentenerhöhung um 11 % nur die Zusatzeinkommen.
(2b) Alternativ wird vorgeschlagen, eine schrittweise Beteiligung der Rentner an ihrer Krankenversicherung einzuführen, ohne eine entsprechende Erhöhung der Renten vorzunehmen. In dieser Möglichkeit wird also davon ausgegangen, daß die Rentner – wie die Arbeitnehmer – aus ihren Gesamteinkommen auf längere Sicht den halben Krankenversicherungsbeitrag selbst tragen sollen, während die andere Hälfte – in Anlehnung an den Arbeitgeberbeitrag – von der Rentenversicherung übernommen wird. Auch in dieser Form des Krankenversicherungsbeitrags sollen sonstige, den Renten vergleichbare Einkommen berücksichtigt werden.

In beiden Alternativen müßten also die Krankenversicherungen die Einkommen der einzelnen Rentner ermitteln. Einkommensermittlungen werden nicht nur von den Finanzämtern, von den Wohngeldstellen und von den Sozialhilfestellen durchgeführt, dann auch noch von den Krankenversicherungen, und selbstverständlich – wie sollte es auch anders sein – überall nach unterschiedlichen Richtlinien und Vorschriften, die der Bürger heute schon nicht mehr durchschauen kann. Die verwaltungsmäßigen Argumente, die gegen die Besteuerung der Renten vorgebracht werden, treffen hier in besonderem Maße zu. Aber nicht nur aus verwaltungstechnischen Gründen stellt der Krankenversicherungsbeitrag der Rentner keine Alternative zur Besteuerung dar. *Gansel* hat die Wirkung des Krankenversicherungsbeitrags gemäß Alternative (2b) mit dem Besteuerungsmodell (1b) – Rentenbesteuerung in Anlehnung an die derzeitige Pensionsbesteuerung – verglichen. In der Tabelle 12 sind jeweils die Steuerbeträge und die Krankenversicherungsbeiträge gegenübergestellt. Hieran wird deutlich, daß im Falle der Besteuerung nach Modell (1b) die niedrigen Einkünfte nicht steuerbelastet sind, und die Steuerbelastung erst langsam, dann aber mit zunehmender Höhe der Monatseinkünfte progressiv ansteigt. Beim Krankenversicherungsbeitrag ist hier noch eine Sozialkomponente eingebaut – das heißt, ein Krankenversicherungsbeitrag soll erst bei Ledigen für Renten über 700 DM und bei Verheirateten für Renten über 910 DM erhoben werden –, die nach neueren Pressemitteilungen aber fortfallen soll. Gegenüber der Besteuerung setzt dann der Krankenversicherungsbeitrag sofort mit 5,5 % ein. Dieser Prozentsatz sinkt für sehr hohe Einkommen, da er in diesem Beispiel auf 165 DM pro Monat begrenzt ist. Schlägt man also einen Krankenversicherungsbeitrag alternativ zur Besteuerung vor, werden hiervon insbesondere die Bezieher kleiner Renteneinkünfte betroffen. Ob das letztlich sozialpolitisch gewollt sein kann, muß bezweifelt werden.

Tab. 12: Einkommensteuer und Krankenversicherungsbeitrag

Monatseinkünfte in DM	Besteuerung[1])		Krankenversicherung[1])	
	ledig	verheiratet	ledig	verheiratet
700	–	–	38.50 (5.5)	–
910	–	–	50.05 (5.5)	
1150	–	–	63.25 (5.5)	
1400	55.00 (4.0)	–	77.00 (5.5)	
1600	99.00 (6.1)	–	88.00 (5.5)	
1800	143.00 (7.9)	44.00 (2.4)	99.00 (5.5)	
2000	187.00 (9.4)	88.00 (4.4)	110.00 (5.5)	
2500	297.00 (11.9)	198.00 (8.0)	137.00 (5.5)	
3000	467.00 (15.6)	308.00 (10.3)	165.00 (5.5)	
3500	667.00 (19.1)	418.00 (11.9)	165.00 (4.7)	
4000	883.00 (22.1)	528.00 (13.2)	165.00 (4.1)	

[1]) Angaben in DM und (Prozent)

Quelle: Gansel [1980].

Nach den jüngsten Beschlüssen der Koalitionsparteien (November 1980) soll ein individueller Krankenversicherungsbeitrag der Rentner erst 1983 eingeführt werden. Nach den Koalitionsabsprachen werden die Renten zunächst mit einem Beitragssatz von 11,8 %, die zusätzlichen Alterseinkünfte mit dem halben Beitragssatz (also 5,9 %) belastet. Die Rentner sollen einen einmaligen Zuschuß von 11,8 % des Rentenbetrages erhalten, doch dieser Zuschuß wird nicht Bestandteil der Rente. Im Gegenteil: Der Zuschuß, den die Rentner 1983 bei der Umstellung des Systems auf individuelle Krankenversicherungsbeiträge erhalten, um diese zunächst ohne Einkommenseinbußen zahlen zu können, soll von 1985 an schrittweise abgebaut werden („unter Berücksichtigung der verfügbaren Einkommen der Rentner und der Arbeitnehmer sowie der Finanzlage der Rentenversicherung und der wirtschaftlichen Entwicklung“). Auf längere Sicht soll der von den Rentnern erhobene Krankenversicherungsbeitrag dem Arbeitnehmerbeitrag entsprechen. Mit diesem Beschluß der Koalitionsparteien werden also die Alternativen (2a) und (2b) des Krankenversicherungsbeitrags kombiniert.

(3) Die bisherigen Ausführungen dürften deutlich gemacht haben, daß der Krankenversicherungsbeitrag – nach Gansel ein „bürokratisches Monstrum“ – keine sinnvolle Alternative zur Besteuerung darstellt. Die Einkommensermittlung und -überprüfung wäre bei den Finanzämtern leichter durchführbar, ohne daß neue Bürokratien geschaffen werden müßten. Die Alternative Besteuerung oder Krankenversicherungsbeitrag ist – will man mit der Gleichbehandlung von Arbeitnehmern und Beziehern von Alterseinkünften ernst machen – keine Alternative; die Gleichbehandlung fordert Besteuerung nach dem Modell (1a) und einen Krankenversicherungsbeitrag nach dem Modell (2b). Schon um den Krankenversicherungsbeitrag nach (2b) drückt sich der jetzige Kolaitionsbeschluß herum: Der mit Einführung des individuellen Krankenversicherungsbeitrags verbundene Zuschuß soll den Rentnern erst „Sand in die Augen streuen“, verbunden mit der Hoffnung der Politiker, daß diese dann später den Abbau weniger merken. Hier vertrauen die Politiker – im Klartext gesprochen – auf die Dummheit der Betroffenen. Ob diese Rechnung aufgeht, dürfte zu bezweifeln sein.

Der Krankenversicherungsbeitrag als alleinige Maßnahme kann also weder unter dem Gesichtspunkt der gleichmäßigen Lastenverteilung befurwortet werden, noch stellt diese Maßnahme ein ausreichendes Instrument dar, die zukünftigen Finanzierungsprobleme zu lösen. Die Modellberechnungen zur finanziellen Lage der Rentenversicherung bis 2030 haben deutlich gemacht, daß eine besonders wichtige Zukunftsaufgabe darin liegt, die Lasten zwischen den Generationen gerechter zu verteilen, als es nach den derzeitigen Regelungen im Steuer- und Sozialrecht möglich ist. Deshalb bietet es sich an, die Rentner rechtzeitig darauf hinzuweisen, daß auch sie in Zukunft zur Bewältigung der Probleme beizutragen haben. Allein der Hinweis, daß beispielsweise im Bereich der Ortskrankenkassen bereits heute über 50 % der Ausgaben für die Rentner von den aktiven Versicherten getragen werden, also auch über die gesetzliche Krankenversicherung eine beachtliche Umverteilung zugunsten der Rentner betrieben wird [*vgl. Ott*], müßte viele nachdenklich stimmen. Da in den nächsten zehn Jahren weniger schwerwiegende Probleme anstehen als in den folgenden Jahrzehnten, könnte man diese Phase benutzen, um die Renten schrittweise in die Einkommensbesteuerung und individuellen Krankenversicherungsbeiträge hineinwachsen zu lassen. Von uns durchgeführte Modellrechnungen haben gezeigt, daß – vorausgesetzt ein reales Wachstum findet statt – eine Hineinführung in die Einkommensbesteuerung bei Fortbestand der bruttolohnbezogenen Rentenanpassung in einem fünfjährigen Zeitraum möglich ist, ohne daß reale Einkommenseinbußen auftreten müssen. Die derzeitigen „Besitzstände" – ein Terminus, der aus dem sich immer weiter ausbreitenden „Anspruchsdenken" gegenüber „dem" Staat folgt (und vor dem viele Politiker zunehmend kapitulieren) – könnten also weitestgehend erhalten werden. Würde man parallel die Besteuerung und einen individuellen Krankenversicherungsbeitrag einführen, dürfte ein 7- bis 10-jähriger Übergangszeitraum ausreichend sein, um ohne reale Einkommenseinbußen auf seiten der Rentner eine Gleichbehandlung von Arbeitseinkommen, Renten und Pensionen zu erreichen.

Das vorgeschobene Argument, die Besteuerung könnte „in bezug auf die Rentner psychologische und politische Belastungen darstellen" [Arbeitsgruppe „Sozialpolitisches Programm" der SPD] deutet auf eine bedenkliche Bewußtseinsspaltung hin: Arbeitnehmern werden also psychologische Belastungen zugemutet, die Rentnern nicht zugemutet werden können. Da kann man ja eigentlich nur froh sein, daß die Arbeitnehmer sich – durch Flucht in die Untergrundökonomie – der psychologischen Belastung entziehen können. Dies würde dann allerdings tatsächlich zu psychologischen Belastungen bei den Rentnern führen, deren Renten dann nämlich nicht mehr finanzierbar sind. Die Streichung der auf dem Parteitag der SPD 1979 in Berlin beschlossenen Sozialkomponente bei dem Krankenversicherungsbeitrag deutet darauf hin, daß sich auch in der SPD die Einsicht durchgesetzt hat, daß es sowohl aus rechtlichen wie aus politischen Gründen kaum möglich sein wird, den Beziehern kleiner Renten einen günstigeren Krankenversicherungsbeitrag anzubieten als zum Beispiel den Beziehern kleiner Arbeitseinkommen. Man kann nur hoffen, daß eine entsprechende Erkenntnis sich auch für den Bereich der Besteuerung durchsetzt.

b) Nettomodelle

Während die alternativen Bruttomodelle das Ziel einer mehr oder weniger gleichmäßigen Entwicklung zwischen den verfügbaren Einkommen der Rentner und Arbeitnehmer durch Besteuerung und/oder Krankenversicherungsbeitrag erreichen wollen, soll durch die Nettomodelle das gleiche Ziel dadurch erreicht werden, daß die Renten von vornherein nur im Ausmaß der Nettolohnentwicklung steigen. Auch hier gibt es wieder zwei Varianten: (1) Ablösung der Bruttorentenformel durch eine Nettorentenformel; (2) Beibehaltung der Bruttorentenformel mit einer Nettorentendynamisierung.

(1) Die Rente berechnet sich heute nach der oben diskutierten Bruttorentenformel. Der Prozentsatz der persönlichen Bemessungsgrundlage P berechnet sich nach dem Verhältnis zwischen dem Bruttoarbeitsentgelt des einzelnen Versicherten zu dem Bruttoarbeitsentgelt aller Versicherten während des ganzen Versicherungslebens. Entsprechend könnte die Rente auch nach einer Nettoformel berechnet werden. Der Prozentsatz der persönlichen Rentenbemessungsgrundlage ergäbe sich dann aus dem Verhältnis zwischen dem Nettoarbeitsentgelt des einzelnen Versicherten zum Nettoarbeitsentgelt aller Versicherten während des ganzen Versicherungslebens[1]). Auch die allgemeine Bemessungsgrundlage B würde auf das Nettoprinzip umgestellt, so daß auch die Rentenanpassung in Form einer Nettodynamisierung erfolgte. Grundlage dieser Form der Anpassung wären also nicht individuelle Bruttoentgelte, sondern die bereits durch alle Sozialbeiträge (einschließlich Renten- und Arbeitslosenversicherungsbeitrag) und Besteuerung korrigierten Entgelte.

Diese Art der Nettoanpassung hätte gegenüber der Besteuerung und/oder dem Krankenversicherungsbeitrag den Vorteil, daß sich die verfügbaren Durchschnittseinkommen – und nur diese – von Arbeitnehmern und Rentnern im völligen Gleichschritt bewegen würden und hieran auch Erhöhungen der Beiträge zur gesetzlichen Rentenversicherung nichts ändern würden. Auch verwaltungsgemäß erübrigten sich bei der Nettoformel Neuverhandlungen über den Finanzausgleich, da die Mittel bei der gesetzlichen Rentenversicherung verblieben. Aber die Nettoformel hat gegenüber der Besteuerung und dem Krankenversicherungsbeitrag für Rentner einige schwerwiegende Nachteile: Die Nettodynamisierung erfaßt nicht die individuelle Einkommenssituation. Es erfolgt ein pauschaler Abschlag für die Einkommensbesteuerung in Form eines

[1]) Da Alleinverdienerehepaare den Splittingvorteil – also ein höheres Nettoeinkommen als Ledige mit gleich hohem Einkommen – haben, müßten auch die Beiträge – soll eine gewisse Beitragsäquivalenz erhalten bleiben – von den Nettoeinkommen erhoben werden.

 durchschnittlichen Steuersatzes für alle Versicherten. In diesem durchschnittlichen Steuersatz kamen aber insbesondere die Regelungen des Familienlastenausgleichs des Einkommensteuersystems (unter anderem Ehegattensplitting) zum Ausdruck, aber auch besondere Steuervergünstigungen (zum Beispiel nach § 7b EStG). Der sich ergebende Steuersatz gibt also keine korrekte Auskunft über die tatsächliche Belastungssituation der verschiedenen Gruppen von Versicherten. Auch verteilungspolitisch ist diese pauschale Nettodynamisierung von zweifelhaftem Wert, da sich gegenüber der Einkommensbesteuerung, die bekanntlich progressiv ausgestaltet ist, Entlastungswirkungen für Bezieher hoher Renten ergeben, deren individueller Steuersatz in der Einkommensbesteuerung höher wäre. Dagegen kommt es zu Belastungswirkungen für Bezieher niedriger Renten, deren individueller Steuersatz in der Einkommensteuer niedriger (häufig gleich Null) wäre. Darüber hinaus – und das dürfte der entscheidende Mangel sein – berücksichtigt die Nettoformel auch nicht die Möglichkeit der Rentenkumulation bzw. des Bezugs von zusätzlichen Einkünften aus anderen Quellen. Überversorgungsentwicklungen würden also nur unzureichend erfaßt. Wollte man diese Mängel beseitigen, müßte man die Nettoformel differenzieren; dann ist ihr verwaltungsmäßiger Vorteil allerdings dahin, und die Einkommensbesteuerung der adäquate Weg.

(2) Da die Nettorentenformel bereits die Sozialbeiträge bei der Berechnung der Rente berücksichtigt, wäre ein Krankenversicherungsbeitrag der Rentner eigentlich sachlich nicht mehr gerechtfertigt. Die Nettoformel kollidiert dann mit dem im 21. Rentenanpassungsgesetz bereits beschlossenen Krankenversicherungsbeitrag der Rentner. Daß Politiker erfinderisch sind, wenn sie ihren eigenen Versprechungen entkommen wollen, zeigt wieder eine Aussage des oben bereits zitierten Arbeitskreises: „Die politische Zusage der SPD, 1982 zur bruttolohnbezogenen Rente zurückzukehren, müßte also auf den Zeitraum bis zum Inkrafttreten der Rentenreform 1984 begrenzt werden" [Arbeitsgruppe „Sozialpolitisches Programm" der SPD]. Um diese Zusage jedenfalls formal einhalten zu können, wird das Modell der Bruttorente mit Nettodynamisierung zur Diskussion gestellt. Die Berechnung der Rente würde weiterhin nach den Bruttoentgelten erfolgen; lediglich die jährliche Fortschreibung der allgemeinen Bemessungsgrundlage und die Erhöhung der Renten würden jedoch nur noch in dem Ausmaß erfolgen, wie die Nettolöhne und -gehälter steigen. Auch dieses Modell wäre verwaltungsmäßig einfach; man könnte weiterhin die Beiträge vom Bruttoeinkommen erheben und die Rent-

ner würden am durchschnittlichen verfügbaren Einkommenszuwachs der Arbeitnehmer teilnehmen; der Zusatz „durchschnittlich“ macht deutlich, daß die Nettodynamisierung auch in diesem Modell die bereits oben aufgezeigten Mängel hat.

Eine weitere Variante zu diesem Modell wurde kürzlich von der FDP vorgeschlagen. Nach diesem Vorschlag sollen die Renten im selben Maße steigen wie die Nettoeinkommen der Arbeitnehmer. Dazu soll ein Abschlag von dem Rentenzahlbetrag vorgenommen werden, der der zusätzlichen Steuer- und Abgabenbelastung entspricht. Die allgemeine Bemessungsgrundlage steigt aber ohne Abschlag. Hier müßte dann also eine durchschnittliche Grenzbelastung der Arbeitnehmer ermittelt werden, bei der wiederum dieselben oben diskutierten Mängel auftreten.

Auch die Kombination von Nettoverfahren und Besteuerung werden verschiedentlich diskutiert. Wir wollen hierauf nicht näher eingehen, nur feststellen, daß dann der verwaltungsmäßige Vorteil des Nettoverfahrens verschwindet. Insgesamt kann man sich des Eindrucks nicht erwehren, daß die Diskussion um die Nettoanpassung der Renten eher die Ängste der Politiker widerspiegelt als auf vernünftigen sozial- und verteilungspolitischen Argumenten beruht. Man hofft wieder auf die Unmerklichkeit der Nettoanpassungsverfahren, also darauf, daß der Rentenabschlag weniger offenkundig wird als ein Einkommensteuerbetrag. Hier scheinen eher die Politiker als die Rentner unter einer psychologischen Belastung zu leiden.

2. Die Veränderungen bei der Rentenfinanzierung

Die Vorschläge zur Veränderung der Rentenfinanzierung zielen einerseits auf eine Aufstockung bzw. Verstetigung des Bundeszuschusses zur gesetzlichen Rentenversicherung und andererseits auf eine Umstellung der Bemessungsgrundlage des Arbeitgeberanteils.

a) Der Bundeszuschuß

Wir hatten bereits mehrfach erwähnt, daß der Bundeszuschuß gekoppelt ist an die Entwicklung der allgemeinen Bemessungsgrundlage. Da die allgemeine Bemessungsgrundlage weit weniger gestiegen ist als die Ausgaben der gesetzlichen Rentenversicherung, ist sein Anteil von 31,9 % im Jahre 1957 auf 18,1 % im Jahre 1979 gesunken. Insbesondere beteiligt sich der Bund nicht an den zunehmenden Ausgaben aufgrund der Ausweitung des versicherten Personenkreises und der demographischen Entwicklung.

160 In dem Maße, wie der Bundeszuschuß zurückging, wurden die Beitragssätze zur gesetzlichen Rentenversicherung angehoben. Würde nun der Bundeszuschuß an die Ausgaben der gesetzlichen Rentenversicherung geknüpft, hieße das, daß sich der Bund mit einem festen Prozentsatz an der Finanzierung beteiligt. Ein solcher relativ fixierter Bundeszuschuß oder sogar eine Erhöhung des heute erreichten Prozentsatzes wird deshalb vorgeschlagen, weil dann auch der Bund an den Risiken der zukünftigen demographischen Entwicklung teilnehmen würde. Ein erhöhter Bundeszuschuß bedeutet – sofern keine anderweitigen freien Haushaltsmittel zur Verfügung stehen und eine Kreditaufnahme des Staates zu solchen Zwecken nicht in Frage kommt – nichts anderes als eine allgemeine Steuererhöhung. Über diese Steuererhöhung würden dann auch diejenigen Bürger, die nicht Pflichtmitglieder oder freiwillig Versicherte der gesetzlichen Rentenversicherung sind, an den zukünftigen Lasten der sich verändernden Bevölkerungsstruktur beteiligt. Entscheidend für die Stärke der Beteiligung dieser Bürger und die Verteilung der Lasten auf die gesamten Steuerpflichtigen ist, welche Steuerart erhöht wird: Erhöht man die Einkommensteuer, werden entsprechend ihrer progressiven Ausgestaltung die wohlhabenderen Bürger stärker belastet. Erhöht man die indirekten Steuern (also Mehrwertsteuer und Verbrauchsteuern), werden die Bezieher kleiner Einkommen relativ stärker belastet. In jüngerer Zeit wird häufig die Vermutung ausgesprochen, daß mit der Verlagerung der Steuerbelastung von der Einkommensteuer auf die indirekten Steuern quasi eine „**Ersatzbesteuerung der Renten**" vorgenommen wird, da über ihren Konsum die Rentner an der Aufbringung der indirekten Steuern beteiligt sind. Im Vergleich zur Einkommensbesteuerung der Renten werden dann aber die Bezieher von kleinen Renten relativ am stärksten belastet, während die Bezieher von höheren Renten entlastet werden. Man muß sich die Frage stellen, welche sozialpolitische Perspektive eigentlich hinter einer solchen Steuerpolitik steht. Ein konstanter oder erhöhter Bundeszuschuß wäre grundsätzlich ein geeignetes Instrument, alle Bevölkerungsschichten an der Finanzierung der demographisch bedingten Zukunftslasten zu beteiligen. Die häufig propagierte verteilungspolitische Zielsetzung verbietet es dann allerdings, die Finanzierung über eine Erhöhung der indirekten Steuern zu betreiben. Überhaupt erweist sich die Unmerklichkeit der indirekten Steuern zunehmend als eine Illusion, so daß dieser vermeintliche Vorteil zukünftig entfällt.

Der derzeitige Arbeitgeberbeitrag ist – wie der Arbeitnehmerbeitrag – an die Bruttolöhne und -gehälter, also an die Lohnsumme eines Unternehmens gekoppelt. Lohnintensive Produktionsverfahren, die nach Vorstellung der Befürworter einer Umstellung der Bemessungsgrundlage des Arbeitgeberbeitrags insbesondere in kleineren und mittleren Unternehmen Anwendung finden, werden also gegenüber kapitalintensiven Produktionsverfahren im marktwirtschaftlichen Wettbewerb benachteiligt (Schlagwort: Wettbewerbsverzerrung). Da durch den heutigen Arbeitgeberbeitrag die Lohnkosten für die Unternehmen erhöht werden, können diese durch eine verstärkte Substitution von Arbeitseinsatz durch Kapitaleinsatz verringert werden. Das heißt, lohnintensive Produktionsverfahren werden nach Möglichkeit durch kapitalintensive Produktionsverfahren abgelöst: Es werden Arbeitsplätze wegrationalisiert. Um diesen Rationalisierungsdruck, der besonders bei der derzeitigen Arbeitsmarktlage unerwünscht erscheint, zu beseitigen, wird die Umstellung des Arbeitgeberbeitrags auf eine andere Bemessungsgrundlage vorgeschlagen. Auch die langfristige demographische Entwicklung dient als Argument für eine Umstellung: Da langfristig Arbeitskräfte knapp würden, Kapital aber relativ reichlich vorhanden sei, wird vorgeschlagen, auch den Faktor Kapital (die „Maschinen“) an den Lasten der demographischen Entwicklung zu beteiligen [*vgl. Rürup*].

Eine Verringerung des Rationalisierungsdrucks würde also weniger Rationalisierungsinvestitionen bedeuten und daher die vorhandene Arbeitslosigkeit verringern, ein Effekt, der positiv gesehen wird vor dem Hintergrund einer vielfach prognostizierten zunehmenden Arbeitslosigkeit. Aber die Umstellung der Bemessungsgrundlage wird auch als „eine mögliche Erschließung zusätzlicher Finanzierungsquellen“ [*Rürup*] gesehen. Der Arbeitgeberbeitrag würde also von dem Arbeitnehmerbeitrag abgekoppelt, man könnte demnach den Arbeitgeberbeitrag also allein heraufsetzen. Hierzu Rürup: „Bei der Erschließung ‘neuer’ Finanzierungsquellen wäre es finanzpsychologisch durchaus von Vorteil, wenn mit deren Ausschöpfung kein Anstieg der Belastungsquote der Arbeitnehmer durch direkte Abgaben (wie Einkommensteuer oder Sozialabgaben) verbunden wäre“. Anknüpfen sollte ein umgestellter Arbeitgeberbeitrag an dem mehrwertsteuerpflichtigen Umsatz als Indikator der betrieblichen Wertschöpfung (Summe der Leistungen eines Unternehmens abzüglich der von anderen Unternehmen empfangenen Vorleistungen). Zur existierenden

 Mehrwertsteuer käme also eine Renten-Mehrwertsteuer hinzu, die zweckgebunden an die gesetzliche Rentenversicherung abzuführen wäre. Ein gewichtiger Vorteil wird darin gesehen, daß durch einen derart bemessenen Arbeitgeberbeitrag keine Differenzierung der Belastung von Produktionsverfahren im Hinblick auf ihre Kapital- und Arbeitsintensität und damit der Branchenzugehörigkeit und der Unternehmensgröße hervorgerufen würde. Wie der bisherige Arbeitgeberbeitrag würde wahrscheinlich auch der neue Arbeitgeberbeitrag über die Preisbildung an die Verbraucher weitergegeben („überwälzt"), das heißt, die Verbraucher tragen zum größten Teil die Lasten.

„Als politisches Argument einer solchen Umstellung könnten ferner leichtere und differenziertere Erhöhungen von Arbeitgeber- und/oder Arbeitnehmeranteilen angesehen werden" [Rürup]. Mit anderen Worten könnte man also den Arbeitgeberbeitrag erhöhen und den Arbeitnehmerbeitrag unverändert lassen, also die „Maschinen" verstärkt zur Finanzierung der Zukunftslasten beitragen lassen. Nun hatten wir bereits die Möglichkeit der Überwälzung einer Renten-Mehrwertsteuer angesprochen. Da gemeinhin nicht „Maschinen", sondern Unternehmen Steuern zahlen, werden diese selbstverständlich versuchen, die Belastungen im Preisbildungsprozeß weiterzugeben. Kapitalintensive Großunternehmen haben aber im allgemeinen bessere Überwälzungschancen als kleinere Unternehmen. Die Großunternehmen werden also kaum betroffen sein und ihre Rationalisierungsinvestitionen weiterführen; betroffen bleiben dann die kleineren, die jedenfalls zum Teil von den Lasten getroffen würden und ihre Rationalisierungsinvestitionen unterlassen müssen: Also auch hier wieder Wettbewerbsverzerrungen, ein im übrigen beliebter Terminus, mit dem sich alles und nichts begründen läßt. Die Vorstellung, die „Großunternehmen" und die „reichen Leute" besonders stark belasten zu können, erweist sich häufig als Illusion; sie haben im marktwirtschaftlichen System eine so starke Position, daß sie sich solchen Belastungen meist entziehen können.

Die Überwälzungsargumentation dürfte deutlich gemacht haben, daß die Zukunftslasten letztlich von der Gesamtheit der Bürger getragen werden müssen. Der „finanzpsychologische Vorteil" der Renten-Mehrwertsteuer dürfte darin liegen, daß der einzelne die Preiserhöhungen infolge einer Erhöhung der Renten-Mehrwertsteuer weniger als staatlichen Griff in sein Portemonnaie empfindet als eine Erhöhung der Arbeitnehmerbeiträge. Auch bei diesem Instrument wird also wieder auf die Ausbeutung von Illusionen auf Seiten der Bürger gebaut; schwinden diese, sind die

Reaktionen genau die gleichen wie bei einer Erhöhung der Beiträge. Es stellt sich also die Frage, ob man mit derartigen Finanzierungstricks versuchen sollte, die Probleme unter den Teppich zu kehren oder nicht lieber deutlich machen sollte, welche Probleme vor uns liegen, damit sich dann jeder – auch der, der nicht so bewandert ist im Bereich der Wirkungsanalysen von Steuern und Sozialbeiträgen – eigenverantwortlich an die neuen Gegebenheiten anpassen kann.

Um es noch einmal deutlich zu machen: Nicht bestritten werden soll der ökonomische Vorteil eines an der Wertschöpfung orientierten Arbeitgeberbeitrags; gegenüber dem heutigen ist er neutral in bezug auf das Einsatzverhältnis von Arbeit und Kapital. Zweifelhaft erscheint lediglich, ob man mit diesem Instrument die Lasten zwischen Unternehmen und Arbeitnehmern anders verteilen kann, als sie heute verteilt sind. Innerhalb des Unternehmenssektors würden sie sich zweifellos anders verteilen. Ob das auch zukünftig in Anbetracht der demographischen Entwicklung erwünscht ist, erscheint fragwürdig. Wenn von dem lohnbezogenen Arbeitgeberbeitrag tatsächlich ein Rationalisierungsdruck ausgeht, kann sich dieser später sogar als Vorteil erweisen. Zur Zeit ist ein solcher Rationalisierungsdruck aus arbeitsmarktpolitischen Gründen nicht unbedingt erwünscht, obwohl natürlich auch Rationalisierungsinvestitionen zunächst Arbeitsplätze schaffen und nicht mit letzter Sicherheit geklärt ist, ob von ihnen tatsächlich ein negativer Effekt auf den Arbeitsmarkt ausgeht. Das Arbeitsmarktproblem, das uns zur Zeit so stark beschäftigt und das durch die jetzt in die Erwerbstätigkeit hineinwachsenden geburtenstarken Jahrgänge noch verschärft werden dürfte, ist – trotz seiner tiefgreifenden Problematik – verglichen mit den Problemen der demographischen Entwicklung nur ein relativ schnell vorübergehendes Phänomen. Selbstverständlich sollte man sich bemühen, die mittelfristigen Probleme auf dem Arbeitsmarkt zu beseitigen. Man sollte sich aber hüten, solche Maßnahmen anzuwenden, die die Lösung des demographischen Problems wesentlich erschweren. Arbeitskräfte werden in Zukunft knapp, Rationalisierungsinvestitionen sind dann – nicht nur aufgrund der Erhaltung unserer internationalen Wettbewerbsfähigkeit – geradezu dringend geboten, allein schon um den erhöhten Bedarf an Arbeitskräften im Dienstleistungsbereich (Gesundheitssektor, Pflege und ähnliches) decken zu können. Will man dann wieder von einer Renten-Mehrwertsteuer zu einem lohnbezogenen Arbeitgeberanteil zurückkehren?

Noch ein Argument wird für einen wertschöpfungsorientierten Arbeitgeberbeitrag vorgebracht: Er könnte auch sozialpolitisch sinnvoll sein, „und zwar unter dem Aspekt der Einbeziehung der Selbständigen in die Rentenversicherungspflicht. Die wertschöpfungsorientierten Beiträge könnten so ausgestaltet werden, daß durch sie nicht nur die Arbeitgeberanteile für die pflichtversicherten Arbeitnehmer, sondern auch die fehlenden 'Arbeitgeberanteile' der Selbständigen aufgebracht werden. Wertschöpfungsorientierte Arbeitgeberbeiträge könnten somit eine solidarisch aufgebrachte Umlage innerhalb der Selbständigen für deren eigene Rentenversicherung enthalten" [Arbeitsgruppe „Sozialpolitisches Programm" der SPD]. Wir hatten oben bereits festgestellt, daß der Arbeitgeberbeitrag ökonomisch gesehen Lohnbestandteil ist, er ohne weiteres dem Bruttolohn bzw. -gehalt zugeschlagen werden könnte, also letztlich die historisch bedingte Unterscheidung in Arbeitnehmeranteil und Arbeitgeberanteil heute eigentlich nur deshalb aufrechterhalten wird, um die tatsächlich erreichte Abgabenbelastung zu verschleiern. Allein vor dem Hintergrund dieser Argumentation erweist sich die Diskussion um den Arbeitgeberanteil als überflüssig. Wir haben außerdem festgestellt, daß ein umgestalteter Arbeitgeberbeitrag im übrigen mit ähnlichen Regressionseffekten wie bei den indirekten Steuern überwälzt wird und damit sich an der Lastverteilung zwischen Unternehmenssektor und Arbeitnehmern im wesentlichen nichts verändern würde. Die Einbeziehung der Selbständigen in Verbindung mit einer Renten-Mehrwertsteuer hätte dann nur den Effekt, daß die Selbständigen – vorausgesetzt sie waren nicht in der Lage, den „Arbeitgeberanteil" zu überwälzen – weitgehend von dem jetzt durch sie selbst zu zahlenden Arbeitgeberbeitrag entlastet würden, nämlich in dem Ausmaß, indem die Allgemeinheit über die erhöhten Preise an der Finanzierung dieser Arbeitgeberanteile beteiligt wird. Selbstverständlich gibt es unter den Selbständigen eine Vielzahl, die geringere Einkommen erzielen als mancher Arbeitnehmer. Aber der Versuch, eine derartige pauschale Umverteilung als sozialen Fortschritt zu verkaufen, vermag nicht zu überzeugen.

3. Der Übergang zum Kapitaldeckungsverfahren

Das Kapitaldeckungsverfahren wurde bereits unter verschiedenen Aspekten diskutiert und als Sicherungsalternative für die Masse der Bevölkerung abgelehnt. Trotzdem werden auch gegenwärtig wieder Stimmen laut, die eine Umstellung im Bereich der gesetzlichen Rentenversicherung von dem Umlageverfahren auf das

Kapitaldeckungsverfahren fordern, verbunden mit dem Vorschlag, alle Umverteilungselemente im Bereich der Sozialversicherung zu eliminieren und in das Steuersystem einzubauen. Wir hatten festgestellt, daß sich bei konstanter Bevölkerung das Kapitaldeckungsverfahren vom Umlageverfahren nicht unterscheidet. Auch eine dynamische Rente wäre zumindest dann finanzierbar, wenn langfristig die Verzinsung des Kapitals gleich der Zuwachsrate des Durchschnittslohns ist. Es wird auch behauptet, daß das Kapitaldeckungsverfahren die volkswirtschaftliche Ersparnis erhöhen und damit das Wachstum fördern würde. Nun haben wir aber keine konstante, sondern eine stark schrumpfende Bevölkerung. Wie sieht es dann mit der Möglichkeit des Übergangs zum Kapitaldeckungsverfahren aus?

Der heutige Versicherte (Beitragszahler) in der gesetzlichen Rentenversicherung hätte dann nicht nur mit seinen Beiträgen die nicht mehr erwerbstätige Generation zu erhalten (denn die kann man ja nicht einfach vergessen), sondern außerdem noch zusätzliche Beiträge zu entrichten, die zur Bildung eines Kapitalfonds verwendet würden. Die Höhe dieses zusätzlichen Beitrags schätzt *Meinhold* auf rund 100 Milliarden DM jährlich. Damit würden sich die Beitragssätze auf einen Schlag nahezu verdoppeln müssen. Dazu Meinhold: „Schon ein größerer Bruchteil dieser Summe von jährlich 100 Mrd. DM heute zusätzlich für eine Altersversorgung zu sparen und dann in fünfzig Jahren wieder zu entsparen, würde in der Gegenwart einen konjunkturellen Einbruch unvorstellbaren Ausmaßes bedeuten – in der Zukunft eine Nachfrageausweitung, die faktisch nur inflatorisch lösbar sein würde und alle unsere Sparüberlegungen allein zunichte machen müßte . . . Es gäbe eine horrende Arbeitslosigkeit, aber nicht die erhoffte Lösung unseres Problems".

Darüber hinaus muß bezweifelt werden, ob bei schrumpfender Bevölkerung überhaupt die 100 Milliarden DM jährlich ausreichen würden, um eine dynamische Rente nach dem strengen Anwartschaftsdeckungsverfahren zu finanzieren, denn nach Heubeck [1972] beträgt ausgehend von einer Wachstumsrate von 6 % die Summe der im Berufsleben insgesamt verdienten Einkommen eines Angestellten des öffentlichen Dienstes zum Beispiel 4,26 Millionen DM; die Summe der Renten-Einkommen bei durchschnittlicher Lebenserwartung würde aufgrund der dynamischen Rente demgegenüber 11,2 Millionen DM betragen. In diesem Beispiel würde die Summe der Renten das 2,65-fache der Summe der Lohneinkommen ausmachen und läge weit über dem 10-fachen der geleisteten Beitragszahlungen. Bei nicht dynamischen Renten muß im Durchschnitt ein Kapital in Höhe des rund 10,4-fachen der Jahresrente angespart werden, um eine lebenslängliche Alters- und Witwenpension selbst finanzieren zu können [vgl. *Heubeck*, 1976]. Aus diesen Zahlen wird deutlich, daß dynamische Renten für die Masse der Bevölkerung nicht über das Kapitaldeckungsverfahren finanziert werden können und auch nie finanziert worden sind. Es wird aber auch deutlich, daß die Argumentation mit den „wohlerworbenen" Rentenansprüchen durch eigene Beiträge absurd ist. Im obigen Beispiel machen die „wohlerworbenen Anwartschaften" keine 10 % der Rentenzahlung aus. Insoweit wird man auch keine Eigentumsrechte auf eine dynamische Rente begründen können.

Mit dem Vorschlag zur Umstellung auf das Kapitaldeckungsverfahren wird häufig auch die Forderung nach einer mehr privatwirtschaftlichen Orientierung der Organisation der Rentenversicherung verbunden. Dahinter steht häufig die Vorstellung, daß dann die nach dem Kapitaldeckungsverfahren arbeitenden privaten Lebensversicherungen der Wirtschaft das nötige Kapital insbesondere für risikoreiche Investitionsvorhaben zur Verfügung stellen (sogenanntes Risikokapital). Ein kurzer Blick auf die Struktur der Kapitalanlagen der deutschen privaten Lebensversicherungen belehrt uns hier eines besseren: Die gesamten Kapitalanlagen der deutschen privaten Lebensversicherungen beliefen sich Ende 1978 auf ca. 138,1 Milliarden DM. 40 % waren angelegt in Wohnungs- und Grundvermögen, 33 % im Bereich öffentlicher Institutionen (einschließlich öffentlicher Kreditinstitute), 15 % in privaten Kreditinstituten, 10 % in privaten Unternehmen und 2 % bei sonstigen; rund 1 % ist in ausländischen Investitionsvorhaben angelegt. Diese Zahlen belegen, daß die privaten Lebensversicherungen nicht etwa Risikokapital bereit stellen, sondern – natürlich aufgrund gesetzlicher Vorschriften – eine „safety-first"-Strategie betreiben, was allein aufgrund der vorgeschriebenen „Mündelsicherheit" auch nicht anders zu erwarten ist.

Diejenigen ausländischen Sozialversicherungen, die heute noch dem Kapitaldeckungsverfahren folgen, finanzieren damit überwiegend die Defizite der öffentlichen Haushalte (zum Beispiel in Japan in besonderem Maße); ob dadurch tatsächlich ihre Sicherheit erhöht wird, mag dahingestellt sein. Nun wird häufig argumentiert, zukünftige Beitragserhöhungen könnten vermieden werden, wenn wir bereits heute die Beiträge erhöhen, einen Kapitalstock bilden, damit die private Investitionstätigkeit anregen sowie das Wachstum beschleunigen würden. Hier müßte die Frage beantwortet werden, ob die sofortige Beitragserhöhung – wenn als einzige Maßnahme vorgeschlagen, mindestens in Form einer Verdoppelung der derzeitigen Beitragssätze – auf das wirtschaftliche Wachstum insgesamt nicht mehr hemmend wirken würde als die Wachstumsförderung durch das – praktisch unmögliche – Kapitaldeckungsverfahren bringen könnte.

Für die Sicherung der Masse der Bevölkerung bleibt also nur das Umlageverfahren. Dann stellt sich die Frage, ob sich das Kapitaldeckungsverfahren nicht zumindest gegenüber dem heutigen Stand ausdehnen ließe. Ein gewisses Ansparen zum Beispiel für die 84er-Reform könnte durchaus sinnvoll sein. Da allerdings auf absehbare Zeit das Beitragsaufkommen für die Finanzierung der laufenden Renten benötigt wird, dürfte eine zusätzliche Kapitalbildung nur über Beitragserhöhungen möglich sein.

Da sich die Erkenntnis, daß das demographische Problem durch Sparen gesamtwirtschaftlich im nationalen Rahmen nicht lösbar ist, immer mehr durchsetzt, taucht häufig die Idee auf, durch Export von Kapital ins Ausland und dessen späteren Import dieses Problem zu lösen. Dieses Instrument wäre vielleicht geeignet, zu einer zumindest teilweisen Lösung beizutragen und wäre gleichzeitig auch mit unseren entwicklungspolitischen Zielsetzungen vereinbar. Sind aber Kapitalexporte etwa in Entwicklungsländer, so erwünscht sie auch sein mögen, wirklich dazu geeignet, zukünftig unseres Altersversorgung zu sichern? Zweifel sind erlaubt, und es dürfte sich nur schwer ein deutscher Politiker finden lassen, der zum Zwecke der Sicherung der Altersversorgung eine solche Strategie vorschlagen würde, zumal wir uns in der Energiepolitik gerade von Abhängigkeiten befreien wollen. Kapitalexporte in westliche Industrieländer scheiden längerfristig aus, weil diese auch ausnahmslos unter ähnlichen Problemen – wenn auch teilweise weniger schwer – zu leiden haben werden. Zusammenfassend kann man feststellen, daß ein „gewisses" zusätzliches Ansparen nur eine einzelne Maßnahme von quantitativ geringer Bedeutung in einem ganzen Maßnahmenkatalog zur Lösung der Zukunftsprobleme im Bereich der Alterssicherung darstellen kann.

4. Die Berücksichtigung der Bevölkerungsentwicklung im Alterssicherungssystem

Wie wir bereits dargelegt haben, kann die Bevölkerungsentwicklung nicht unabhängig vom existierenden Alterssicherungssystem gesehen werden. Über das Ausmaß des Einflusses herrscht allerdings keine einhellige Meinung. Die folgenden Vorschläge zielen nun darauf ab, jedenfalls überwiegend diejenigen Faktoren abzubauen, die sich hemmend auf die Geburtenzahlen auswirken könnten; nur der Vorschlag einer bevölkerungsdynamischen Rente will aktiv auf das generative Verhalten der Bevölkerung Einfluß nehmen.

a) Baby-Jahr

Das Baby-Jahr bzw. die Anrechnung von Zeiten der Kindererziehung als anrechnungsfähige Versicherungsjahre wurde bereits im Zusammenhang mit den Vorschlägen für die 84er-Reform diskutiert. Mit diesen Maßnahmen soll erreicht werden, daß Frauen mit Kindern aus ihrem Entschluß, Kinder aufzuziehen, keine oder zumindest keine erheblichen Nachteile für ihre späteren Rentenansprüche erwachsen. Wir hatten bereits erwähnt, daß Frauen, die zugunsten ihrer Kinder auf eine Erwerbstätigkeit verzichten (müssen), nicht nur ihr Erwerbseinkommen, sondern auch ihre späteren Rentenansprüche mindern. Da die Erziehung von Kindern aber nicht nur privates Vergnügen, sondern gleichzeitig eine hochwertige gesellschaftliche Aufgabe ist, von der auch die Kinderlosen profitieren, ist eine solche gesellschaftliche Anerkennung in Form beitragsfreier Versicherungsjahre durchaus zu begrüßen und als erster Schritt zur Verbesserung des unzureichenden Familienlastenausgleichs zu sehen. Wie stark allerdings damit die geburtenhemmende Wirkung der jetzigen Regelungen abgebaut wird, ist im wesentlichen davon abhängig, wieviele Jahre für die Kindererziehung anerkannt werden. Für nach dem Inkrafttreten der 84er-Reform geborene Kinder wird die Anerkennung von drei Erziehungsjahren vorgeschlagen; hiervon könnten gewisse Anreizwirkungen auf das Geburtenverhalten ausgehen, denen aber sicherlich nur geringe Bedeutung zukommen dürfte. Immerhin wäre eine solche Maßnahme im Zusammenhang mit anderen dazu geeignet, die derzeitige Benachteiligung der Mutter in der Altersversorgung zu verringern. Das man mit dieser Maßnahme – zumindest unterschwellig – auch bevölkerungspolitische Ziele anstrebt, wird aus der Beschränkung auf zukünftig geborene Kinder deutlich. Sozialpolitisch geboten wäre es sicherlich auch, entsprechende Zeiten für bereits vorher geborene Kinder und sogar bei den laufenden Renten vorzusehen, denkt man nur an die heute oft unzureichenden Versorgungsansprüche gerade älterer Frauen, die viele Kinder aufgezogen haben. Eine solche Anerkennung ist in der gegenwärtigen Lage allerdings kaum finanzierbar. Auch die Anerkennung von Erziehungszeiten erhöht eine Generation später die Ausgaben; hier stellt sich die Frage, ob durch die

Anerkennung von Erziehungszeiten tatsächlich zusätzliche Kinder geboren werden, von denen dann die Mehrausgaben mitfinanziert werden könnten. Unterbleiben zusätzliche Geburten, werden die zukünftigen Finanzierungsprobleme noch verschärft.

b) Beiträge für Hausfrauen

Verschiedentlich wird vorgeschlagen, Beiträge zur gesetzlichen Rentenversicherung von Frauen zu erheben, die keine Kinder aufziehen und keiner Erwerbstätigkeit nachgehen. Diese Nur-Hausfrauen, die in den Augen mancher Emanzipierter nicht mehr in das Bild der modernen, partnerschaftlichen Ehe passen, profitieren – je nach der Einkommenshöhe ihrer Ehegatten – von dem sogenannten Ehegattensplitting in der Einkommensteuer. Dieser Splittingvorteil entsteht prinzipiell im wesentlichen bei Einverdienerehepaaren, und er ist – neben anderen Vergünstigungen – oft so hoch, daß sich eine zusätzliche Erwerbstätigkeit der Frau kaum lohnt. Da das Splitting nur an das Institut „Ehe", nicht aber an die Bedingung „Vorhandensein von Kindern" gebunden ist, werden die kinderlosen, nicht erwerbstätigen Ehefrauen begünstigt. Daher wird unter anderem von der „Arbeitsgemeinschaft sozialdemokratischer Frauen" (AsF) vorgeschlagen, das sich aufgrund des Splittingvorteils ergebende zusätzlich verfügbare Einkommen kinderloser Ehepaare für eigene Beiträge der nicht erwerbstätigen Ehefrau an die gesetzliche Rentenversicherung zu verwenden. Dieser Vorschlag ist im Zusammenhang mit der Einführung von Anrechnungszeiten für die Kindererziehung durchaus erwägenswert, würde dadurch doch eine weitgehend eigenständige Sicherung der Frau erreicht. Auch der Druck auf die „Nur-Hausfrau", eine Erwerbstätigkeit aufzunehmen, könnte künftig aufgrund des sinkenden Erwerbspersonenpotentials durchaus als wünschenswert erscheinen. Das heute sich immer mehr als typisch abzeichnende Bild, daß eine Frau nach den Zeiten der Kindererziehung wieder in ihren Beruf zurückkehrt, führt im Zusammenhang mit den anrechnungsfähigen Erziehungsjahren zu einer eigenständigen, weitgehend selbständig erworbenen Alterssicherung der Frau. Daher wird es zukünftig politisch immer fragwürdiger, den „Luxus des Nur-Hausfrauen-Daseins" noch mit einer beitragsfreien Witwenrente zu belohnen, die zum Teil zulasten der erwerbstätigen Ehefrauen finanziert werden. Sicherlich gibt es verfassungsrechtliche Bedenken; ob sich aber für alle Zeiten der materielle Schutz der Ehe und Familie allein auf das „rechtliche Institut Ehe" beschränken sollte, unabhängig davon, ob aus einer Ehe auch Kinder hervorgehen oder nicht, ist zumindest diskussionswürdig. Abbau von Steuervergünstigungen und beitragsfreien Leistungen lassen auch Tätigkeiten der Nur-Hausfrauen auf dem „schwarzen Arbeitsmarkt“ weniger lukrativ werden.

c) Beitragsdifferenzierung nach der Kinderzahl

Werden bei einem nach dem Umlageverfahren organisierten Alterssicherungssystem zu wenig Kinder geboren, müssen diese Kinder und auch deren Eltern zukünftig umso größere Lasten für die Allgemeinheit übernehmen. Kinderlose entziehen sich einem der beiden Vertragsbestandteile des Generationenvertrags selbst dann, wenn sie volle Geldbeiträge leisten. Die entstehende Umverteilung zwischen Kinderlosen und Familien mit Kindern wird vor allem in intergenerativer Sicht erkennbar (wenn wenige Erwerbstätige vielen Alten gegenüberstehen), sie wird aber bereits in interpersoneller Betrachtung deutlich: Selbst wenn sich die Nettoreproduktionsrate genau zu Eins ergänzen sollte, verhalten sich Kinderlose als Freifahrer, solange die Sicherung ihrer späteren Renten durch andere Familien (mit vielen Kindern) gesichert werden muß. Sobald (wie gegenwärtig) „die Vertragstreuen“ zu Minderheiten werden, muß sich die Umverteilung allerdings notwendigerweise verschärfen. “Im deutschen Rentenrecht wird allein der Geldbeitrag beachtet und der Reproduktionsaspekt aktiv diskriminiert“ [*Dinkel*]. Um den Reproduktionsaspekt im Rentenrecht zu berücksichtigen schlägt Dinkel eine Differenzierung auf der Beitragsseite vor. Der Grundgedanke ist dabei, daß Familien, die für die Aufrechterhaltung des Generationenvertrags dadurch sorgen, daß sie mehr als zwei Kinder erziehen, bei den Beiträgen entlastet, während Familien, die weniger als zwei Kinder erziehen, bei den Beiträgen belastet werden. Konkret sieht die Beitragsdifferenzierung im Dinkel-Modell wie folgt aus:

Kinderzahl:	0	1	2	3	4	5 u. mehr
Arbeitnehmeranteil in %:	12	10,5	9	7,5	6	4,5
Arbeitgeberanteil in %:	9,5	9,5	9,5	9,5	9,5	9,5

Demnach sollten Eltern von zwei Kinder unverändert behandelt werden, da sie beide Vertragsbestandteile erfüllen. Zahlen Kinderlose mehr und Eltern von mehr als zwei Kindern niedrigere Beiträge als gegenwärtig, entsteht eine automatische Stabilisierungswirkung: Bei schrumpfender Bevölkerung ergibt sich bei unveränderter momentaner Ausgabenstruktur ein Einnahmenüberschuß, der solange angespart werden müßte, bis später die relativ wenigen Kinder die hohen Belastungen der vielen Renten zu tragen haben. Im Falle einer wachsenden Bevölkerung würden zwar die aktuellen Beitragseinnahmen sinken und Defizite entstehen, dafür würden aber die Zukunftslasten aufgrund der jetzt größeren Zahl zukünftiger Beitragszahler reduziert. Mit diesem Modell ist also eine vorsorgliche Bildung eines Kapitalfonds verbunden; es wird also nicht darauf abgestellt, daß durch die Beitragsdifferenzierung unbedingt die Geburtenzahlen nach oben getrieben werden. Der Vorschlag stellt lediglich darauf ab, die externen Erträge der Kinderlosen auszugleichen. Ob das bei dem vorgeschlagenen Ausmaß der Beitragsdifferenzierung überhaupt geschieht, erscheint in Anbetracht der tatsächlichen Kinderkosten äußerst zweifelhaft. Ob der gebildete Kapitalstock auch nur annähernd ausreichen würde, ist mit Blick auf die Kosten der dynamischen Rente ebenfalls fraglich – ganz abgesehen von den gesamtwirtschaftlichen Implikationen eines solchen Sparens.

Diese Art der Beitragsdifferenzierung enthält auch Elemente, die ähnlich wirken wie der eben diskutierte Vorschlag des Beitrags für kinderlose Nur-Hausfrauen, würde allerdings die ledigen Männer und Frauen miteinbeziehen. Auch eine „bevölkerungspolitische Rückkoppelung" wäre möglich, nämlich dadurch, daß innerhalb der Ehen die gewünschten Kinder bei Beitragsdifferenzierung relativ eher geboren würden [*Dinkel*]. So könnte auch der Vorschlag Dinkels eine geeignete Einzelmaßnahme zur Lösung der zukünftigen Problem sein.

d) Bevölkerungsdynamische Rente

Während Dinkel mit seinem Vorschlag nicht direkte Bevölkerungspolitik betreiben, also Nebeneffekte auf das generative Verhalten eher als „angenehme Nebenerscheinung" verstanden wissen will, bedeutet Schmidt-Kalers Vorschlag einen aktiven Eingriff in das generative Verhalten. Die Beitragsdifferenzierung ist deshalb wesentlich stärker ausgeprägt als im Dinkel-Modell. Zur Veranschaulichung seines Vorschlags hat Schmidt-Kaler den Eckbeitrag für die Zwei-Kinder-Familie auf 20 % angesetzt. Demnach sollten folgende Beitragssätze zur Anwendung kommen (s. S. 172): Wären beide Eltern erwerbstätig, hätten auch beide die ihren Einkommen entsprechenden Beiträge zu entrichten. Die Staffelung sollte allerdings – „aus verfassungsrechtlichen Gründen" – auf den Arbeitnehmerbeitrag beschränkt bleiben. Die Beitragsdifferenzierung soll nun die hohen wirtschaftlichen Ausgaben, die für

	Schmidt-Kaler 1978
Unverheiratet	31 %
Verheiratete	
ohne Kinder	31 %
mit 1 Kind	26 %
mit 2 Kindern	21 %
mit 3 Kindern	16 %
mit 4 Kindern	11 %
mit 5 Kindern	6 %
mit 6 u. mehr Kindern	0 %

die heutige Kindererziehung notwendig sind, widerspiegeln. Dazu *Schmidt-Kaler* [1979]: „Kinder hat man aufzuziehen im Durchschnitt bei einem Alter von 35 Jahren, Rente verbraucht man im Durchschnitt bei einem Alter von 70 Jahren. Damit erfordert die Solidarität zwischen den Generationen, daß der aus der gegenwärtigen Geburtlichkeit vierzig Jahre voraus berechnete Renten-Belastungsquotient heute vorweg angewendet wird." Die gegenwärtige Generation potentieller Eltern sei verantwortlich für die gegenwärtige Geburtlichkeit und damit für die Belastung der kommenden Generation in 40 Jahren. Ein Ausgleich könne nur durch eine nach der Kinderzahl gestaffelten Entlastung im Rentenbeitrag der Erwerbstätigen geschehen; denn ein direkter Transfer von Einkommen über 40 Jahre hinweg sei nicht möglich. Schmidt-Kaler bezeichnet dieses Konzept als bevölkerungsdynamische Rente, und zwar deswegen, weil er glaubt, daß die sich ergebende erhebliche finanzielle Entlastung von Familien mit Kindern zu einer Anhebung der Geburtenhäufigkeit und in der Folge damit wieder zu einer Senkung der vorausberechneten Rentenlastquote führen würde. Das hätte eine Minderung der Kinderabschläge im Rentenbeitrag und damit ein vermindertes Interesse an mehr Kindern zur Folge. „So entsteht durch die negative Rückkoppelung der Kinderabschläge im Rentenbeitragssatz an die Nettoreproduktionsrate ein echter steuerbarer Regelkreis" [*Schmidt-Kaler*].

An dieser Bindung der Beitragsdifferenzierung an die Nettoreproduktionsrate knüpft nun eine sehr scharfe Kritik an. *Rürup* [1979] konstatiert bei Schmidt-Kaler eine „bedenkliche Werthaltung, da eine auf die Realisierung einer optimalen Bevölkerungszahl gerichtete Politik m.E. tief, zu tief in die individuelle bzw. familiäre Intimsphäre eingreifen würde." Aber eine derartige Lenkung der Bevölkerungsentwicklung hätte außerdem zur Voraussetzung, daß die Geburtenzahl unmittelbar und stabil mit der Beitragshöhe verknüpft ist. Das heißt, daß das generative Verhalten allein durch materielle Anreize (bei zu geringer Geburtenzahl) oder durch materielle Bestrafung (bei zu hoher Geburtenzahl) bestimmt werden könnte. Dieser Ansicht widersprechen die meisten Wissenschaftler, denn materielle Anreize bilden nur einen Ausschnitt aus der Vielzahl möglicher Einflußfaktoren. Ob tatsächlich um 50 % höhere Beitragssätze für Kinderlose überhaupt einen materiellen Anreiz bieten können, erscheint in Anbetracht der tatsächlichen Kosten für Kinder äußerst zweifelhaft zu sein; insoweit sind die Äußerungen hinsichtlich einer „bedenklichen Werthaltung" [*Rürup*] und eines „Zwangs zur Reproduktion" [*Dinkel*] etwas übertrieben. Anscheinend fürchten viele, für Befürworter einer aktiven Bevölkerungspolitik gehalten zu werden, die immer noch unpopulär ist. Die Erhaltung einer bestimmten Bevölkerungszahl kann aus vielerlei Gründen heraus durchaus eine vernünftige politische Zielsetzung sein; ob sie allerdings mit der von Schmidt-Kaler vorgeschlagenen bevölkerungsdynamischen Rente allein zu erreichen sein wird, ist zweifelhaft.

e) Rentenzu- bzw. Rentenabschläge

Will man die Kosten für die Kindererziehung im Alterssicherungssystem berücksichtigen, könnte man grundsätzlich statt auf der Beitragsseite auch an der Leistungsseite anknüpfen. Zuschläge zu den Grundrenten werden beispielsweise in einigen Ländern ab einer bestimmten Kinderzahl gewährt. Ein solcher Vorschlag kann allerdings aufgrund der langfristigen Entwicklungsperspektive weniger überzeugen: Durch Rentenzuschläge für Kinder werden die Ausgaben weiter expandieren, die wenigen Kinder hätten dann noch größere Lasten zu tragen, auch wenn die Leistungen an ihre eigenen Eltern gingen. Die kinderlosen „Freifahrer" würden von diesen Zuschlägen nur indirekt betroffen, da sich lediglich ihre relative Position verschlechtert. Darüber hinaus hätte ein Rentenzuschlag aus bevölkerungspolitischer Sicht keinen unmittelbaren Einfluß auf das generative Verhalten der erwerbstätigen Generation.

Auch durch Rentenabschläge für Kinderlose wäre das generative Verhalten der erwerbstätigen Generation nur indirekt zu beeinflussen. Rentenabschläge für Kinderlose bedeuten allerdings für die Zukunft, daß die Ausgaben gesenkt werden könnten. Waren die Kinderlosen darüber hinaus ihr Leben lang erwerbstätig – wie es heute überwiegend der Fall ist –, würden derartige Abschläge zwar ihr Versorgungsniveau absenken, trotzdem aber noch eine ausreichende Versorgung deutlich oberhalb des Sozialhilfeniveaus gewährleistet sein – anders als es heute bei vielen kinderreichen Witwen der Fall ist. Die ausgabensenkende Wirkung würde also dazu führen, daß zukünftig die wenigen Kinder eine geringere Ausgabenbelastung zu tragen hätten, wobei gleichzeitig ihre Eltern gegenüber den Kinderlosen relativ besser gestellt würden. Rentenabschläge sind im politischen Bereich immer noch relativ unpopulär, so daß dieser Vorschlag bisher kaum beachtet worden ist. Da zukünftig wesentlich höhere Rentenansprüche nicht nur aus der gesetzlichen Rentenversicherung, sondern insbesondere auch aus den anderen Säulen des „Drei-Säulen-Konzeptes" erworben werden und – status quo unterstellt – zunehmend eine Überversorgung zu beobachten sein wird, können auch Rentenabschläge mit in die Diskussion einbezogen werden. In Kombination mit anderen oben dargestellten Maßnahmen, die entweder die zukünftige Ausgabenbelastung erhöhen (zum Beispiel das Baby-Jahr) oder lediglich die Beiträge erhöhen (zum Beispiel der Beitrag für die Nur-Hausfrau) bzw. differenzieren (zum Beispiel in den Vorschlägen von Dinkel und Schmidt-Kaler), dürfte der Rentenabschlag für Kinderlose ein diskussionswürdiges Instrument sein.

5. Die Harmonisierung der Alterssicherungssysteme

Die vielfältigen Alterssicherungssysteme – gesetzliche Rentenversicherung, Zusatzversorgung des öffentlichen Dienstes, Beamtenversorgung, betriebliche Altersversorgungen und auch die privaten Lebensversicherungen – sind zurückzuführen auf historisch bedingte Reaktionen zur Beseitigung ganz bestimmter Bedarfssituationen. Wie unsere Ausführungen über alternative Organisationsformen gezeigt haben, folgt unser komplexes Alterssicherungssystem nicht einigen wenigen Grundprinzipien, sondern stellt ein Konglomerat aus sich zum Teil widersprechenden Prinzipien dar. Versorgungsniveaus, Voraussetzungen hinsichtlich der Leistungsgewährung und -bemessung sowie die Art der Finanzierung wurden in den einzelnen Sicherungssystemen unterschiedlich festgelegt – mit dem Resultat, daß heute unterschiedliche Leistungen für im wesentlichen gleiche Tatbestände gewährt werden.

So wird beispielsweise in der Beamtenversorgung bereits nach fünfjähriger Dienstzeit eine Mindestversorgung gewährt (1979: 1.170 DM monatlich für den Ledigen, 1.250 DM monatlich für den Verheirateten), die über der Rente eines Durchschnittsrentners nach 40 Versicherungsjahren liegt (1979: 1.053,50 DM monatlich). In der gesetzlichen Rentenversicherung gibt es stattdessen eine Rente nach Mindesteinkommen, für die der Nachweis von mindestens 25 Pflichtversicherungsjahren erforderlich ist; die niedrigste Rente nach Mindesteinkommen beträgt rund 580 DM monatlich. Darüber hinaus gibt es in den berufsspezifischen Rentenversicherungen erhebliche Leistungsunterschiede: In der knappschaftlichen Rentenversicherung sind die Leistungen deutlich höher; besonders kraß ist das Mißverhältnis zwischen Beiträgen und Leistungen in der gesetzlichen Altershilfe für Landwirte. Hier ist der Ertrag im Vergleich zur Beitragsleistung vier- bis fünfmal so hoch wie in der gesetzlichen Rentenversicherung. Während in der gesetzlichen Rentenversicherung sich die Leistungen am Durchschnitt aus dem gesamten Erwerbsleben („persönliche Bemessungsgrundlage") orientiert, werden in der Beamtenversorgung sowie der Zusatzversorgung des öffentlichen Dienstes die Pensionen bzw. Renten von den letzten (ruhegehaltsfähigen) Bezügen bzw. Vergütungen berechnet. Auch die Versorgungsniveaus zeichnen sich sowohl in bezug auf die Bruttoeinkommen als auch in bezug auf die Nettoeinkommen (hier kommt dann noch die unterschiedliche steuerliche Behandlung hinzu) durch erhebliche Differenzen aus.

An diesen Differenzen in Finanzierung und Leistung knüpfen nun die Harmonisierungsvorschläge an. Wollte man die jetzigen Regelungen unverändert aufrechterhalten, würden sich die Zukunftslasten eindeutig zuungunsten derjenigen verteilen, die nur einen Anspruch aus der gesetzlichen Rentenversicherung haben, es sei denn, man würde ständig den Bundeszuschuß erhöhen. Wir hatten bereits mehrfach festgestellt, daß die Beamten sowie Arbeiter und Angestellten des öffentlichen Dienstes besondere Privilegien haben, so daß diese nicht einmal an den Dämpfungsmaßnahmen des 21. Rentenanpassungsgesetzes teilhatten. Daß gerade die „Diener des Staates" auf Dauer von der Beteiligung an den Zukunftslasten ausgenommen werden, dürfte eine unerträgliche Belastung des Solidarsystems darstellen und kann letztlich auch von ihren Interessenverbänden nicht ernsthaft gewollt sein. Genauso unmöglich ist die weitere Anpassung der Leistungen aus den anderen Systemen an die Leistungen der Beamtenversorgung. Wenn auch früher derartige Leistungsverbesserungen noch möglich erschienen, stoßen wir in Anbetracht der weiteren demographischen Entwicklung an die Grenzen der Finanzierbarkeit. Die Harmonisierung müßte also in Anlehnung an ein „mittleres" Modell erfolgen, das zwischen der Beamtenversorgung auf der einen Seite und den Leistungen der gesetzlichen Rentenversicherung auf der anderen Seite liegen könnte. Konkret heißt das also, daß der öffentliche Dienst auf seine Privilegien verzichten müßte.

Unsere Diskussionen über die möglichen Organisationsformen haben gezeigt, daß zum Beispiel das Kausalprinzip und das Haushaltsprinzip zu einer erheblichen Komplizierung des Alterssicherungssystems beitragen, so daß der einzelne nicht mehr in der Lage ist, auch nur annähernd zu beurteilen, was ihm zukünftig an Leistungen aus diesen Systemen zufließen wird. Hier stellt sich die Frage nach einer grundsätzlichen Reform unseres Alterssicherungssystems. Fernziel einer solchen Reform wäre ein System der integrierten Gesamtversorgung, welches jeden Bürger, gleich ob Mann, Frau oder Kind, ein in jeder Lebenslage menschenwürdiges Dasein oberhalb eines sozial-kulturellen Existenzminimums garantiert. Ansätze für ein solches Grundsicherungssystem, das dann aus allgemeinen Steuermitteln zu finanzieren wäre, haben wir bereits im Bereich der Sozialhilfe. Ob ein solches System tatsächlich mehr kosten würde als unser gegenwärtiges zersplittertes, dürfte nicht mit letzter Sicherheit zu beantworten sein. Über diese Grundsicherung hinaus könnten dann durch freiwillige Beiträge zur gesetzlichen Rentenversicherung oder auch an private Lebensversicherungen zusätzliche Rentenansprüche erworben werden. Finale Leistungsorientierung im Grundsicherungssystem verbunden mit der Anwendung des Individualprinzips würde allerdings eine grundsätzliche Reform unseres gegenwärtigen Steuersystems erfordern. Ein Grundsicherungssystem, das heute bereits in Form der Sozialhilfe faktisch vorhanden ist, wird nun häufig auf der einen Seite als „Gipfel des Kollektivismus“ attackiert, während ein freiwilliges Zusatzsicherungssystem auf der anderen Seite als „übertriebener Individualismus“ oder auch „Soziale Demontage“ verdammt wird.

Ist „Freiheit von Sorge und Not“ Ziel unserer Sozialpolitik, könnte diese Zielsetzung durchaus mit einem Grundsicherungssystem erreicht werden. Und es bleiben in Kombination mit freiwilligen Zusatzversorgungseinrichtungen noch ausreichende Entscheidungsspielräume vorhanden, eigenverantwortlich für eine höhere Alterssicherung zu sorgen. Die Kombination von Grundsicherung und freiwilliger Zusatzversorgung ist sogar ein höchst liberales Instrument, gibt sie doch dem Bürger die Entscheidung über die Verwendung wesentlicher Teile seines Lebenseinkommens zurück. Bei Familiengründung könnten zum Beispiel die Beitragszahlungen an die Zusatzversorgung herabgesetzt, nach Beendigung der Erziehung der Kinder wieder aufgestockt werden.

Sowohl in den politischen Parteien als auch in den Verwaltungsbürokratien scheint man den Bürgern derartige freie Entscheidungen nicht zutrauen zu wollen und geht häufig davon aus, daß auch nach 100 Jahren Entwicklung im Bereich der sozialen Sicherheit und 100 Jahren zusätzlicher Erfahrungen auch bei der Bevölkerung die Mehrheit der Bürger immer noch zu arm, zu uninformiert und zu unfähig ist, für eine eigenverantwortliche Alterssicherung zu sorgen. Der vor Wahlen häufig beschworene „mündige Bürger" muß also – geht es um seine soziale Sicherheit – immer noch bevormundet werden.

Ein Grundsicherungssystem für alle Bürger würde also die Ungleichbehandlung aufgrund staatlichen Zwangs beseitigen und gleichzeitig die Eigenverantwortlichkeit des einzelnen für seine soziale Sicherheit – auch im Alter – betonen. Das System der sozialen Sicherheit ist in immer weitere gesellschaftliche und wirtschaftliche Bereiche eingedrungen und ruft heute dadurch bei vielen Bürgern den Eindruck hervor, daß der „anonyme" Staat jedes Risiko – natürlich auf garantiert hohem Einkommensniveau – absichern sollte. Das „Anspruchsdenken" ist weit verbreitet, obwohl mehr und mehr Bürgern zumindest gefühlsmäßig deutlich wird, daß das soziale System zusammenbrechen würde, wenn jeder seine vermeintlichen Rechtsansprüche gegenüber „dem" Staat geltend machen würde.

6. Die Erhöhung der Erwerbstätigenzahl

Da der Alterslastquotient sich fortlaufend verschlechtert (siehe Abbildung 10) und insbesondere gegen Ende des Jahrtausends auf die Erwerbstätigenzahlen durchschlägt, könnte man das Problem auch durch eine Erhöhung der Zahl der Erwerbstätigen entschärfen. Zunächst einmal wäre an eine Erhöhung der Erwerbsquote der Frauen zu denken, die im internationalen Vergleich in der Bundesrepublik noch relativ niedrig ist. Von den ledigen über die verwitweten/geschiedenen zu den verheirateten Frauen nimmt die Erwerbsquote deutlich ab. Die verheiratete Frau ist also zu ihrer Existenzsicherung weniger auf eine Erwerbstätigkeit angewiesen. Wollte man nun die Erwerbsquote der Frauen im Alter ihrer höchsten Fruchtbarkeit (20 bis 35 Jahre) erhöhen, könnte sich hier ein Konflikt mit der bevölkerungspolitischen Zielsetzung ergeben: Ein weiterer negativer Einfluß auf das generative Verhalten wäre nicht auszuschließen. Augenfällig ist allerdings, daß die Erwerbsquote der verheirateten Frauen nach Beendigung der Erziehungszeiten von Kindern nicht wieder ansteigt. Offenbar verzichtet die Frau, die nach der Geburt von Kindern aus dem Erwerbsleben ausscheidet, weitgehend auf Dauer auf eine Erwerbstätigkeit, während die Frau, die erwerbstätig bleiben will, die Erwerbstätigkeit auch während der Zeit durchhält, in der kleine Kinder zu betreuen sind. An der Gruppe von verheirateten Frauen, die älter als 35 Jahre sind, könnten staatliche Maßnahmen zur Erhöhung der Erwerbsquote ansetzen, ohne daß etwaige bevölkerungspolitische Ziele verletzt werden dürften. Hier wären zum einen arbeitsmarktpolitische Maßnahmen, die eine Wiedereingliederung der Frauen ermöglichen müßten verbunden mit einer Auffrischung ihrer berufsspezifischen Kenntnisse bzw. Umschulung, angebracht. Zum anderen könnte ein Abbau der Privilegien der nicht erwerbstätigen Ehefrauen ohne Verpflichtungen zur Kindererziehung im Steuer- und Sozialrecht zu einer Lösung beitragen, da dann auch die Schwarzmarkttätigkeit wesentlich weniger lukrativ erscheinen dürfte. Eine Erhöhung der Erwerbsquote der Frauen im nicht mehr gebärfähigen Alter wäre also durchaus eine vernünftige Zielsetzung, die immerhin eine gewisse Entschärfung der Zukunftsprobleme mit sich bringen könnte.

Andere schlagen auch vor, unsere Zukunftsprobleme durch Zuwanderung von Arbeitskräften aus dem Ausland zu lösen, also den Alterslastquotienten durch Vermehrung der Personen im erwerbsfähigen Alter zu senken. Um den sich in Zukunft nahezu verdoppelnden Alterslastquotienten voll durch Zuwanderung aufzufangen, müßte die Zahl der Erwerbstätigen verdoppelt werden. Derartige Zuwanderungen sind aus verschiedenen Gründen besonders problematisch. „Wenn wir doch hoffen und dazu beitragen wollen, daß es den Menschen in den Ländern, aus denen wir die Zuwanderungen zu erwarten hätten, um 2030 nicht mehr um so vieles schlechter geht als bei uns, mögen wir uns fragen, ob Zuwanderer dann noch bereit sein werden, die Last der bei uns im Vergleich zu ihren Ländern sehr viel höheren Alterslast zu tragen" [*Meinhold*]. Zudem müßte die Zuwanderung verstärkt aus dem außereuropäischen Bereich kommen (insbesondere aus den Entwicklungsländern), da die europäischen Industrieländer ausnahmslos bis zur Jahrtausendwende mit den gleichen Problemen fertig werden müssen wie die Bundesrepublik. Außerdem entstehen auf Seiten der Zuwanderer erhebliche soziale Probleme, die uns eigentlich bereits hinreichend bekannt sein sollten. Um diese Probleme zu vermeiden, wurde beispielsweise in den 70er Jahren propagiert, nicht die „Arbeit zum Kapital", sondern das „Kapital zur Arbeit" wandern zu lassen, mit anderen Worten statt „Import von Arbeitskräften" doch lieber „Export von Kapital" zu betreiben, und so die Arbeitskräfte in ihrer angestammten Heimat zu belassen. Angesichts der Zukunftsprobleme werden gute Grundsätze rasch vergessen!

Eine massive Zuwanderung von Arbeitskräften aus außereuropäischen Ländern würde der Bundesrepublik mit hoher Wahrscheinlichkeit die Probleme bescheren, mit denen bereits heute die USA und Großbritannien – beide mit relativ großen rassischen Minderheiten – belastet sind. Die negativen Töne aus dem letzten Wahlkampf (zum Beispiel „Ausländerstopp" und ähnliches) sollten hier Warnung genug sein. Aber neben diesem mehr politischen Problem spielt noch der Ausbildungsstand der potentiellen Zuwanderer eine erhebliche Rolle. Zukünftig werden weniger Hilfskräfte als vielmehr hochqualifizierte Fachkräfte benötigt. Können diese überhaupt von Entwicklungsländern zur Verfügung gestellt werden, und können wir – wenn überhaupt möglich – dann einen solchen „brain-drain" aus den Entwicklungsländern in die Industrieländer zulassen? Mit unserer gegenwärtigen Entwicklungspolitik wäre eine solche Strategie zweifellos nicht vereinbar, würde den Entwicklungsländern über eine Abwanderung von Fachkräften doch ihr eigenes Entwicklungspotential entzogen. Sicherlich wird in der Bundrepublik auch in Zukunft eine gewisse Zuwanderung erfolgen, besonders auch aufgrund moralischer Verpflichtungen bei Notlagen, wie etwa im Falle der Vietnamflüchtlinge. Je nachdem wie erfolgreich dann die Eingliederung erfolgt, könnte eine solche Zuwanderung zumindest eine gewisse Erleichterung mit sich bringen, wenn sie auch als alleinige Maßnahme aus vielerlei Gründen nicht in Frage kommen kann.

7. Inflation und Wachstum

Häufig findet man in der Diskussion über die Zukunftsprobleme der gesetzlichen Rentenversicherung die Vorstellung, daß man durch Inflation oder verstärktes Wirtschaftswachstum die Probleme vermindern wenn nicht gar beseitigen kann. Wir haben bereits oben gesagt, daß das Ausmaß der zu erwartenden Beitragserhöhung wegen des sich verschlechternden Altersaufbaus der deutschen Bevölkerung abhängig ist von der Höhe der zukünftigen Wachstumsraten. Je höher die zukünftigen Wachstumsraten sind, desto weniger müßten die Beitragssätze zur gesetzlichen Rentenversicherung erhöht werden. Die Ursache dieses Zusammenhangs zwischen Wachstum und Beitragssatz liegt in der Rentenformel begründet, in der bekanntlich die allgemeine Bemessungsgrundlage B der Entwicklung der Arbeitsentgelte nur verzögert folgt. Bei wachsenden Durchschnittsverdiensten hinkt also die allgemeine Bemessungsgrundlage hinter der Entwicklung des Durchschnittsverdienstes her, und diese Verzögerung wirkt umso stärker, je höher das Wachstum ist; hierzu einige Vergleichswerte:

Wachstumsrate	Verhältnis allg. Bemessungsgrundlage/ Durchschnittsverdienst
0 %	1
1 %	0,971
3 %	0,915
5 %	0,865
10 %	0,754
50 %	0,313
100 %	0,146

Wachsen die Durchschnittseinkommen nicht, entwickeln sich diese mit der allgemeinen Bemessungsgrundlage parallel. Eine Verzögerung spielt dann also keine Rolle. Wachsen die Durchschnittsverdienste (sei es aufgrund von realen oder auch inflationsbedingten Einkommenszuwächsen) schneller, wirkt sich die Verzögerung verstärkt aus. Hieraus wird also deutlich, daß wir sowohl mit Geldentwertung (Inflation) als auch mit realem Wachstum unsere Zukunftsprobleme mindern können. Während allerdings die Geldentwertung die Renten real entwerten würde, hat demgegenüber das Wachstum den Vorteil, daß der erwerbstätigen und der nicht mehr erwerbstätigen Generation höhere Realeinkommen zufließen würden, ohne daß die Beitragsbelastung der Erwerbstätigen steigen müßte. Dem realen wirtschaftlichen Wachstum kommt somit eine zentrale Bedeutung bei der Lösung der Zukunftsprobleme im Bereich der gesetzlichen Rentenversicherung zu, trotz aller Relativierungen, die diese Zielsetzung im Zusammenhang mit der Diskussion über die Grenzen des Wachstums erfahren hat. Das reale Wachstum kann allerdings nur dann zu einer Verminderung der Probleme führen, wenn man die von verschiedenen Seiten geforderte Aktualisierung der allgemeinen Bemessungsgrundlage nicht vornimmt, die dann die Verzögerungswirkungen weitgehend oder auch völlig beseitigen würde. Die Problemlösung über reales Wirtschaftswachstum allein dürfte allerdings kaum realisierbar sein, da hierzu jährlich reale Wachstumsraten von über 10 % notwendig wären; bei einem durchaus optimistischen Ansatz von 2,5 % ergibt sich bis 2030 immerhin noch eine Verdoppelung des heutigen Beitragsatzes. Allein um dieses Ziel zu erreichen wird es einiger Anstrengungen bedürfen. Vor allem erscheint es sinnlos, unsere kurz- und mittelfristigen Arbeitsmarktprobleme mit einer Ausdehnung der flexiblen Altersgrenze, Arbeitszeitverkürzungen, Behinderung von Rationalisierungsinvestitionen usw. zu bekämpfen, wird dadurch doch unser zukünftiges Wachstumspotential noch weiter eingeschränkt. Aufgrund der sinkenden Zahl von Erwerbstätigen wird man in Zukunft eher Anreize für zusätzliche Arbeit als für weniger Arbeit setzen müssen; immerhin läßt sich auch mit einer Verlängerung der Lebensarbeitszeit über die heutige Altersgrenze hinaus die Zahl der Erwerbstätigen erhöhen[1]). Und die Rationalisierungsinvestitionen sind geradezu notwendig, um Arbeitskräfte für den zwangsläufig wachsenden Dienstleistungsbereich freizustellen. Ob und inwieweit das Wachstumspotential auch durch die Überalterung der Bevölkerung – zum Beispiel Verringerung der Mobilität, Flexibilität, Risikobereitschaft usw. – in Mitleidenschaft gezogen wird, läßt sich nicht beantworten. Sollte sich aber zukünftig kein Wachstum einstellen, dann wird die Lösung unserer Probleme noch erheblich schwerer zu bewerkstelligen sein.

8. Die Rentenpläne der Parteien

Im letzten Bundestagswahlkampf vom Herbst 1980 spielte die für 1984 geplante Rentenreform eine wichtige Rolle. In der Wochenzeitung „Die Zeit" erschien im Dezember 1979 eine Aufstellung über einen Katalog von Fragen, die 84er-Reform betreffend, sowie die dazugehörigen Antworten der drei im Bundestag vertretenen Parteien. Diese Antworten repräsentieren im großen und ganzen auch heute noch die Meinungen der Parteien (siehe Tabelle 13). Die Antworten machen ferner ausnahmslos deutlich, daß sich die Parteien insbesondere in bezug auf Kürzungen der heutigen Ansprüche stark zurückhalten. CDU/CSU und SPD wollen zur bruttolohnbezogenen Rente zurückkehren und beide lehnen eine Besteuerung der Renten ab. Demgegenüber präferiert die FDP eine Nettoanpassung der Renten. Ein individueller Krankenversicherungsbeitrag wird von allen Parteien vorgesehen, wobei allerdings seine Ausgestaltung und Höhe umstritten ist. Das Konzept der Teilhaberenten wird von allen Parteien getragen, wobei hier nur noch der Prozentsatz hinsichtlich der Hinterblie-

---

[1]) Das hieße beispielsweise Gewährung höherer Rentenzuschläge für Versicherte, die über das 65. Lebensjahr hinaus arbeiten und die Einführung spürbarer Rentenabschläge für Versicherte, die vor dem 65. Lebensjahr in den Ruhestand treten wollen.

benenrente umstritten ist. Erziehungsjahre wollen ebenfalls alle Parteien anerkennen; die CDU/CSU lediglich für Kinder, die nach 1984 geboren werden, SPD und FDP auch für vorher geborene Kinder. Ein nach der Wertschöpfung zu bemessender Arbeitgeberbeitrag wird lediglich von der SPD gefordert, während nur die

Tab. 13:

Reform-Frage	CDU/CSU	SPD	FDP
Sollen die Renten wie in der Vergangenheit nach dem Bruttoeinkommen der Arbeitnehmer bemessen werden?	Ja.	Ja.	Teilweise. Die Renten sollen im selben Maße steigen wie die verfügbaren (Netto-)Einkommen der Arbeitnehmer. Dazu sollte ein Abschlag vom Rentenzahlbetrag vorgenommen werden, der der zusätzlichen Steuer- und Abgabenbelastung der Arbeitnehmer entspricht. Die allgemeine Bemessungsgrundlage steigt aber ohne Abschlag.
Sollen die Rentner Steuern zahlen?	Noch kein Beschluß. Tendenz: nein.	Nein.	Indirekt in der Form des erwähnten Abschlags.
Sollen sich die Rentner an den Kosten ihrer Krankenversicherung beteiligen?	Ja. Mögliche Form: Pauschaler Versicherungsbeitrag von höchstens zwei Prozent. Der Beitrag wird sozial gestaffelt und entfällt bei Kleinrenten.	Ja. Mögliche Form: Rentner bezahlen schrittweise zunächst ein und dann zwei Prozent, bis ihr Anteil schließlich die Hälfte der Versicherungskosten deckt. Kein Beitrag von Kleinrenten.	Ja. Die Renten werden dauerhaft um jene elf Prozent erhöht, die die Rentenversicherung bislang der Krankenversicherung überweist. Die Rentner zahlen danach selbst Beiträge von rund elf Prozent.
Sollen auch andere Alterseinkommen für den Beitrag zur Krankenversicherung herangezogen werden?	Ja. Wahrscheinliche Ausnahmen: Lebensversicherung, Kriegsopfer- und Unfallrenten.	Ja. Wahrscheinliche Ausnahmen: Kriegsopfer- und Unfallrenten.	Ja. Wahrscheinlich Ausnahmen: Lebensversicherung, Kriegsopfer und Unfallrenten.
Wie hoch soll die künftige „Teilhaberente" für Hinterbliebene sein?	75 Prozent der Gesamtrente beider Ehepartner, mindestens jedoch 100 Prozent des Anspruchs des Hinterbliebenen.	70 Prozent der Gesamtrente beider Ehepartner, mindestens jedoch 100 Prozent des Anspruchs des Hinterbliebenen.	70 Prozent der Gesamtrente beider Partner, mindestens aber 100 Prozent des Anspruchs eines Hinterbliebenen.
Wieviel Baby-Erziehungsjahre sollen künftig als Rentenanwartschafts-Jahre anerkannt werden?	Fünf Jahre für Kinder, die nach 1984 geboren werden — möglicherweise etwas weniger für dann bereits lebende Kinder.	Zunächst ein Jahr, später möglicherweise mehr (eventuell mit Ausnahme der bereits geborenen Kinder).	Zunächst ein Jahr, später drei Jahre für alle „Rentenfälle" ab 1985 — also auch vorher geborenen Kindern.
Arbeitgeberbeiträge zur Rentenversicherung künftig nach der Wertschöpfung bemessen?	Wahrscheinlich nein.	Ja.	Wahrscheinlich nein.
Soll die „Rente nach Mindesteinkommen" in die achtziger Jahre „fortgeschrieben" werden?	Wahrscheinlich ja.	Ja.	Nein. Statt dessen soll der Sozialhilfeanspruch verbessert werden.
Müssen ehemals berufstätige hinterbliebene Frauen mit einem Rentenabschlag rechnen, um nicht „überversorgt" zu werden?	Noch offen.	Noch offen. Tendenz: Leichter Abschlag.	Noch offen. Eventuell Abschlag.
Wie sollen die Mehrkosten der Rentenreform bezahlt werden?	Aus Steuergeldern. Der Zuschuß des Bundes an die Rentenversicherung soll prozentual steigen.	Aus Steuergeldern. Der Bundeszuschuß soll mindestens auf der bisherigen prozentualen Höhe bleiben.	Kaum Mehrkosten für die Rentenversicherung. Die Aufwendungen für die Berücksichtigung der Erziehungszeiten zahlt der Staat.

FDP die Rente nach Mindesteinkommen wieder in die Sozialhilfe integrieren will. Hinsichtlich der Rentenabschläge für berufstätige hinterbliebene Frauen will sich keine Partei festlegen. Die Finanzmittel für die 84er-Reform soll der Bund bereitstellen. Erschöpft sich die 84er-Reform tatsächlich in diesen mehr oder weniger bedeutenden Einzelmaßnahmen, werden damit sicherlich nicht die Zukunftsprobleme gelöst, sondern das Wirrwarr im Bereich der Alterssicherung noch größer. Warten wir also weiter auf eine „Jahrtausendreform"!

9. Die Integrierte Steuer- und Sozialreform

Unsere Diskussionen über die Ausgestaltung des Alterssicherungssystems dürften deutlich gemacht haben, daß viele der Ungereimtheiten allein auf eine mangelnde Koordination zwischen Steuer- und Sozialsystem zurückzuführen sind. Die Kompliziertheit der derzeitigen Regelungen führt dazu, daß der einzelne Bürger nicht mehr in der Lage ist, diese zu übersehen, während das System für „Kenner" ausbeutbar wird. Zurück bleibt ein Gefühl der Staatsverdrossenheit. Ein halbwegs gerechtes Steuer- und Sozialsystem wird sicherlich nicht sehr einfach sein können; aber ein Dschungel brauchte es nicht zu sein. Um aus dem heutigen Wirrwarr herauszukommen, wäre allerdings eine grundlegende Steuer- und Sozialreform erforderlich, die mit dem bisher praktizierten „Kurieren an den Symptomen" bricht. Wir haben bereits umrissen, wie eine solche Neuorientierung aussehen könnte. Die Einführung eines Grundsicherungssystems für alle Staatsbürger könnte zu einer wesentlichen Vereinfachung beitragen. Die Grundsicherung wäre selbstverständlich dynamisch auszugestalten, so daß das sozial-kulturelle Existenzminimum sich im realen Wachstumsprozeß – vorausgesetzt ein solcher findet auch zukünftig statt – auch erhöhen würde. Bei der eigenverantwortlichen, zusätzlichen Altersvorsorge könnte das Äquivalenzprinzip verstärkt Anwendung finden, so daß eine eindeutige Bindung zwischen Beitrag und Rentenhöhe gegeben wäre. Der Staat könnte für die Rentenzahlung eine Inflationsgarantie übernehmen, so daß die Zusatzrenten in ihrer realen Höhe gewährleistet wären. Zu integrieren wäre ein solches Sicherungssystem in die Einkommensbesteuerung. Sozialleistungen würden also nur diejenigen erhalten, die keine Einkommensteuer zahlen. Liegen andere Einkünfte vor, für die eine Steuerpflicht besteht, wird die entstehende Steuerschuld mit den Transfers verrechnet. Ein solches Steuer- und Transfersystem bezeichnet man häufig als „negative Einkommensteuer". Die Abwicklung der Transferzahlungen und ihre Verrechnung mit der persönlichen Einkommensteuer müßte dann bei den Finanzämtern erfolgen. Nur so ist die Kumulation von Sozialtransfers – inbesondere von Renten – mit anderen Einkunftsarten überhaupt steuerlich erfaßbar. Die heute häufig praktizierte Umverteilung von der einen Tasche des Staatsbürgers in die andere Tasche – verbunden mit einem Beschäftigungseffekt für die dazwischen geschalteten Bürokratien – würde weitgehend entfallen. Wird nicht nur im Grundsicherungssystem, sondern auch im Einkommensteuersystem die Geldentwertung berücksichtigt, das heißt, die Freibeträge und der Steuertarif laufend der Inflation angepaßt, ist es dem Staat auch nicht mehr möglich, über eine inflatorische Politik die Renten zu entwerten; er würde vielmehr alles daran setzen müssen, die Inflation zu vermeiden, da sie seine Ausgabenverpflichtungen erhöht, aber nicht mehr – wie im heutigen System – seine Steuereinnahmen.

Zweifellos sind – strebt man eine integrierte Steuer- und Sozialreform an – noch viele Fragen zu untersuchen. Auch hinsichtlich der Ausgestaltung sind noch längst nicht alle Probleme gelöst, ganz abgesehen von den besonders schwerwiegenden Übergangsproblemen von unserem heutigen System auf ein reformiertes System. Auch in einem solchen reformierten System hätten einige der oben diskutierten Vorschläge durchaus Platz. Aber isoliert läßt sich die Problematik im Bereich der gesetzlichen Rentenversicherung weder befriedigend noch auf Dauer und schon gar nicht gerecht lösen. Jeder vernünftige Vorschlag, der eine gewisse Erleichterung der Probleme mit sich bringen kann, ist in den Maßnahmenkatalog aufzunehmen. Es „müssen solche auch beschränkten Erleichterungen gerade wegen der Tatsache, daß das Problem überhaupt kaum lösbar ist, sehr ernsthaft verfolgt und energisch in Angriff genommen werden" [*Meinhold*]. Uns verbleibt zur Problemlösung also nur noch eine relativ geringe Zeit, zumal den Betroffenen noch genügend Gelegenheit geboten sein muß, ihr weiteres Verhalten den geänderten Bedingungen anzupassen. Dringend erforderlich ist demnach die Ausarbeitung einer Rahmenplanung, an der sich die weitere Steuer- und Sozialpolitik zu orientieren hätte. Bis dahin muß allerdings verhindert werden, daß mit weiteren „Jahrhundertreformen" die Problemlösung gänzlich unmöglich gemacht wird. Nicht politisches „Machertum" und „Lavieren", sondern langfristige Perspektiven zu entwickeln ist das Gebot der Stunde!

1) Zu den Anpassungsverfahren: *Schmähl* [1980].
2) Zur Berücksichtigung der Bevölkerungsentwicklung: *Schmidt-Kaler* [1979]; *Rürup* [1979]; *Dinkel* [1980].
3) Zu den gesamten Lösungsmöglichkeiten: *Meinhold* [1978].

VII. Abschließende Bemerkungen

Über die Notwendigkeit eines sozialen Alterssicherungssystems in der Bundesrepublik herrscht ein breiter Konsensus über alle Parteigrenzen hinweg. Dieser Konsensus ist allerdings so weitgehend, daß beinahe jede Kritik am System mit dem Schlagwort „soziale Demontage" gekontert wird. Verfahren wir auch in Zukunft in dieser Weise, ist unser System der sozialen Sicherheit nicht mehr reformierbar. Die Darstellungen in diesem Buch sollten aber deutlich gemacht haben, daß nicht alles, was heute im Bereich der sozialen Alterssicherung existiert, auch eine soziale Errungenschaft ist, die – koste es was es wolle – verteidigt werden muß. Selbstverständlich sehen die Interessenvertreter in den Verbänden in der Verteidigung ihrer „Besitzstände" oder auch „wohlerworbenen" Ansprüche ihre vornehmste Aufgabe. Aber es sollte jedem Bürger klar sein, daß er zugleich Steuerzahler ist: Erhält er aufgrund der guten Arbeit seines Verbandes staatliche Leistungen in die eine Tasche, greift der Staat über die Steuer in seine andere Tasche (oder die Tasche seiner Kinder). Jegliche Staatsleistung wird letztlich vom Bürger selbst finanziert.

Der Tatbestand, daß letztlich jede Wohltat auch irgendwie finanziert werden muß, mag in den letzten Jahren, in denen die Verbände erheblich an Einfluß gewonnen haben, etwas in Vergessenheit geraten sein. Gerade den Interessenverbänden ist es gelungen, bei ihren Mitgliedern die Illusion zu wecken, Ansprüche gegenüber einem „anonymen" Staat zu haben. Selbstverständlich handeln diese Interessenvertreter nicht selbstlos, sondern versuchen, – wie jeder andere in diesem Wirtschaftssystem – um nicht arbeitslos zu werden und um ihren persönlichen Gewinn zu maximieren, ständig ihren Einfluß zu erhöhen. Diese Interessenvertreter arbeiten häufig mit den öffentlichen Verwaltungen eng zusammen, die nun auch wieder nicht nur das Gesamtinteresse, sondern oft ganz handfeste eigene Interessen verfolgen. Unsere verschiedentlichen Ausführungen zu den Privilegien des öffentlichen Dienstes sollten hier deutlich gemacht haben, daß nicht nur „selbstlose

 Staatsdiener" am Werke sind. Diese Zusammenarbeit von Verbandswesen und Bürokratie macht sehr häufig Reformen überhaupt unmöglich. Politik und Wissenschaft stehen ihr noch weitgehend hilflos gegenüber. Die „Moderne Politische Ökonomie" hat bei der Aufdeckung der Gruppenegoismen in den Verbänden und Bürokratien wesentliches geleistet und dürfte dazu beitragen, daß man zukünftig diesen Gruppeninteressen wird stärker entgegentreten können. Aber wir müssen uns auch weiterhin die Zusammenhänge bewußt machen, damit unser demokratisches Staatswesen nicht zum Selbstbedienungsladen für Gruppeninteressen degeneriert.

Im Bereich der sozialen Alterssicherung besteht ein erheblicher Reformbedarf. Die Zukunftsprobleme lassen sich nur auf solidarischer Basis lösen. Wir müssen allerdings berücksichtigten, daß die Solidarität der Gesellschaft weniger belastbar ist als die Solidarität in der Familie. Daher muß die Zukunftslast ausgeglichen auf alle Bürger verteilt werden, will man einen Zusammenbruch des sozialen Sicherungssystems vermeiden. Wir wollen nicht übertrieben schwarzmalen, denn nicht alle Entwicklungen, die wir beschrieben haben, müssen eintreten, aber sie können eintreten. Je deutlicher wir heute die Zusammenhänge machen, je eher wir uns auf die Zukunftsprobleme einstellen, desto leichter werden wir diese Probleme lösen.

Gerade von Politikern werden diese Probleme noch weitgehend verdrängt. Aber auch unter ihnen gibt es einige, die bereits heute mutige und unkonventionelle Lösungsvorschläge an die Öffentlichkeit herantragen. Besonders erfreulich daran ist, daß diese Politiker in allen demokratischen Parteien zu finden sind. Deshalb sollte man durch Sachaufklärung diese Politiker unterstützen. Hoffentlich kann dieses Buch dazu beitragen.

Und wir sollten angesichts der Zukunftsprobleme nicht in Pessimismus verfallen: Probleme stellen eine Herausforderung an die Leistungsfähigkeit unseres Gesellschaftssystems dar; die Erarbeitung von Problemlösungen erhält flexibel und Flexibilität wird auch weiterhin den Erfolg eines freien Gesellschaftssystems sichern. Aber wir sollten dabei nicht auf Illusionen, die sich rasch verflüchtigen können, sondern auf die Einsichtsfähigkeit der Bürger bauen: „Entweder entscheiden wir uns mutig und mobilisieren dafür Einsichtsfähigkeit von Privilegierten und das Vertrauen der Unterprivilegierten, oder wir vertun die Chancen für wirkliche Reformen" [*Gansel*].

Albers, W.: Möglichkeiten einer stärker final orientierten Sozialpolitik. Schriften der Kommission für Wirtschaftlichen und Sozialen Wandel, Bd. 119, Göttingen 1976.

–: Transferzahlungen an Haushalte. Handbuch der Finanzwissenschaft, 3. Aufl., Tübingen 1977, 861–957.

–: Frau, soziale Stellung und soziale Sicherung, II: Erwerbstätigkeit. Handwörterbuch der Wirtschaftswissenschaft (HdWW), Bd. 5. Stuttgart–New York 1980, 323–329.

–: Frau, soziale Stellung und soziale Sicherung, III: Soziale Sicherung. Handwörterbuch der Wirtschaftswissenschaft (HdWW), Bd. 5. Stuttgart–New York 1980, 330–336.

Andel, N.: Nettoanpassung und Besteuerung der Renten im Lichte der Gleichmäßigkeit der Besteuerung, der Verteilungsgerechtigkeit und des Sanierungsbedarfs der Rentenversicherung. Wirtschaftswissenschaft als Grundlage staatlichen Handelns. Hrsg. v. P. Bohley und G. Tolkemitt. Heinz Haller zum 65. Geburtstag. Tübingen 1979, 165–176.

Arbeitsgruppe „Sozialpolitisches Programm" der Sozialdemokratischen Partei Deutschlands: Zukunftsgerechte Weiterentwicklung der Alterssicherung. Bonn o.J.

Bäcker, G., und *W. Elsner*: Rentenversicherung in der Krise? Zur Sache. Informationen für Arbeitnehmer, Nr. 4, 1979.

Brümmerhoff, D.: Die Einkommensbesteuerung der Sozialversicherungsrenten. Steuer und Wirtschaft 56, 1979, 219–227.

Bundesaufsichtsamt für das Versicherungswesen: Geschäftsbericht 1978. Berlin 1979.

Bundesministerium für Arbeit und Sozialordnung: Leitfaden zum 21. Rentenanpassungsgesetz (21. RAG). Bonn 1978.

–: Übersicht über die Soziale Sicherung. Bonn 1977.

Bundesministerium für Jugend, Familie und Gesundheit (Hrsg.): Zur Reform des Familienlastenausgleichs. Gutachten des Wissenschaftlichen Beirats für Familienfragen. Bonn 1971.

–: Leistungen für die nachwachsende Generation in der Bundesrepublik Deutschland. Gutachten des Wissenschaftlichen Beirats für Familienfragen. Bonn 1979.

Bundesrat: Sozialbericht 1980. Drucksache 407/80, Bonn 1980.

Deutsche Bundesbank: Ersparnisbildung und Geldvermögen der Haushalte von Arbeitnehmern, Selbständigen und Rentnern. Monatsberichte, Nov. 1977.

Deutscher Bundestag: Entwurf eines dritten Steuerreformgesetzes. Drucksache 7/1470, Bonn 1974.

–: Die Lage der Familien in der Bundesrepublik Deutschland. Dritter Familienbericht. Bericht der Sachverständigenkommission der Bundesregierung. Drucksache 8/3121, Bonn 1979.

Diehl, K., und *P. Mombert*: Ausgewählte Lesestücke zum Studium der politischen Ökonomie. 6. Bd.: Bevölkerungslehre. Karlsruhe 1912.

Dinkel, R.: Alterssicherung bei stagnierender Bevölkerung als Zukunftsaufgabe der sozialen Marktwirtschaft. München 1980.

Feige, E.L.: The Theory and Measurement of the Unobserved Sector of the United States Economy: Causes, Consequences and Implications. International Impact of Taxation. Hrsg. v. M. Walker. Vancouver 1981.

Feldstein, M.S.: Social Security. The Crisis in Social Security. 3. Aufl., San Francisco 1979.

Frey, B.S.: Moderne Politische Ökonomie. Die Beziehungen zwischen Wirtschaft und Politik. München–Zürich 1977.

Gansel, N.: Rentenbesteuerung – Schonung für Kleinrentner. Vorwärts, Nr. 3, 1980, 16–17.

Geyer, O., und *J. Genzke*: Die voraussichtliche finanzielle Entwicklung der gesetzlichen Rentenversicherung bis 1983. Die Angestelltenversicherung 27, 1980, 42–48.

Glaab, P.: Eine Modellrechnung zur langfristigen Entwicklung der finanziellen Situation der gesetzlichen Rentenversicherung. Frankfurt–Bern–Las Vegas 1977.

Haller, H.: Die Berücksichtigung des Lebensunterhalts der Kinder und der Vorsorgeaufwendungen im Rahmen der Steuerreform – Zielsetzungen und Implikationen. Zeitschrift für die gesamte Staatswissenschaft 129, 1973, 504–534.

Heubeck, G.: Was ist die Beamtenpension wert? Blick durch die Wirtschaft, Teil III, 14. Juni 1972.

–: Die unbezahlbare Pension. Köln 1976.

Höhn, Ch.: Bedeutung und Ergebnisse von Modellrechnungen zur Bevölkerungentwicklung. Ursachen des Geburtenrückgangs – Aussagen, Theorien und Forschungsansätze zum generativen Verhalten. Schriftenreihe des Bundesministeriums für Jugend, Familie und Gesundheit, Bd. 63. Stuttgart–Berlin–Köln–Mainz 1979, 95–112.

Institut für Bilanzanalysen: Die Lebensversicherung in der Bundesrepublik Deutschland. Schriftenreihe Branchenanalysen, Nr. 27, 1977.

Jüttemeier, K.H., und *H.-G. Petersen*: Social Retirement Insurance in the Federal Republic of Germany: Long Experience, Big Problems, Gloomy Prospects. International Problems of Social Security. Hrsg. v. J.-J. Rosa. Paris–San Francisco 1981.

Kaltenbach, H.: Der Rentenbestand, ein Spiegelbild der Bevölkerungsentwicklung? Geburtenrückgang; Risiko oder Chance. Hannover 1979, 63–72.

Kirner, E.: Ursachen für die Unterschiede in der Höhe der Versichertenrenten an Frauen und an Männer in der gesetzlichen Rentenversicherung. DIW-Beiträge zur Strukturforschung, Heft 57, 1980.

Krause-Brewer, F.: Das Rentenrisiko. Stuttgart 1980.

Lampert, H.: Sozialpolitik. Berlin–Heidelberg–New York 1980.

Leibenstein, H.: Economic Backwardness and Economic Growth. New York–London 1957.

Löwe, H.: Demographisch bedingte Probleme der Versorgung alter Menschen. Konsequenzen des Geburtenrückgangs für ausgewählte Politikbereiche. Schriftenreihe des Bundesministeriums für Jugend, Familie und Gesundheit, Bd. 58. Stuttgart–Berlin–Köln–Mainz 1978, 97–111.

Mackenroth, G.: Bevölkerungslehre. Theorie, Soziologie und Statistik der Bevölkerung. Berlin 1953.

–: Die Reform der Sozialpolitik durch einen deutschen Sozialplan. Sozialpolitik und Sozialreform. Hrsg. v. E. Boettcher. Tübingen 1957.

Meinhold, H.: Ökonomische Probleme der sozialen Sicherheit. Kieler Vorträge, N.F., Nr. 86, 1978.

Messere, K.: Tax Levels, Structures and Systems. Secular Trends of the Public Sector. Hrsg. v. H.C. Recktenwald. Paris 1978, 193–210.

Nell-Breuning, O.v.: Soziale Rentenversicherung heute. Die neue Ordnung **34**, 1980, 115–125.

Neumark, F.: Gedanken zur Steuer- und Finanzreform. Wirtschaftsdienst **58**, 1978, 446–450.

Ott, G.: Einkommensumverteilung in der gesetzlichen Krankenversicherung – Eine quantitative Analyse. Kiel 1981.

Petersen, H.-G.: Finanzwirtschaftliche Folgen einer Harmonisierung der Belastung von Arbeits- und Alterseinkommen mit öffentlichen Abgaben. Kieler Arbeitspapiere, Nr. 93, 1979.

–: Simulationsergebnisse über die Wirkungen einer Indexbindung des Einkommensteuersystems. Finanzarchiv, N.F., Bd. 37, 1979, 50–72.

–: Impact of the Tax System – The Case of the Federal Republic of Germany. International Impact of Taxation. Hrsg. v. M. Walker. Vancouver 1981.

Rauschenbach, F.: Die neue Berechnung der Rente. Schriftenreihe der Bundesversicherungsanstalt für Angestellte, H. 29 (mit einer Anlage zur Selbstberechnung der Rente), 20. Aufl. Berlin 1980.

Rheinisch-Westfälisches Institut für Wirtschaftsforschung: Die Umverteilungswirkungen der Staatstätigkeit bei wichtigen Haushaltstypen. Essen 1978.

Rosenberg, P.: Die Zukunft der Alterssicherung in der Bundesrepublik Deutschland. Allgemeines Statistisches Archiv, Göttingen, Bd. 63, 1979, 40–57.

Rürup, B.: Reform der Arbeitgeberbeiträge zur gesetzlichen Rentenversicherung. Wirtschaftsdienst **59**, 1979, 547–554.

–: Zum Problem der langfristigen Alterssicherung. Aus Politik und Zeitgeschichte (Beilage zur Wochenzeitung „Das Parlament"), B27, Bonn 1979, 22–42.

Sachverständigenkommission für die soziale Sicherung der Frau und der Hinterbliebenen: Vorschläge zur sozialen Sicherung der Frau und der Hinterbliebenen. Bonn 1979.

Sachverständigenrat zur Begutachtung der gesamtwirtschaftlichen Entwicklung: Jahresgutachten 1979/80. Bundestagsdrucksache 8/3420, Bonn 1979.

–: Jahresgutachten 1980/81. Bonn 1980.

Schmähl, W.: Alterssicherung und Einkommensverteilung. Tübingen 1977.

–: Besteuerung, Nettoanpassung und Beitragsbelastung von Renten. Wirtschaftsdienst **60**, 1980, 28–35.

Schmidt-Kaler, Th.: Wie sicher sind unsere Renten? Aus Politik und Zeitgeschichte (Beilage zur Wochenzeitung „Das Parlament"), B27, Bonn 1979, 3–21.

–: Kinder statt Beiträge. Die politische Meinung **25**, 1980, 66–76.

Schreiber, W.: Existenzsicherheit in der industriellen Gesellschaft. Köln 1955.

Schreyer, M.: Rentenbesteuerung und Finanzausgleich. Wirtschaftsdienst **60**, 1980, 152–154.

Schubnell, H.: Zum Stand der Bevölkerungsentwicklung und ihrer Bedeutung. Geburtenrückgang – Risiko oder Chance? Hrsg. v. R. Silkenbaum. Hannover 1979, 20–51.

Seffen, A.: Rentensicherung, Rentenanpassung und Rentenniveau. Beiträge zur Wirtschafts- und Sozialpolitik, Nr. 57, Köln 1978.

Silkenbaum, R. (Hrsg.): Geburtenrückgang – Risiko oder Chance? Hannover 1979.

Statistisches Bundesamt: Fachserie 13, Sozialleistungen, Reihe 2: Sozialhilfe, Wiesbaden 1978.

–: Die Situation der Kinder in der Bundesrepublik Deutschland. Wiesbaden 1979.

–: Volkswirtschaftliche Gesamtrechnungen, lfd.

Transfer-Enquête-Kommission: Zur Einkommenslage der Rentner. Zwischenbericht der Kommission. Bonn 1979.

„Treuarbeit“: Vergleich des beamtenrechtlichen Versorgungssystems mit den Versorgungssystemen für Arbeitnehmer im öffentlichen Dienst und in der privaten Wirtschaft. Deutscher Bundestag, Drucksache 7/5569, Bonn 1976.

Wander, H.: Ökonomische Theorien des generativen Verhaltens. Ursachen des Geburtenrückgangs – Aussagen, Theorien und Forschungsansätze zum generativen Verhalten. Schriftenreihe des Bundesministeriums für Jugend, Familie und Gesundheit, Bd. 63. Stuttgart–Berlin–Köln–Mainz 1979, 61–76.

Weise, H.: Rentenfinanzierung und Rentenbesteuerung. Kieler Arbeitspapiere, Nr. 74, Kiel 1978.

–: Rentenfinanzierung und Rentenbesteuerung. Das Besteuerungspotential der Renten in der Bundesrepublik Deutschland. Finanzarchiv, N.F., Bd. 37, 1979, 396–436.

Zeppernick, R.: Kritische Bemerkungen zum Zusammenhang zwischen Alterslastenausgleich und Kinderlastenausgleich. Finanzarchiv, N.F., Bd. 37, 1979, 292–306.

Zimmer, K.-O.: Die Rentenversicherung der Arbeiter und der Angestellten. Teil I und II. Fortbildung und Praxis. Schriftenreihe der Zeitschrift „Wege zur Sozialversicherung“. 5. und 6. Aufl., Sankt Augustin 1979.

Sachverzeichnis

Made in United States
North Haven, CT
17 October 2026

20547359R00108